U0710526

印 顺 法 师 佛 学 著 作 系 列

原始佛教圣典之集成

（上）

释印顺 著

中华书局

图书在版编目（CIP）数据

原始佛教圣典之集成/释印顺著. —北京:中华书局,2011.10
（2025.5 重印）
（印顺法师佛学著作系列）
ISBN 978-7-101-08116-9

Ⅰ.原… Ⅱ.释… Ⅲ.原始佛教-研究 Ⅳ.B948

中国版本图书馆 CIP 数据核字（2011）第 153942 号

经台湾财团法人印顺文教基金会授权出版

书　　　名　原始佛教圣典之集成（全二册）
著　　　者　释印顺
丛　书　名　印顺法师佛学著作系列
责任编辑　朱立峰
封面设计　毛　淳
责任印制　管　斌
出版发行　中华书局
　　　　　（北京市丰台区太平桥西里 38 号　100073）
　　　　　http://www.zhbc.com.cn
　　　　　E-mail:zhbc@zhbc.com.cn
印　　　刷　北京建宏印刷有限公司
版　　　次　2011 年 10 月第 1 版
　　　　　2025 年 5 月第 4 次印刷
规　　　格　开本/880×1230 毫米　1/32
　　　　　印张 22⅝　插页 2　字数 469 千字
印　　　数　2901-3400 册
国际书号　ISBN 978-7-101-08116-9
定　　　价　108.00 元

"印顺法师佛学著作系列"出版说明

释印顺（1906—2005），当代佛学泰斗，博通三藏，著述宏富，对印度佛教、中国佛教的经典、制度、历史和思想作了全面深入的梳理、辨析与阐释，取得了一系列重要学术成果，成为汉语佛学研究的杰出典范。同时，他继承和发展了太虚法师的人生佛教思想，建立起自成一家之言的人间佛教思想体系，对二十世纪中叶以来汉传佛教的走向产生了深刻影响，受到佛教界和学术界的的高度重视。

经台湾印顺文教基金会授权，我局于2009年出版《印顺法师佛学著作全集》（23卷），系统、全面地介绍了印顺法师的佛学研究成果和思想，受到学术界、佛教界的广泛欢迎。应读者要求，我局今推出"印顺法师佛学著作系列"，将印顺法师的佛学著作以单行本的形式逐一出版，以满足不同领域读者的研究和阅读需要。为方便学界引用，《全集》和"系列"所收各书页码完全一致。

"印顺法师佛学著作系列"的编辑出版以印顺文教基金会提供的台湾正闻出版社出版的印顺法师著作为底本，改繁体竖排为简体横排。以下就编辑原则、修订内容,以及与正闻版的区别等问题,略作说明。

编辑原则

编辑工作以尊重原著为第一原则,在此基础上作必要的编辑加工,以符合大陆的出版规范。

修订内容

由于原作是历年陆续出版的,各书编辑体例、编辑规范不一。我们对此作了适度统一,并订正了原版存在的一些疏漏讹误,主要包括以下几项:

1. 原书讹误的订正:

正闻版的一些疏漏之处,如引文、纪年换算、人名、书名等,本版经仔细核查后予以改正。

2. 标点符号的订正:

正闻版的标点符号使用不合大陆出版规范处甚多,本版作了较大幅度的订正。特别是正闻版对于各书中出现的经名、品名、书名、篇名,或以书名号标注,或以引号标注,或未加标注;本版则对书中出现的经名(有的书包括品名)、书名、篇名均以书名号标示,以方便读者。

3. 梵巴文词汇的删削订正:

正闻版各册(特别是专书部分)大都在人名、地名、名相术语后一再重复标出梵文或巴利文原文,不合同类学术著作惯例,且影响流畅阅读。本版对梵巴文标注作了适度删削,同时根据《望月佛教大辞典》、平川彰《佛教汉梵大辞典》、荻原云来《梵和大辞典》等工具书,订正了原版的某些拼写错误。

4. 原书注释中参见作者其他相关著作之处颇多，为方便读者查找核对，本版各书所有互相参见之处，均分别标出正闻版和本版两种页码。

5. 原书中有极少数文字不符合大陆通行的表述方式，征得著作权人同意，在不改变文义的前提下，略作删改。

印顺法师佛学著作对汉语佛学研究有极为深广的影响，同时在国际佛学界的影响也日益突出。我们希望"印顺法师佛学著作系列"的出版，有助于推进我国的佛教学以及相关学科的研究。

中华书局编辑部
二〇一一年三月

目　　录

第五章　摩得勒伽与犍度

第十二章　结论

自　　序

　　《原始佛教圣典之集成》，是《说一切有部为主的论书与论师之研究》以后的一部。

　　为什么要写这一部？近代佛教开展声中，有"巴利圣典为佛教原始圣典说"兴起。这虽只是基于传说的，代表赤铜鍱部的主观愿望，然对其他部派，大乘佛教，都可能引起误解。这一传说，现在虽早已不为学界所接受，但以近代的佛教研究，特别是印度佛教、原始佛教的研究，受西方学者的影响，重视巴利语，或者看作原始佛教的唯一用语。这对于华文翻译的经律，自然地不予重视；对大乘佛教，也不免有多少影响。对于这个问题，我以为：佛教圣典成立的实际情形，应有合理的正确认识。惟有能理解圣典集成的实际情形，才能理解巴利圣典及与之相当的华文圣典的真正意义。对"佛法"、"大乘佛法"、"秘密大乘佛法"的圣典，才能给予肯定，肯定其在佛法中的意趣与价值。这样，我决定写这一部。

　　写这部书的基本观念，首先是，依佛教固有的传说为依据，从固有传说的启发中，而作经律集成过程的研究。我确信，华文圣典——代表不同部派的经律，比之巴利圣典（属于一派）的单一性,应有更多的比较价值。所以从种种华文经律与巴利圣典的比较,以窥见其次第发展的过程。经律是结集所成的。结集是等诵,是共同审定,是有部类与次第组织的。所以结集的研究,着重于部类的、组织的研究;从延续的、开展的过程中,理解经律部类的逐渐完成。结集有原始的(第一)结集,再(第二)结集,公认的结集与公认的圣典是相关的、同时的。佛教还有不断的(第三、第四等)结集,不是佛教界所公认的,也与部派间独有的部类相关。结集是这样的一而再、再而三地进行,圣典部类的集成,也当然有其先后。说到先后,提出了材料与结构、主体与附属、内容与形式的不一致性。决不能据附属的、形式的部分,片面地论断为古型新型。论结集,应该着眼于组织(结构)的、主体的。

研究经律集成所得的结论,是这样:法(经)与律,原始结集是分别结集的,却同样的以"修多罗"(散文)为主体,称为"相应";附以偈颂的"祇夜",名为"杂"。律部方面,波罗提木叉(五部——八部,即"戒经")为修多罗,附以"法随顺偈"(杂颂)。到第二结集时,波罗提木叉的分别、解说,是"记说"。"祇夜"部分,渐独立为"杂诵"(摩得勒伽)。依"杂诵"而类集为"七法"、"八法",或"大品、小品",成为犍度部,那是以后的事,上座部律师的业绩。经部(法)方面:原始结集的,是修多罗(相应)四大部,祇夜(杂)八部。接着,有"弟子所说"、"如来所说"——"记说"。"修多罗"、"祇夜"、"记说",这三部分的综合,成为根本的"相应教"。与"记说"同时,不属于(相应教的)祇夜的偈颂,如"伽陀"、"优陀那",都成立了。"本事"、"本生"、"方广"、"希法”，也先后集成。到了再结集的时代，以“修多罗相应”为取舍的最高准绳，综合传诵于佛教界的圣教，共同审定而再为结集。本着“弟子所说”的意趣，集为“中部”；本着“祇夜”的意趣，集为“长部”；本着“如来所说”的意趣，而集为“增一部”；固有的相应教，称为“相应部”。四部、四阿含的成立，是再结集的时代，部派还没有分化的时代。

经研究而得的合理认识，佛法不只是佛所说的。从佛的三业（身语意）大用而表达出来的佛法，是早于结集就存在的。原始的佛教圣典，是以佛陀的三业德用为本源；以僧伽为中心，统摄七众弟子，推动觉化的救世大业。经弟子的领会、实行，用定型的文句表达出来，经当时大会的审定，确定为佛法、圣典。结集——共同审定出来的圣典，代表了当时佛教界公认的佛法。一般所说的原始圣典，也是经长期的一再结集而成，巴利圣典也没有例外。这只是部派未分以前的（现有各派的圣典，都增入部派所改编的，或自部特有的部分），为一切部派所公认的，而并不是圣典的一切。因为部派分化后，不同部派、不同地区，不同时代的佛教开展中，从佛弟子（也有在家的）心中——经内心体证，而适应当时当地，集成定型文句而传诵于佛教界，到处都是，代表了这一部派、这一地区、这一时代所公认的佛法。佛教圣典，从原始结集以来，一直就是这样的。所以佛教圣典，不应该有真伪问题，而只是了义不了义、方便与真实的问题。说得更分明些，那就是随（世间）好乐、随时宜、随对治、随胜义的问题。所以最后说：“佛法在流传中，一直不断地集成圣典，一切都是适应众生的佛法。”

本书在去年底脱稿。得到慧琦、慧瑛、性莹、慧润诸师的发心校对,才能顺利地出版。近三年来,有香港陈道厚、周美珍,台湾林荣飞、杨孙明华诸居士乐施刊印费。在本书出版前夕,谨祝生者福慧增胜,亡则往生光明的乐土!

一九七〇年十二月八日印顺序

第一章　有关结集的种种问题

第一节　圣典集成的研究

第一项　原始佛教圣典成立史的意趣

流传世间的一切佛法,可分为"佛法"、"大乘佛法"、"秘密大乘佛法"——三类。"佛法"是:在圣典中,还没有大乘与小乘的对立;在佛教史上,是佛灭后初五百年的佛教。对于这一阶段的"佛法",近代学者每分为"根本佛教"、"原始佛教"、"部派佛教"。分类与含义,学者间还没有明确一致的定论①。我以为,佛陀时代,四十五(或说四十九)年的教化活动,是"根本佛教",是一切佛法的根源。大众部(Mahāsāṃghika)与上座部(Sthavira)分立以后,是"部派佛教"。佛灭后,到还没有部派对立的那个时期,是一味的"原始佛教"。对于"佛法"的研究,"原始佛教"是最主要的环节。"原始佛教"时代所集成的圣典,大概地

①　日本学者的不同分类与不同解说,如前田惠学《原始佛教圣典之成立史研究》所引述(一——五)。

说,有两部分:一、"经"(修多罗)——"四阿含",或加"杂"而称为"五部"。二、"律"(毗奈耶)的重要部分。各部派所公认的"经"与"律",就是"原始佛教"时代所集成的,代表着"原始佛教"。佛陀的时代,律部仅有"波罗提木叉"(一部分);经部的"四阿含"或"五部",都没有集成;部分虽已有定型文句,而还在"传诵"中。所以如不从"原始佛教"时代所集成的圣典去探求,对于"根本佛教",是根本无法了解的。"原始佛教"时期,由于传承的、区域的关系,教团内部的风格、思想,都已有了分化的倾向。集成的"经"与"律",也存有异说及可以引起异说的因素。"部派佛教"只是继承"原始佛教"的发展倾向,而终于因人、因事、因义理的明辨而对立起来。所以"原始佛教"的研究,是探求"根本佛教"、理解"部派佛教"的线索。而"原始佛教"的研究,首先要对"原始佛教"时代集成的圣典作一番历史的考察,理解其先后成立的过程,对于"原始佛教"的研究,这才能给以确当的客观基础。为了这样,对原始佛教圣典成立的先后过程作一番考察,而将研究所得,条理而叙述出来。

第二项　近代学者的研究概况

从事原始佛教圣典(我国一向称之为小乘经律)史的研究,在传统的佛教界,是不免震惊的。因为这些经律,传说为佛灭第一年夏,在王舍城(Rājagṛha)召开的"第一结集"中,已经结集完成。虽然事实并不如此,佛教的原始传说也并不如此,但二千多年来的传说,传说久了,也就无异议地看作史实。而现在要论证为次第成立的,有些还迟到西元前后,自不免感到震动了!现存各部派所传的经律,部类与组织,彼此间并不相同,内容也大有出入。而各部派都以自宗所传的经律为"第一结集"所结集的;这当然有问题,至少各部派有过改编的事实。那谁是原始的?或者一切都经过改动的呢! 主要的盛大的部派,就自称为"根本"的,如"根本大众部"(Mūlamahāsāṃghika),"根本上座部"(Mūlasthavira),"根本说一切有部"(Mūlasarvāstivādin),"根本犊子部"(Mūlavātsīputrīya)。自称为"根本",就有以佛法根本自居的意图。巴利语写成的经律,自称为上座正统;是"第一结集"所结集,保持原样而传承下来的,就是一个明显的例子。现存的经律,不能否认部派的色彩,也就不能否认部派间的多少改动。进一步说,现有经律,决非都是佛灭第一夏,"第一结集"所集成的;现存的经律自身,提供了明确的证据。如文荼王(Muṇḍa)为佛灭后四十余年间在位的国王,由于王后的去世而非常悲伤。尊者那罗陀(Nārada)为他说"除忧患法门";这是巴利的《增支部》与汉译《增一阿含经》所共传的①。经文明白说到"如来涅槃以后",佛弟子所说而被编入《阿含经》的,不在少数②。现存的经律,由经律自身的文记,而证明为不是"第一结集"所完成的。那么,现存经律集成的次第历程是怎样的呢? 近代学者以不同的研究方法,分别提出意见,来答复这个问题。

　　近代学者的研究,由西方学者开始,日本学者作了进一步的

---

　　①　《增支部·五集》(南传一九·八〇——八四)。《增一阿含经》卷二四(大正二·六七九上——六八〇中)。

　　②　如宇井伯寿《关于阿含成立之考察》所引述(《印度哲学研究》卷三·三一二、三一三)。

论究。在原始佛教圣典的研究上、资料上,有着丰硕的成果。西方学者接触到锡兰的佛教,以巴利语圣典为研究对象,从巴利语的研究,而进入巴利圣典的研究。如 H. Oldenberg 于西元一八七九年,刊行"律藏"第一卷。在"绪言"中,论圣典的成立,分为七阶段,以判别新古。一九〇三年,T. W. Rhysdavids 刊行《佛教印度》,判圣典的发达为十阶段;以为巴利三藏完成于阿育王的时代。西元一九三三年,B. C. Law 修正前说,而成立多少改善的十阶段说。以为第六阶段,当阿育王时代。那时,"四部"与"律藏"全部,都已完成;而"小部"与"论藏",大部分属于后四阶段,也就是阿育王以后成立的①。这几位学者,仅留意巴利圣典,而未能注意到其他语文的原始圣典,也就不能从比较而发现原始圣典的原型。同时,着重于大部、大类的分别,着重于语文的新旧,而没有能从一一部类、一一经典自身,作精密的考察。

日本学者的研究,大概来说,是重视巴利语圣典,而又不忘固有的汉译圣典。西元一九二二年,宇井伯寿发表《原始佛教资料论》②。四年后,和辻哲郎发表《原始佛教的实践哲学》;在"序论"中,论到了根本资料的取舍的方法③。这二部书,对原始佛教圣典的研究,提供了更精密的方法。不从大部着手,而对一一经典举例研究,以发见其新古阶段。这一方法,深深地影响日本学界,到现在还受到尊重。从这二位学者的著作看来,存有超

① 平川彰《律藏之研究》,据和辻哲郎的介绍引述(八——一六)。
② 宇井伯寿《原始佛教资料论》(《印度哲学研究》卷二 · 一一五——二六〇)。又应参阅所著《印度哲学研究》第三卷。
③ 和辻哲郎《原始佛教的实践哲学》(三——一三一)。

越巴利圣典，而进求更古更根本的佛教意图。在资料上，二位都汉巴并取。宇井伯寿以为：阿育王时，还没有"五部"、"四含"。他从巴利学者的传说中，接受了"九分教"为原始圣典，阿育王时的圣典。参照觉音（Buddhaghoṣa）的解说，还是以巴利圣典的某些部类，作为当时"九分教"的实体（但认为"九分教"还有新旧三阶段）。然而现在这些古经律，仍不免部派的变化，所以结论到：凭上述的古典，还是不能充分知道历史上的佛陀的真说。然后提出三项标准，认为这样，才能阐明根本佛教的真实。在这里，表达了他的卓见，称为"根本佛教"。和辻哲郎的作品，大体同意宇井伯寿的见地，而作进一步的更精密的论究。举例来作精密的分析，用异译本来比较，论究到编集者的意趣。撇开结集传说，聪明地逃避了年代上的困扰。

继之而来的，是进入了"九分教"与"十二分教"，"九分（十二分）教"与"四阿含"，谁先谁后的讨论；"九分（十二分）教"到底是形式分类还是实体部类的讨论。"九分教"与"十二分教"，西方学者也曾有过介绍。西元一九一六——一九一七年，椎尾辨匡发表《关于根本圣典》，主张"九分教"为最古的圣典。加上宇井伯寿《原始佛教资料论》的发表，在日本佛学界引起了或赞或否的反响。如（西元一九二五年）赤沼智善的《佛教经典史论》、（一九二六年）美浓晃顺的《九分十二部教之研究》、（一九二八年）林屋友次郎的《关于十二部经的研究》等，先后讨论了这一问题①。以"十二分教"为古，以"四阿含"为先的，是尊重

————————

　　①　如前田惠学《原始佛教圣典之成立史研究》所引述（四八〇——四八八）。

（日本也就是中国的）佛教旧传的。以"九分教"为古，早于"四阿含"的，比较重视巴利圣典。这些讨论，都与原始佛教圣典的研究有关。

也许是由于战争吧！日本佛学界沉寂了下来。等到日本回到了和平，西元一九六〇年，平川彰发表了《律藏之研究》。比较各部广律、各种语本，也论到"律藏"各部分成立的新古。研究的结论，大致以巴利"律藏"为比较古型的。一九六四年，前田惠学发表了《原始佛教圣典之成立史研究》。标名原始佛教圣典，而其实是限于契经的。多少比对汉译，而只是巴利原始圣典的研究，以"九分教"为古典，而作更精密的论究。这两部，一经一律，是日本学者最近的研究成果。

日本学者的研究，方法与资料方面，都有了丰硕的成就，是应该深深地表示赞叹！自从西方学者重视巴利圣典以来，日本学者受到深刻的影响。虽然他们不忘旧来所传的汉译，而终于不能摆脱巴利圣典为古典的绲索，不自觉地投入了非研究巴利语不足以理解原始佛教的窠臼。多读汉译经律的学者，应该接受过去研究的良好成就，走着自己的道路，来做原始佛教圣典史的研究！

第二节　圣典（佛法）的来源与成立

第一项　圣典的来源

佛陀自身并没有著作，佛弟子也没有当场记录；没有原始手稿,也没有最初刊本:圣典是怎样集成的呢? 原始佛教圣典,与一般的典籍不同。对圣典而作史的研究,首先要认清圣典的特性。一般地说,圣典是佛法,源于佛陀的自证,而为人宣说出来。其实,佛法不只是口说的。佛法的根源,当然是佛陀的自证。属于佛陀自证的境地,是无可论究的。从佛的自证境地,而成为世间的,为人类所信、所知、所学习的,一定要经"表达"的过程。检讨圣典的内容,有教说,有制度,有佛的生活实况。教说,是佛所宣说的,是佛的"言教"。法制,部分是当众宣布制定的;部分是佛的生活轨范,成为大众的楷模,这里面就有"身教"(还有佛的事迹,也不用佛说,而为当时所知而传说下来的)。佛的"身教"、"言教",从佛的内心而表现出来。内心流露出来的,如佛的气象、精神,使人直觉到伟大而信心勃发;那种"目击道存"、"无为而化"的教化,经律中多有记述,这不是"身教"、"言教"所能概括的。如来的身口意——三业大用的示现,约特殊的事例,称为"三业轮"(三示导)。这表明佛陀的教化,是佛的三业德用呈现于人类,诱导人类趋入于佛法。佛法,哪里只是口舌的说教呢!

　　佛法也不只是佛说的:以教说来说,佛法而见于圣典中的,佛说的而外,有弟子说的,有弟子与弟子互相对论的,有佛略说而弟子广为分别的,还有佛涅槃后弟子说的。宇井伯寿曾列表以为说明,可以参考①。在《相应部》"有偈品"(与《杂阿含经》的"八众诵"相当)中,还有梵天(Brahman)、帝释天(Śakra-

---

① 　宇井伯寿《印度哲学研究》卷三(三一二——三四七)。

devānām-indra）等说法，所以《大智度论》说："佛法有五种人说：一者，佛自口说；二者，佛弟子说；三者，仙人说；四者，诸天说；五者，化人说。"①佛法并不限于佛说，是佛教早期所公认的。从佛的自证心境，表现出来，化导人类。在家出家的佛弟子，依佛的教导而修证，证入佛陀自证的境地。本着自己的理解与体验，或表示自己的悟解，或为了化导而表达出来，就都是佛法。彻底地说，根源于佛陀，而表现于世间的，不只是佛的三业德用，也是佛弟子们的清净三业。佛法是具体的，活跃于人类面前的。以佛陀为根本，僧伽为中心，统摄七众弟子，而展开其觉化、净化人间的救世大业。这就是用文句来集成圣典的来源。

"原始佛教"初阶段，离佛不远，对佛法是有一种明智合理的看法。佛法不只是说的，也不限于佛的。所以《阿含经》集录了佛弟子所说，连佛灭后弟子所说的，也集录起来。律部而成立较早的，如"经分别"对于"学处"的"文句解说"、"犯相分别"，都只是分别，而并不解说为是佛说的。但这种明智合理的看法，终于变了，这当然是离佛日远的关系。一切归于佛，作为佛说，其时间是可以考见的。"九分教"的名目，出现在《中部》、《增支部》中。"九分"或"十二分教"，在汉译"阿含"部中，称为"如来所说"②、"我所说"③、"佛所说"④、"佛所宣说"⑤；铜鍱部

————————

　　① 《大智度论》卷二（大正二五・六六中）。
　　② 《增一阿含经》卷二一（大正二・六五七上）。
　　③ 《杂阿含经》卷四一（大正二・三〇〇下）。
　　④ 《般泥洹经》卷下（大正一・一八八上）。
　　⑤ 《佛说大集法门经》卷上（大正一・二二七中）。

(Tāmraśāṭīya)①的《增支部》，也称为"瞿昙之法"②;《岛史》也说是"师之九分教"③。"九分（或十二分）教"是佛法部类的总称,所以这就是"一切佛法是佛说"。巴利圣典《相应部》还没有说到"九分教",《增支部》才明确地称为佛说。所以以一切佛法为佛说的见解,是"九分教"成立了,"四部阿含"末期——《增支部》成立的时代,还在"第二结集"以前。从此,"如是我闻,一时,佛在某处说",成为契经的一定文句。

　　"佛法等于佛说",传说也太久了! 然而要作原始佛教圣典成立史的考察,不能不回复原始的古说,以便理解圣典所传佛法的特质。

第二项　圣典的成立

　　佛法是什么? 是根源于佛陀的自证;而成为人间佛法的,是以佛为根本,以僧伽为中心,统摄七众弟子,而展开于人间的救世大业。内容不单纯,逐渐地成为文句,集成各部圣典的过程,情形也就不一样。如律（vinaya）部中,作为僧伽轨范的"学处"（śikṣāpada）,当众制为一定的文句,为佛陀时代的成文法。编成部类,成为半月半月诵说的"波罗提木叉"（prātimokṣa）。所以"波罗提木叉"的成立过程,是初制、再制到定制;"学处"（戒条）增多,编为部类,成为公认（大体相同）的"戒经"。集成"犍

---

　　①　南传巴利文系佛教,每自称为上座部,或分别说部,其实是从上座部所分出的,分别说部的一支,正名为铜鍱部。
　　②　《增支部·五集》（南传一九·三二九）。
　　③　《岛史》（南传六〇·二六）。

度”(khandhaka)的种种法制,如出家“受戒法”、“安居法”……
都是推行在僧团中的不成文法。从佛世到集成,制度也有多少
变化;经过情形,是传说在僧团中的。结集,主要是面对当前的
僧制事实,而以文句集录出来。集录的过程,是从要目到详备,
从起源到补充的。律部的集成,与经部是不相同的。

经(sūtra)部,主要是“教说”的集成。从“说”到“集成”,有
着种种过程,种种问题。如“佛说”,或对一人说,或对数人,或
对大众说。佛说,刹那的过去了,而存留于听众内心的,是佛说
的影象。在佛法中,称为“听闻受持”。领受佛说,忆持在心,这
是佛法存在于弟子内心的阶段。忘失了,忆持不完整,那就不消
说了。忆持完全的,由于领解的程度不等,存在于听者内心的佛
法,彼此间也不容易一致。听同一教说,而引起不同的反应、不
同的理解,甚至相反的意见,在“听”与“说”的关系中,是极普遍
的现象。阿梨吒从佛听法,而以为“欲不障道”①,就是一个极端
的例子。大乘经说:“佛以一音演说法,众生随类各得解”②,也
只是表示了这一情况。

存在于听者内心的佛法,为同梵行者、弟子、教外人士,再表
达出来。如作大意的开示,或加以阐明,虽还是从佛听来,而一
般是不承认为佛说的(可能是弟子说)。如依佛说的次第意义,
精简为一定的文句,在敬虔的心中,确信为是佛所说。传授简略
的文句,附以内容的解说。这种定型文句,传布开来,就进入了

---

　①　《中部》(二二)《蛇喻经》(南传九·二三七)。《中阿含经》卷五四(大正
一·七六三中)。
　②　《维摩诘所说经》卷上(大正一四·五三八上)。

"传诵"阶段。

佛陀四十五年的不断说法,教说是非常多的。听者的程度不一,"传诵"出来的佛说——定型文句,也不是少数的。多而又不完全一致,大同小异的,同中有异、异中有同的,到处都是:到底哪些是真正的佛说? 有佛教——僧伽内部的共同意识,也就是当时的僧伽(起初,都是佛的及门弟子),大家有心目中公认的佛法标准。而且,佛弟子有领悟力特强的,成为法义的论说者,名为"持法者"、"论法者"。还有记忆力很好的,成为"多闻者"。智慧第一舍利弗(Sāriputra),多闻第一阿难(Ānanda),就是领悟力与记忆力杰出的大师。据经律传说:佛法的传出,或说从佛听来,或说从大众听来,或说是从众多的长老们听来,或者从某大德听来①。这种"传诵"而来的佛法,要经僧伽大会的共同审定。在第一结集中,以忆持力最强的阿难为主持人。这样的共同审定,名为"结集",才被公认为真正的佛说。所以不同的传诵,大同小异的文句,只要不违佛意(当时的共同意识),就一切都集录下来。

弟子所说,大致也经历"受持"、"传诵"、"结集"——三阶段。佛的及门弟子,于佛法有深彻的理解、真实的修证,然后助佛扬化,展开互相论究、为众说法的工作。弟子所说而能传诵于教界,受到大众审定而集入圣典的,都是当代的名德长老。这是见佛所见、证佛所证的,所以能与佛说受到同样的尊重。不过,佛弟子的教说,与说者的个性、兴趣、习性、思想方式,有着某种

① 《长部》(一六)《大般涅槃经》(南传七·九九——一○二)等。

一定的关系。这是从佛弟子的特殊性中，重现佛陀的教法。在佛弟子的师承传受中，这些会成为思想流派的渊源之一。

原始佛教圣典中，还有诸天、夜叉等说，《相应部》的"有偈品"，是属于这一类的。这是早期结集，但不是最早的。这些，多数不属于僧伽内部的传诵，而是来自民间。佛法普化社会，通过民间固有的宗教信仰领域，而表现佛法的超越，纷纷地传诵于佛教界。这部分，理智的成分淡，情感与兴味的成分浓。所宣说的佛法，不是通俗的，就是简要的、直觉的，缺乏分别精严的佛学特色。在大众共同审定中，承认是佛法而结集下来。

"根本佛教"，佛陀四十五年——半世纪的长期教化，"传诵"的佛说、弟子说，决非少数的、简略的片言只语。早期集成的圣典虽然简要，而实际已非常复杂。佛教的日益开展，进入第二期的结集，成为大部。佛法更从新型式、新意境中表现出来，而为时代佛教所公认。这些，到下面再为论列。佛法是在这样的情况下，成为大众公认的佛法（或佛说）。以一字一句为佛口亲说，固然是离佛世太远，不明了实情的信仰。而想在现存圣典中探求佛陀亲说，而感到不可能；不知这一探求佛说的构想，是与圣典成立的实情不符的。

第三节　结集与结集的传说

第一项　结集的实际情形

"第一结集"与"第二结集"，近代学者或有不同的意见，然现存的原始佛教圣典，曾经佛弟子的结集，是确实的。结集（saṃgīti）是等诵、合诵的意思。古代结集的实际情形是：

一、结集的形式，是僧伽会议：结集是等诵、合诵，这不是个人或三二人的私自纂辑，而是多数比丘——僧伽的共同结集。佛教界的惯例，凡僧伽的任何大事，是经大众的如法会议（羯磨）而定的。上座在大众中上坐（如大会的当然主席）。举行会议，通例请能处理僧事的一人任羯磨；等于在大会中，推请一位会议的主持人。如传说的"五百结集"，推请阿难集出经藏，优波离（Upāli）集出律藏。阿难与优波离，就是当时集经、集律的主持者。对于法律的论究，佛教一向是采取问答式的①。所以结集时，由上座发问，主持结集者诵出，再经大众审定。结集的僧伽大会，是在这样的情况下进行的。

二、结集的过程，大致要经三个阶段：

1.诵出：古代的结集，不可设想为现代的编集。在当时，并没有书写记录作依据。一切佛法的结集，全由圣弟子就其记忆所及而诵（诵是暗诵、背诵，与读不同）出来的。据传说，最初的结集，是由阿难与优波离分别诵出的。阿难与优波离，被传说为当时的忆持权威；如阿难称"多闻第一"，优波离称"持律第一"。实际上，应有在会的圣弟子们提供资料，不过要由会议的主持者向大众宣诵而已。

2.共同审定：向众诵出，还不能说是结集（合诵）。将诵出

---

① 问答阿毗达磨，如《中部》（三二）《牛角林大经》（南传九·三八一）。问答毗陀罗，如《中部》（四三）《毗陀罗大经》、（四四）《毗陀罗小经》（南传一〇·一一——三〇）。

的文句,经在会大众的共同审定,认为是佛说是佛法。这样经过共同审定,等于全体的共同诵出,这才名为结集。大会的共同审定,如《摩诃僧祇律》卷三三(大正二二・四九一中)说:

> "阿难言:诸长老! 若使我集者,如法者随喜,不如法者应遮。若不相应,应遮,勿见尊重而不遮。是义非义,愿见告示! 众皆言:长老阿难! 汝但集法藏,如法者随喜,非法者临时当知。"

这一传说,最足以说明结集时的实际情形。结集,决非主持者宣诵了事,而要经大众同意的。佛制的一般通例:同意者默然随喜(默认);不同意的,起来提出异议。所以《僧祇律》所说,符合这合议的情形。上座部系的传说,对于经律结集的主持者,赋与更大的权威。如铜鍱部、化地部(Mahīśāsaka)、法藏部(Dharmagupta)的广律,但说公推结集(诵出)①。说一切有部的《十诵律》,分别问五百比丘,五百比丘一一地回答:"我亦如是知,如阿难所说。"②《根本说一切有部毗奈耶杂事》,经当事人一一的证实,然后以"我已结集世尊所说经教,于同梵行处无有违逆,亦无诃厌,是故当知此经是佛真教"作结③。有同意而没有任何异议,实不如大众部所说的公正翔实!

3. 编成次第:在传说中,诵出的经与律,再为编集:集经为

---

① 《铜鍱律》(铜鍱部广律的简称)"小品"(南传四・四三〇)。《弥沙塞部和醯五分律》卷三〇(大正二二・一九一上)。《四分律》卷五四(大正二二・九六八中)。

② 《十诵律》卷六〇(大正二三・四四九上)。

③ 《根本说一切有部毗奈耶杂事》卷三九(大正二四・四〇七上)。

"四阿含";集律为"二部毗尼"、"犍度"等。诵出又继以编集为部类次第,确是一项必要的工作。结集是经大众的审定,如不为部类与次第的编集,等到大会一散,试问结集的成果何在? 谁能证明其为曾经共同审定的呢? 所以,结集成什么部类,这里姑且不谈,而要编成次第,是绝对必要的。古代结集的编为次第,如《瑜伽师地论》卷八五(大正三〇·七七二下)说:

> "结集者为令圣教久住,结嗢拕南颂,随其所应,次第安布。"

"结嗢拕南颂","次第安布",如《分别功德论》卷一(大正二五·三二中)说:

> "撰三藏讫,录十经为一偈。所以尔者,为将来诵习者,惧其忘误,见名忆本,思惟自悟,故以十经为一偈也。"

"录十经为一偈",就是"结嗢拕南颂"。这是将经文编为次第,然后将十经的经名,顺次编为一偈。这样,能忆持"录偈",就不容易忘失,而达到"圣教久住"的目的。集经的"录偈",虽或者怀疑其是否古法,然就现存经律来看,越是古典的,就越是有的,使我们深信其渊源的古老。一直到西元四世纪,说一切有部与经部(Sūtravādin)辩论,简别契经的真伪时,还以原始的偈颂来证明。如《顺正理论》卷四(大正二九·三五二下)说:

> "彼(经部)谓此经非入结集,越总颂故。如说制造顺别处经,立为异品。"
>
> "(有部反破)若尔,便应弃舍一切违自部执圣教契经。

如说制造二种空经,立为异品,亦越总颂。如是等类,互相
非拨。"

经部以"越总颂"为理由,指说一切有部的某些契经为"非
入结集"——非当初结集所有的。说一切有部反难:二种空经
(小空、大空),也是在总颂以外的,难道可说是经部制造的吗?
在那时候,古传的总颂,彼此都是承认的。有些出总颂以外,而
在部派的范围内,认为是佛说的,就立为异品而附于总颂。说一
切有部与经部共许的总颂,是否为原始结集的"录偈",当然还
可以讨论。但由此可以推见,结集必分为部类,编成次第,又结
为嗢拕南颂以便忆持的。

三、结集成的经律,赖专业持诵而保存:这是结集以后的事,
但是为了忆持所结集的经律而形成。结集成的经(法)律,分为
部类,编成次第,但还是存在于心念口诵之中。为了保持经律的
部类、次第、文句,不致忘失错乱,所以佛教多赞叹持诵。一般人
只能少分学习,不容易全部忆持,于是佛教界有专业持诵的人
才。忆持经法的,名"多闻者"(bahussuta),或称"诵经者"
(sutrāntika);忆持戒律的,名"持律者"(vinayadhara)。如《中阿
含经》的《真人经》,说到"诵经、持律、学阿毗昙"①。《中部·善
士经》就分别为"多闻者"、"持律者"、"论法者"②。诵经与持律
者的分工,为了忆持不忘(文与义)。在汉译中,每泛称经师③、

① 《中阿含经》卷二一(大正一·五六一中)。
② 《中部》(一一三)《善士经》(南传一一下·二二——二四)。
③ 经师,或译为"诵持修多罗者",如《阿毗昙毗婆沙论》卷一(大正二八·六
上)。

律师。来中国传译经律的大德，能持诵一部广律，或一部两部阿含经，就很难得了！结集所成的经律，就亏了他们而流传下来。所以《分别功德论》卷二（大正二五·三四下）赞叹说：

> "颂云：上者持三藏，其次四阿含，或能受律藏，即是如来宝。"

第二项　不断的传诵与结集

当佛灭第一夏，王舍城举行"五百结集"，一切经律都已结集完成。这一传统的传说，模糊了结集的真实情况；不正确的解说，不必要的论诤，都从此而滋长起来。如佛教有种种的结集传说，但为这一传统意见所影响，于是对传说的不同结集，都推想为考定与校正，维持或恢复固有的经律形态。又如在佛法流传中，部派间虽有公认的经律，而内容却大有出入。每一部派，都以自宗传诵的经律为原始结集；彼此既有出入，就不免引起谁真谁伪的论诤。这早是大乘佛法隆盛以前的情形。如上项所引，经部与说一切有部就有入结集、不入结集的论诤。大抵经律较为详备的部派，总是怪别部删除了。如说跋耆子（Vajjiputta）比丘"大结集"，舍弃毗奈耶的波利婆罗（Parivāra）及阿毗达磨论（Abhidhamma）等①。另一方面，却说长老比丘，"抄治我律，开张增广"②，也就是增多了。自宗所不诵的，就说对方"制造安置阿笈摩中"③。维护自宗所诵的，就说对方诽谤；不但不是制造

---

① 《岛史》（南传六〇·三四）。
② 《舍利弗问经》（大正二四·九〇〇中）。
③ 《阿毗达磨顺正理论》卷四（大正二九·三五二下）。

增益,反而"有如是等无量契经,皆于今时隐没不现,本所结集,多分凋零"①。相互的评破,都受了传统的意见——最初五百结集就一切完成了的影响。其实,经律是在不断结集中成立的。

经律的不断结集,经律自身就有充分的说明。《铜鍱律》有明白的记录,如《大品·自恣犍度》(南传三·二九八)说:

> "自恣日,比丘等说法,诵经者结集经,持律者抉择律,论法者相对论法。"

在分配房舍时,让不同专长的比丘,分类地共住一处(汉译律部也有此说),如《经分别》(南传一·二六八)说:

> "比丘中之诵经者,相互诵经,彼等共住一处。持律者相互抉择律,彼等同住一处。论法者相互论法,彼等共住一处。"

上面说到,由于经律的结集,引起诵经者与持律者的分工。"诵持修多罗者",不但诵持已经结集的,还继续结集传诵的契经。持律者对于律的抉择(分别、解说),也是这样。这都不是个人的,而是持经者与持律者,于自恣日等大众共会的时候,共同结集,共同论究。经、律、论,就在这诵经者、持律者、论法者的不断结集、不断抉择、不断论究下,逐渐完成。

这里,应注意到法——经与律的不同特性。经法是义理的,重在内心的熏修;律是制度的,重在身语的实行。经与律的不同,影响了经师与律师的风格。如律,"波罗提木叉",在半月半

---

① 《阿毗达磨顺正理论》卷四六(大正二九·六〇五上)。

月诵说中；僧团的行法，在日常实行中。所以持律者的任务，不是广集，而是就当前所实行的，作严密的分别抉择。如有违犯的，予以判决、处分。如有新事件，就依据固有的律制，而作新的论定，以维护僧团的统一。"若佛所不制，不应妄制；若已制，不得有违。如佛所教，应谨学之!"①这一决定，正代表了持律者富于保守的工作态度。所以在经律中，只说"持律者抉择律"，而没有说结集律。但持法者却不尽相同，因为佛说的教法广泛地传诵于僧团及民间，佛涅槃后，已经结集的经法，要持诵不忘；新传来的经法，要共同来论定、结集，所以说"持经者结集经"。而对于法的分别抉择，另成"论法者"一流（这是后来别立"论藏"的原因）。由于经（法）与律的特性不同，持经者与持律者的态度也不同。持律者富于保守性，而持经者富于流动性。这一根本的不同，深深地影响了未来的佛教。

　　不断传诵出来、不断结集的另一重要文证，是"四大广说"，或译为"四大广演"、"四大教法"、"四大处"。这是对于新传来的教说，勘辨真伪，作为应取应舍的结集准绳。"大说"、"广说"，就是大众共同论究，也就是结集的意思。"四大教说"，是各部派经律所共传的：集入《增一阿含》的，有铜鍱部、大众部、说一切有部②。集入《长阿含》的，有铜鍱部、法藏部③。集录于

---

　　①　《弥沙塞部和醯五分律》卷三〇（大正二二・一九一中）。
　　②　《增支部・四集》（南传一八・二九三——二九七）。《增一阿含经》卷二〇（大正二・六五二中——下）。《毗尼母经》卷四所引（大正二四・八二〇中）。
　　③　《长部》（一六）《大般涅槃经》（南传七・九九——一〇二）。《长阿含经》卷三（大正一・一七中——一八上）。

律部的,有说一切有部、雪山部①。总之,"四大广说"是各部派经律所共传的。

上座部系统的现存各部经律,虽传译略有出入,大体终归一致。如《长阿含经》卷三《游行经》(大正一·一七下)说:

"若有比丘作如是言:诸贤! 我于彼村、彼城、彼国,躬从佛闻,躬受(是法)是律是教。从其闻者,不应不信,亦不应毁。当依诸经推其虚实,依律依法究其本末。若其所言,非经、非律、非法,当语彼言:佛不说此,汝谬受耶! 所以然者,我依诸经、依律、依法,汝先所言,与法相违。贤士! 汝莫受持,莫为人说,当捐舍之! 若其所言,依经、依律、依法者,当语彼言:汝所言是真佛所说。所以然者,我依诸经、依律、依法,汝先所言,与法相应。贤士! 汝当受持,广为人说,慎勿捐舍! 此为第一大教法也。"

其余的三大教法,都与上一样,只是来源不同。第一"从佛闻",第二从"和合众僧多闻耆旧"边闻,第三从"众多比丘持法、持律、持律仪者"②边闻,第四从"一比丘持法、持律、持律仪者"闻。这四者,是佛、僧伽、多数比丘、一比丘。从这四处而传来的经律,大家不应该轻信,也不要随意诽毁。要"依经、依律、依

---

① 《十诵律》卷五六(大正二三·四一四上——中)。《萨婆多部毗尼摩得勒伽》卷六(大正二三·五九七下——五九八上)。《根本说一切有部毗奈耶杂事》卷三七(大正二四·三八九中——三九〇中)。《毗尼母经》卷四(大正二四·八一九下——八二〇上)。

② "持律仪者",《长部·大般涅槃经》作"持摩夷"(Mātikā),就是"持母者",指与律有关的摩夷。

法"①——本着固有的经与律,而予以查考;本着佛说的法(义理),来推求它是否与法相应。这样的详加论究,结论是:与经律(文句)相合,与法(义理)相合的,赞为真佛法,应该受持;否则就应弃舍它。这一取舍——承受或不承受的标准,实就是一般所说的"佛语具三相":一、修多罗相应;二、不越(或作显现)毗尼;三、不违法性。说一切有部所传,开合不同;判决为非佛说的,名"四大黑说"(迦卢沤波提舍);是佛说的,名"四大白说"(摩诃沤波提舍)。这四大(黑说、白)说,经中传为佛将涅槃时说,编入《增一阿含》。律部中,载于"七百结集"下。这充分表明了,这是原始结集以后,七百结集前后,佛教界对于新传来的经律审定而取去的准绳。

"四大广说",在上座部系经律中,是四处来的传说,依经、依律,或依经、依律、依法来审定。大众部所传,如《增一阿含经》所说的,虽也说到东南西北传来,而重在"契经、律、阿毗昙、戒"——四者。对于共同论究审定,也说得极明确:"当取彼比丘(所说),而共论议,案法共论。"案法共论,审定取去的准绳是,大分为二类:"与契经相应,律、法相应者,便受持之。设不与契经、律、阿毗昙相应者,当报彼人作是语:卿当知之,此非如来所说;然卿所说者,非正经之本。"这一分别,与上座部的经律所说,是一样的。次约四方传来作分别的说明,不与经律相应的,分为三类:一、不与戒行相应的,这是"非如来之藏",应舍去。二、不与义相应的,应舍去;与义相应的,"当取彼义,勿受

①　《长部》但作经、律;《长阿含经》于经、律外,别说"依法",约义理说。

经本"。三、是否与义相应,不能明了,那就以戒行来决定。如与戒行相应,是可以承受的。此外第四是:与经、律、阿毗昙、戒行相应,与义也相应的,便赞叹为"真是如来所说"①。对于新传来的经律,《增一阿含经》所说,不拘于固有的经、律、阿毗昙——三藏(文句),而重视义理,尤其重视戒行,也就是重视法与律的实质。

佛涅槃后,佛教界到处传诵佛说。由诵经者结集经,持律者抉择律,论法者论究法,经律(论)才逐渐形成。在"四阿含"及"律部"原型凝定,为教界所公认后,仍不断地传诵,于是部派的圣典呈现了组织的、内容的、文句的种种差别。经与律,是经不断的结集而完成的,并非如传说的那样,最初结集就一切完成了。

第三项　佛教界公认的两大结集

佛教的结集传说,是非常多的。其中,"第一结集"——"王舍结集"或"五百结集","第二结集"——"毗舍离结集"或"七百结集",是佛教界公认的结集。种种的结集传说,虽有传说的成分,但都有某种事实在内,只是传说得有些不实而已。公认的二大结集,为一切部派所公认,也就是部派未分以前的结集传说。不为教界公认的结集传说,无论怎么说,都只是一部一派的结集事迹。两大公认的结集,原本是僧团中重律(重事相的)学团所传述的。如《僧祇律》、《铜鍱律》、《五分律》、《四分律》、

---

①　上来并见《增一阿含经》卷二〇(大正二·六五二中——下)。

《十诵律》、《根有律杂事》、《毗尼摩得勒伽》、《毗尼母经》①，都有这二次结集的传述。依此律家的传述，而见于后代史传的，如《岛史》、《大史》、《善见毗婆沙律》、《大唐西域记》等②。其中"第一结集"，尤为教界所重视。所以，或结合于"涅槃譬喻"，如《根本说一切有部毗奈耶杂事》、《佛般泥洹经》、《般泥洹经》③。或结合于"阿育王譬喻"，如《阿育王传》④等。或引述于经论中，如《增一阿含经》序、《分别功德论》、《大智度论》⑤。也有自成部帙的，如《迦叶结经》，《撰集三藏及杂藏传》⑥。

　　传说的两大结集，不仅是法与律——经与律的结集，更含有

---

　　①　《摩诃僧祇律》卷三二、三三（大正二二·四八九下——四九三下）。《铜鍱律·小品》的"五百犍度"、"七百犍度"（南传四·四二六——四六〇）。《弥沙塞部和醯五分律》卷三〇"五百集法"、"七百集法"（大正二二·一九〇中——一九四中）。《四分律》卷五四"集法毗尼五百人"、"七百集法毗尼"（大正二二·九六六上——九七一下）。《十诵律》卷六〇、六一"五百比丘结集三藏法品"、"七百比丘结集灭恶法品"（大正二三·四四五下——四五六中）。《根本说一切有部毗奈耶杂事》卷三九、四〇（大正二四·四〇二下——四一四中）。《萨婆多部毗尼摩得勒伽》卷五（大正二三·五九七中——下）。《毗尼母经》卷三、四（大正二四·八一七中——八一九下）。

　　②　《岛史》（南传六〇·二五——三〇）。《大史》（南传六〇·一六三——一七三）。《善见毗婆沙律》卷一（大正二四·六七三中——六七八上）。《大唐西域记》卷九（大正五一·九二二中——九二三上），又卷七（大正五一·九〇九中）。

　　③　《根本说一切有部毗奈耶杂事》卷三九（大正二四·四〇二下）。《佛般泥洹经》卷下（大正一·一七五上——下）。《般泥洹经》卷下（大正一·一九〇下——一九一上）。

　　④　《阿育王传》卷四（大正五〇·一一二中——一一四上）。《阿育王经》卷六（大正五〇·一五〇中——一五二下）。

　　⑤　《增一阿含经》卷一（大正二·五四九中——五五〇下）。《分别功德论》卷一（大正二五·三〇上——三二下）。《大智度论》卷二（大正二五·六七上——七〇上）。

　　⑥　《迦叶结经》（大正四九·四中——七上）。《撰集三藏及杂藏传》（大正四九·一上——四上）。

僧团内歧见的消除,归于和合的部分。如"第一结集"时,大迦叶(Mahākāśyapa)与阿难间的严重论诤;大迦叶与富兰那(Purāṇa)间的歧见。"第二结集"时,东西方的对立,以受取金银为主的十事异议。事实上,结集与歧见,是有关联性的。佛陀入涅槃后,维持佛教的和合以求开展,应为佛弟子心中的首要任务。结集成公认的法律,以免引起诤论;消除歧见以谋和合,更需要结集。诵经者结集经,持律者结集律,都是共同论究,以确定佛陀的法义与律行的真意,而免僧团的分化。如《长阿含经》的《众集经》,说到结集的动机,就是因为看到异学的诤讼分裂,而主张"我等今者宜集法律,以防诤讼,使梵行久立,多所饶益"①。这两大结集,为持律者所传,所以有关结集的缘起,只提到有关戒律部分。如上所引的"四大教法",明显表示了当时佛教界的经法多歧,也有赖于"案法共论",和合诵出。

关于歧见部分,实为部派分裂的远源,应另为讨论。结集的内容部分,每一律典,所说都不尽相同。研究起来,那是部派佛教,将自部经律的部类与内容作为原始结集,而叙述于"五百结集"的传说中。当时的结集内容,应从经律结集的研究中去说明。在这里,没有论究部派不同传说的必要,现在要说的是:

一、两大结集传说略述:1."王舍结集":在佛灭第一年夏,大迦叶发起召开王舍城的结集大会。起初,大迦叶率领大众,从王舍城到拘尸那(Kuśinagara),主持佛般涅槃后的荼毗大典。大迦叶发现僧团内部有不遵规定、自由行动的倾向,于是发起结集

————————

① 《长阿含经》卷八(大正一·四九下)。

的法会。结集的地点,在王舍城外的七叶岩(Saptaparṇa-guhā)。参加结集的,有五百比丘①。一直追随佛陀直到佛般涅槃,侍佛二十五年的阿难,几乎被弃于结集大会以外。等到参加结集,又被大迦叶众举发种种的过失。主要为对佛陀的侍奉不周问题,对女人的态度问题,对小小戒的存废问题。阿难在大众中,尊重僧伽,表示忏悔,而维持了教团的和合。当时,阿难诵出法——经,优波离诵出律,在安居期中,完成了那一次的结集。

2.“毗舍离结集”:佛灭一百年,佛教界发生严重的论诤。持律者耶舍(Yaśas)在毗舍离游行,见当地的跋耆比丘在布萨日接受信众金银的布施。耶舍以为非法,提出异议,因而受到毗舍离比丘的摈逐。据上座部系各律所说,当时跋耆比丘的非法,共有十事;但受取金银,仍看作引起纷争的主因。耶舍到了西方,首先得到波利邑(Pārikhā)比丘的支持。于是邀集同道,得三菩伽(Saṃbhoga 即商那和修)的赞同。又全力争取萨寒若(Sahajāti)国离婆多(Revata)的支持。然后集合了七百比丘,东下毗舍离。在传说中,东方跋耆比丘,也西上争取离婆多的支持,但没有成功,这是决定东西双方未来成败的关键所在!集会在毗舍离。由于西方来的有七百众,当地的东方比丘当然更多;不便于共论,这才由双方各推代表四人,举行会议。结果,东方的受取金银等十事,一一被论证为非法,僧团又恢复了一时的和合。这是一项严重事件,关涉得非常广。从发生到解决,怕不是

——————

① 或作千比丘,如《大智度论》卷二(大正二五·六七下),《大唐西域记》卷九(大正五一·九二二中);或作八十千众,如《撰集三藏及杂藏传》(大正四九·一下)。

短期——一年或数月的事。

　　二、两大结集的历史性："七百结集"，虽然学者间意见不一，而作为历史性的真实事件，大致为学者所肯认①。而"五百结集"，或视为托古的传说，产生于第二结集时代②。这在不属于佛教的西方学者，支离割裂，原是不足深怪的！对于这一问题，大家都会同意，这是律家的古老传说。是律家的传说，所以说到当时的僧伽内部，王舍大会中的歧见，毗舍离大会的纠纷，都只说到律行，而没有说到经法。从这一意义去看，就发见"王舍结集"，虽被传说为法（经）与律（或加论）的结集；而毗舍离的"七百结集"，已是"论法毗尼"③，或称之为"七百结集律藏"④。"七百结集"时代，法与律已经结集存在，所以是论法毗尼。七百结集自身，说明这一大会的主要目的，并没有结集法与律的意图。这是律家的传说，重于律行，原始根据为毗尼的摩呾理迦⑤。偏重或强调律行，可说是事理的常态。以律家的传说，而叙述法与律的结集，更显得"王舍结集"的可以信赖。这是传说，在不断的传说中，自不免有所增益，或次第倒乱，而形成部派间的传说纷歧，不宜因此而为全部的怀疑。佛陀涅槃了，为了强固僧团的思想、行为与制度，免陷于分崩离析，发起经与律的结集，实为佛教界一等大事！这是事理所应有与必有的，我们没有任何理由，任何反证，足以证明"王舍结集"为捏造的！

　　①　参照前田惠学《原始佛教圣典之成立史研究》（五七二——五七五）。
　　②　前田惠学《原始佛教圣典之成立史研究》所引（五五八——五六〇）。
　　③　《四分律》卷五四（大正二二·九七一下）。
　　④　《摩诃僧祇律》卷三三（大正二二·四九三下）。
　　⑤　《萨婆多部毗尼摩得勒伽》卷五（大正二三·五九七中——下）。

　　或者以为:《小品》的"五百犍度",预想《大般涅槃经》的存在;而《大般涅槃经》(同《长阿含经·游行经》),却没有说到王舍城的结集,因而推为后起的传说。或者依据汉译的《般泥洹经》等明确地说到王舍城结集,以证明"王舍结集"的可信①。这都似乎过分重视文记,而忽略传说自身。佛的大涅槃,王舍城圣弟子的结集,事实尽管相衔接,而传说却不妨独立。以佛涅槃事为依据的传说(起初是片段的传说),经师结集为完整的《大般涅槃经》。以"王舍结集"为依据的传说,律师简要地集录于《毗尼摩呾理迦》,比《大般涅槃经》的集成时间还要早些。"犍度"部的结集传说,都是与涅槃无关的。后来,西北方的律师,将大涅槃事,集录在律部中。持律者所传的"大涅槃譬喻",见于《根本说一切有部毗奈耶杂事》。《杂事》的"大涅槃譬喻",就与王舍城的结集相衔接②。同样的,"王舍结集"本来不是经师所传的;而流传于北方、西域,传译于我国的《佛般泥洹经》、《般泥洹经》,也与"王舍结集"联结起来③。所以,佛涅槃与"王舍结集",本由经师、律师分别集成。《大般涅槃经》没有说到"王舍结集",决不能因此而怀疑"王舍结集"的真实性。

　　王舍与毗舍离大会,是持律者的传说。依律典明文,王舍大会有法与律的结集,而毗舍离大会只是非法恶行的共论否定。铜鍱部律,在"五百犍度"、"七百犍度"末,都以"律之结集"作

---

　　①　前田惠学《原始佛教圣典之成立史研究》所引(五五八——五六一)。

　　②　《根本说一切有部毗奈耶杂事》卷三六——四〇(大正二四·三八四中——四〇八下)。

　　③　《佛般泥洹经》卷下(大正一·一七五上——下)。《般泥洹经》卷下(大正一·一九〇下——一九一上)。

结,更表示了持律者偏重的口吻。持律者对王舍及毗舍离大会的传说,重点在僧团内部歧见的消除,以维护僧团的和合统一。但在持律者的传说中,对于这二次大会,在结集方面,都赋与同样的意义。如《四分律》称之为"集法毗尼五百人"、"七百集法毗尼"。《摩诃僧祇律》作"五百比丘集法藏"、"七百集法藏"。《根本说一切有部毗奈耶杂事》作"五百结集事"、"七百结集事"。《毗尼母经》作"五百比丘集法藏"、"七百比丘集法藏"。《大史》也作"第一结集"、"第二结集"。这是值得深思的事!律典明文,专重于僧伽内部歧见的消除;而持律者,几乎一致地表示:毗舍离大会与王舍城大会一样,是法与律的结集。所以毗舍离大会的实际情形,在解息诤论以后,应曾进行经与律的结集。这在锡兰的《岛史》①中,就曾这样地明说了。

从经律的结集来说,部派所传的经律,虽有多少不同,然从同处而论,在部派未分以前,确有经律为佛教界所公认。应有僧伽的结集大会共同论定,这才具有权威的约束力,能为佛教界所公认。王舍城与毗舍离的两次集会,就是公认的结集大会。从经律自身去研究,经律的诵出与编审,是不止一次的,不断集出的。不断集出的经律,应有两大阶段。第一阶段完成的,经与律都分为长行与偈颂。经部的长行,是"相应修多罗";偈颂是"祇夜"(八众)。律部的长行,是称为"修多罗"的"波罗提木叉"(戒经);偈颂是"随顺行法"(分二部)。经与律的结集过程,在部类的组织上,有着相同的情形。经不断的传诵结集,到第二阶

———————

① 《岛史》(南传六〇·三三——三四)。

段,完成的经律部类是这样:经部,将当时所有的部类——"九分教",以长行为主的,集为"四部";偈颂部分,是杂说。律部,"波罗提木叉",已完成"经分别"。而偈颂部分,已成为三部,倾向于不同事项的类集(犍度部由此而集成)。这是部派未分以前的经律部类,为一切部派所公认。经律集成的两大阶段,与传说的两大结集相合。从原始佛教圣典集成史的研究中,深信"王舍结集"、"毗舍离结集"有着历史的真实性。虽然真实的历史已与某些传说相结合,而有点迷离不明。

经律结集的两大阶段,集成的种种部类,将在下面去分别论究。这一结论,如研究而大体正确的话,那么经律的成立过程与公认的两大结集传说,可说完全契合。至于部派分化以后的经律结集,当然就是那些不为佛教界公认的不同的结集传说了!

第四项 不同部派的不同结集

两大结集外,还有非教界公认的,不同的结集传说。这些传说,虽或者辞义含混,或者时代不合,而传说的底里,都存在某一部派的结集事实。这里只略为引述,点明意义,以说明各部派有不同结集的存在。

一、大众部系结集:陈真谛(Paramārtha)(西元五四八——五六九年在华)所传,有"界外结集"说,如《三论玄义》(大正四五·八中)说:

> "二、大众部,即界外大众,乃有万数,婆师波罗汉为主,……即五比丘中之一人,而年大迦叶,教授界外大众。"

在王舍城结集时,就有与大迦叶对立的界外结集,传说极为普遍。隋房琮《西域传》说:"迦叶结集处,又西行二十余里,是诸无学结集处。"①界外结集的地点,与玄奘《大唐西域记》所传相合②。这一传说,锡兰也是有的,但传为"七百结集"的时代,如《岛史》(南传六〇·三四)说:

> "为上座所放逐者,恶比丘跋耆等,……集一万人,而为法之结集,故名大结集。大结集比丘,违背教法,破坏根本集录,另为集录。……弃甚深经律之一分,别作相似经律。"

这是同一传说,如比丘都是一万人。《岛史》所传,似乎是初出的,为上座部所说,用意在贬抑大众部。或者就依据这一传说,比附于"王舍结集"时代,以形容其结集的古老。依《僧祇律》,"王舍结集"时,并无"界外结集"说。"七百结集"时代,对于持律者耶舍,虽表示不满③,而"七百结集"所作的决定——受取金银为非法,还是表示尊重,可见还不是大众部分裂的时代。《岛史》所传的"大结集",属于东方比丘,时间应在"七百结集"以后,发展到对立而不再和合,而为自部经律整编的时代。

大众部系自己,只说"王舍结集",如大众部末派的《增一阿含经》序说:"契经一藏律二藏,阿毗昙经为三藏,方等大乘义玄邃,及诸契经为杂藏。"④依《僧祇律》,王舍结集的内容,是"四

---

① 《三论玄义检幽集》卷五所引(大正七〇·四五〇中)。
② 《大唐西域记》卷九(大正五一·九二三上)。
③ 讥讽耶舍立第五波夜提,如《摩诃僧祇律》卷三〇(大正二二·四六九中)。
④ 《增一阿含经》卷一(大正二·五五〇下)。

阿含"及"杂藏"、"律藏"①。《增一阿含经》序,"杂藏"扩大了
内容,含有方等大乘。到了《分别功德论》,以为:"阿难所撰者,
即今四藏是也。合(菩萨藏)而言之,为五藏也。"②大众部圣典
的演进情形,显而易见。但大众部学者,将这些次第集成的事
实,一律仰推于"王舍结集"时代。

此外,还有本末各派不同诵出的传说,如《三论玄义检幽
集》卷五(引真谛《部执论疏》)(大正七〇·四五九中、四六〇
下)说:

"第二百年,大众部并度(广)行央掘多罗国,此国在王
舍城北。此部引……诸大乘经。"

"大众部中,更出一部名多闻部者。佛在世时,有一阿
罗汉。……佛灭后二百年中,方从雪山出,至央掘多罗国,
寻觅同行人。见大众部所弘三藏,唯弘浅义。……其罗汉
便于大众部,具足诵出浅义及以深义,深义中有大乘也。"

二、分别说部系结集:分别说部又分出四部,四部都有不同
的结集传说。

1. 化地部的结集说:在古代,化地部是盛行南(锡兰)北的
部派。其成立与集诵的事缘,如《三论玄义检幽集》卷六(大正
七〇·四六五上)引真谛说:

"有婆罗门名正地(化地的异译),解四韦陀论,及外道

---

① 《摩诃僧祇律》卷三二(大正二二·四九一下)。
② 《分别功德论》卷一(大正二五·三二中)。

诸义,为国之师。后厌世出家,得罗汉果。读佛经有缺处,皆将韦陀论、毗伽罗论庄严之,如佛口说,义皆具足。"

2.法藏部(昙无德部)的结集:也如《三论玄义检幽集》卷六(大正七〇·四六五中)所引的真谛所说:

"法护(法藏的异译),是人名。此罗汉是目连弟子,恒随目连往天上人中。……法护既随师游行,随所闻者,无不诵持。目连灭后,法护习为五藏:一、经藏;二、律藏;三、论藏;四、咒藏;五、菩萨本因,名为菩萨藏也。……此部自说:勿伽罗是我大师。"

法藏部主法藏,自称勿伽罗(目犍连异译)为我大师。《舍利弗问经》(大正二四·九〇〇下)说:

"目犍罗优波提舍,起昙无屈多迦部。"

优波提舍(Upatiṣya),是舍利弗(Śāriputra)的名字。铜鍱部传说:阿育王时,有 Dhammarakkhita 大德,曾奉派去阿波兰多迦(Aparāntaka)弘法。当时的领导人物,名目犍连子帝须(Moggaliputta Tissa)。这位 Dhammarakkhita,汉译《善见毗婆沙律》,就直译为昙无德①。这么看来,以目犍连(优波提舍)为大师的昙无德,显然就是目犍连子帝须所领导的昙无德;目犍连子帝须,也就是目犍罗优波提舍的别名②。依昙无德所弘传而发展

---

① 《善见律毗婆沙》卷一(大正二四·六八四下)。
② 木村泰贤等说(塚本启祥《初期佛教教团史之研究》所引二六五)。

成的部派,就名昙无德部。然在流传中,昙无德的结集,也是不止一次的。据昙无德《四分律》说:王舍城的结集(该部当时的经律实况),是"经、律、阿毗昙"——三藏①。五藏说,还是以后流传的再结集呢!

3.饮光部的结集说:饮光部,又名善岁部,或音译为迦叶遗部。其成立与结集,如《三论玄义》(大正四五·九下)说:

> "(善岁)七岁得罗汉,值佛闻法,皆能诵持。撰集佛语,次第相对:破外道为一类,对治众生烦恼复为一类。"

铜鍱部所传:目犍连子帝须时,阿育王派遣大德,分化一方。有迦叶(饮光)姓长老末示摩(Majjhima)等,弘化于雪山边国(Himavanta)。末示摩的遗骨,已在 Sāñchi 发现②。属于分别说部的饮光部,可能由这一系的发展而成。

4.铜鍱部的结集说:铜鍱部,传说为阿育王时,目犍连子帝须的弟子,也就是阿育王的王子——摩哂陀(Mahinda),率众传入锡兰而成的部派。这一部自称为上座部、分别说部,所传的圣典,为正统的原始结集。这在现在,虽不会有人轻信这种传说,但以巴利语记录的圣典,确有特胜,为近代学界所推重。据说:阿育王大信佛法,供施不绝,外道们都自己剃落,着袈裟,混入僧伽中。由于外道思想的羼入,引起了僧伽间的论诤。王都华氏城(Pāṭaliputra)的阿育王寺,七年间不能和合布萨。阿育王于是迎请目犍连子帝须,分别邪正,将杂入佛法的外道一齐驱出。其

---

① 《四分律》卷五四(大正二二·九六八中)。
② 前田惠学《原始佛教圣典之成立史研究》所引(五九四——五九五)。

余的纯正比丘,都是分别说者。这才和集大众举行律的结集,称
为第三结集①。近代尊重巴利语佛教的学者,看作历史上的事
实。但这一传说,是北传佛教所没有说起的。实为部派结集的
一种,而非教界所公认的。当时的佛教界,如大天(Mahādeva)
是大众部,末阐提(Madhyāntika, P. Majjhantika)是说一切有部;
而分别说部的力量,似乎要强些。分别说部,是西方系中的重律
学派。这是阿育王曾经出镇的,摩哂陀母亲的故乡——阿槃提
(Avanti)、郁禅尼(Ujjayinī)一带的佛教,曾活跃于当时的政教
中心——华氏城。分别说系的铜鍱部、法藏部、饮光部,都可说
由此而发展成的。这应为分别说部的部派结集,非佛教界所公
认。铜鍱部所传,不免渲染夸大。至于铜鍱部现存圣典的集成,
据说:西元前四〇年顷,毗咤伽弥尼王(Vaṭṭagāmaṇī)时,僧众举
行结集,将口诵的圣典记录下来②。那时记录的,与现存的圣
典,大致相去不远。

三、说一切有部系结集:有前后二次,初如《异部宗轮论》、
《大毗婆沙论》③所说:阿育王时(《婆沙》作波咤梨城王),以大
天的五事异说,引起僧伽的论诤不息。《三论玄义检幽集》卷五
(引《部执论疏》)(大正七〇·四五六中)说:

"王妃既有势力,即令取破船,载诸罗汉,送恒河中。

① 《岛史》(南传六〇·五三——五七)。《大史》(南传六〇·一七四——一
九八)。《善见律毗婆沙》卷二(大正二四·六八二上——八八四中)。
② 《岛史》(南传六〇·一三四)。《大史》(南传六〇·三七八——三七九)。
③ 《异部宗轮论》(大正四九·一五上)。《大毗婆沙论》卷九九(大正二七·
五一一下——五一二上)。

罗汉神通飞空而去，往罽宾国。……阿输柯王问众人云：诸阿罗汉今并何在？有人答云：在罽宾国。即遣往迎尽还供养。大天先既改转经教，杂合不复如本。诸阿罗汉还复聚集，重诵三藏。……至此时，三藏已三过诵出。"

这是罽宾比丘所传，近于铜鍱部的传说，而不尽相同。当时的诤论分化，《异部宗轮论》的旧译——《十八部论》（大正四九·一八上）说：

"时阿育王王阎浮提，匡于天下。尔时大众别部异住，有三比丘：一名能，二名因缘，三名多闻。"

这是三比丘众，与西藏译本相合。"能"，奘译作"龙象众"，梵语 nāga；"能"为草书"龙"字的讹写。"因缘"，奘译作"边鄙众"，梵语为 pratyaya，这使我们想起了称为波夷那（Pacina）的东方比丘。"多闻"，梵语为 bahuśruta。阿育王时的三比丘众，龙象众为西而向南发展的，重律的分别说系；多闻众为西而向北发展的，重经法的说一切有系（那时还都是自称上座部的）；边鄙众是东方的大众系。这是西方重法学系的传说；那时的分别说系，与大众系（大天他们）关系还良好。西方重法学系，似有不容于东方的形势。阿育王时代，部派初分。在佛法兴盛中，大众、分别说、说一切有——三大系，大抵都已开始圣典的（确定自部的）自行结集，因而留下第三结集的传说。

次有第四结集说：迦腻色迦王（Kaniṣka）时，传说说一切有部在迦湿弥罗（Kaśmīra）国举行三藏的结集（近代重视华氏城的结集，于是也就称为第四结集）。如《大唐西域记》卷五（大正五

一·八八六中——八八七上)说:

> "部执不同,王用深疑,无以去惑。时胁尊者曰:如来
> 去世,岁月逾邈,弟子部执,师资异论,各据闻见,共为矛盾!
> 时王闻已,甚用感伤。……敢忘庸鄙,绍隆法教,随其部执,
> 具释三藏。……王乃宣令远近,召集圣哲。……五百贤圣,
> 先造十万颂邬波提铄论,释素怛缆藏;次造十万颂毗奈耶毗
> 婆沙论,释毗奈耶藏;后造十万颂阿毗达磨毗婆沙论,释阿
> 毗达磨藏。"

就文记而论,实是集众为三藏作释论。玄奘在《大毗婆沙
论》末也说:"佛涅槃后四百年,迦腻色迦王瞻部,召集五百应真
士,迦湿弥罗释三藏。"①这只是解释三藏的传说,但西藏所传,
确为三藏的结集。据说:迦腻色迦王在迦湿弥罗的耳环林(Kuṇ-
ḍalavana)精舍,或说在阇烂陀罗(Jālaṃdhara)的俱婆那(Ku-
vana)伽蓝,举行结集三藏。传说有五百阿罗汉、五百菩萨、五百
学士,参与这一次的结集,校订文字;毗奈耶也用书写记录②。
这是北方说一切有部的结集传说;事实与传说,也许是大有出入
的,但在说一切有部,阿毗达磨论宗大发展时,曾有自部的记录
校订,应就是这一传说的渊源了。

四、犊子部系结集:西藏所译,有毗跋耶(Bhavya,清辨)的
《异部精释》。所举部派分化的不同传说,第三说为正量部的传

---

① 《大毗婆沙论》卷二〇〇(大正二七·一〇〇四上)。
② Tāranātha《印度佛教史》(寺本婉雅日译本九九——一〇二)。

说。关于部派分裂因缘是这样说的①：

> "世尊般涅槃后，一百三十七年，经难陀王而至摩诃钵
> 土摩王时，于华氏城集诸圣众。"

> "僧伽诤论大起，长老龙及坚意等多闻者，宣扬根本五
> 事。……由是分为二部。"

> "如是僧伽纷争，经六十三年，及犊子长老，集诸僧伽，
> 息诸诤论，举行第三结集。"

正量部从犊子部分出，说到犊子的举行第三结集，无疑为犊
子部系的结集传说。这一传说，与说一切有部《异部宗轮论》所
说最为类似。这二系，同从说一切有的先上座部分出。其共同
点：如以五事而起诤，分成二部。说一切有部所传三（或四）比
丘众，有龙及多闻；这里也说上座龙及多闻者。但西藏史家，将
此龙比丘，与龙军比丘相混合了。又上座龙等说五事起诤，说一
切有部也如此说，但只是共论五事而起诤，并非都宣传五事。总
之，这是犊子部系的结集传说。

　　五、不明部派的结集传说：

　　1. 僧伽尸城（Sāṃkāśya）结集说：《撰集三藏及杂藏传》（大
正四九·四上）说：

> "佛涅槃后，迦叶、阿难等，于摩竭国僧伽尸城北，造集
> 三藏正经及杂藏经。"

　　这一传说，也见于《佛说枯树经》（经题与内容不合），如（大

---

①　寺本婉雅日译《印度佛教史》附注（八七——八九）。

正一七·七五一上)说:

> "僧伽尸城北,迦叶佛时偷婆,……现城即以此偷婆为
> 称也。迦叶、阿难等,所以于此地集经者……集讫,诸王于
> 其处,造僧伽蓝,名诸王寺,在偷婆北。"

僧伽尸,在今恒河(Gaṅgā)上流的 Sankisa。传记明说摩竭
国(Magadha),迦叶、阿难,却又说在僧伽尸城北,真是一项特殊
的传说! 据《大唐西域记》说:这里是正量部盛行的地方①,也许
这就是正量部的传说!

2. 雪山罗汉结集说:《毗尼母经》卷四(大正二四·八一九
上——中)说:

> "此是雪山中五百比丘所集法藏。"

这一说,与上一则异曲同工! 明说迦叶等在王舍城,竹林内
结集,末了却以此作结。或解说为雪山部的传说。这二则,都是
部派不明的。但以自部弘通的地点,传说为与第一结集有关,却
是相同的。

这一切不同的结集传说,都是与部派有关,不为佛教界所公
认的传说。

---

① 《大唐西域记》卷四(大正五一·八九三上)。

第四节　圣典的语言与古新问题

第一项　原始圣典与巴利语

佛法虽为佛（及弟子等）的三业德用，而佛教圣典，但依语文而流传下来。在原始佛教圣典，也就是部派公认的圣典成立史中，也有与语文有关的问题。铜鍱部所传的巴利语圣典，传说是由摩哂陀传入锡兰的，是（传为一切集成了的）第一结集所用的语言，摩竭陀的语言，佛陀自己所用的语言。这么说来，巴利圣典是最纯正的保持佛陀真传的圣典了。跋耆比丘"大结集"，也就要指责他们，对圣典的"名词、性、措辞、修辞"，有所改作了①。《铜鍱律·小品》（南传四·二一一）说：

> "时夜婆、瞿婆，二兄弟比丘，生婆罗门（家），语善、声美。诣世尊所，敬礼已，却坐一面。"

> "彼等白世尊言：大德！今比丘众，名异、姓异、生异、族异而来出家，各以自己言词污损佛语。愿听我等，转佛语为阐陀。世尊呵曰：愚人！汝等何以说愿转佛语为阐陀！"

> "告比丘言：不听转佛语为阐陀，转者堕恶作。听各以自己言词诵习佛语。"

佛陀对佛法与语文的立场，这里说得最为明确。兄弟比丘

---

① 《岛史》（南传六〇·三四）。

提出佛语"阐陀"化的要求,说明了佛陀应用的语言不是"阐陀"。所以要提出这一要求,是由于佛弟子从不同区域、不同种族、不同阶层而来,语言极其复杂。一些低阶层(或边远地区)应用的语言,在出身婆罗门家,受过高等教育的人看来,不免有损佛的尊严。所以"阐陀"化,是佛教用语统一化的要求。印度的语言,起源极古。《吠陀》(Veda)、《梵书》(Brāhmaṇa)、《奥义书》(Upaniṣad)等,都用这种语言。然随民族移殖、政治扩张而普遍到恒河流域,又流向南方。由于区域辽阔,民族复杂,形成大同小异的种种方言。西元前五世纪的 Yāska、四世纪的Pāṇini,依据《吠陀》、《梵书》等古语,研究其语法、音韵,整理出一种结构精密、最完成的语言,就是 Saṃskṛta,或译"雅语"、"善构语",通称梵语。这种语言,佛法中也称之为阐陀(Chanda),有韵律的语文。佛陀晚年,这种语言的提倡推行,已为婆罗门所重。兄弟比丘的请求,正代表这种要求。然佛陀率直地拒绝了(主要是不许以此为标准语),而听比丘们以自己的语言来诵习佛语。自己言词(Sakāya niruttiyā),显然指比丘们自己的方言。《四分律》对此说:"听随国俗言音所解诵习佛经。"①《五分律》说:"听随国音诵。"②文义都这样明白,而觉音却以"自己言词"为"佛陀自己的语言"③。同一 Sakāya niruttiyā,而不顾前后的文义相关,作出离奇的解说。这不是巴利圣典问题,而是铜鍱部学

---

① 《四分律》卷五二(大正二二・九五五上)。

② 《弥沙塞部和醯五分律》卷二六(大正二二・一七四中)。

③ Sammāsambuddhena(《善见律》)所说,见前田惠学《原始佛教圣典之成立史研究》(一一二)。

者的解说问题！婆罗门教以梵语为梵天的语言，神化了语言，从语言的统一发展中，加强其宗教的权威。而铜鍱部学者，承袭神教的手法，假借"佛陀自己的语言"，以加强巴利圣典的教学权威。这不免违反佛陀无方普应的平等精神了！

巴利语为佛陀自己的语言，现代的巴利文学者，已很少人坚持这种意见①。然部分巴利圣典的研究者，想从语言学的论究中，说明巴利语的古老来源。或以为，佛陀说法的语言，必为当时的流行语，摩竭陀的流行语。或以为"第一结集"在王舍城，"第二结集"在毗舍离，佛教圣典的原始语文，必为东方摩竭陀一带的语言。而巴利语与摩竭陀语相近，因而得出巴利语为佛教古典用语的结论。然近代学者，比较巴利语与摩竭陀语的差别，并不能同情这种论调。关于佛陀自己的语言，如从民族去着想，释迦与摩罗、跋耆等为近族。"六族奉佛"②，都是雪山南麓、恒河北岸一带的民族。如说家乡语，应属于这一地区的语言。佛曾住摩竭陀说法，可能应用摩竭陀流行语，但晚年更长期的，传说二十五年在舍卫城（Śrāvastī），所以也不能说佛以摩竭陀语说法，以摩竭陀语为佛教用语的任何理由。印度的原始佛教，一直在口口传诵中。同一名词，同一文句，在语音多少出入地说起来，就有多少差别（如以字母写出，更为显著）。然而，并不以语言、语法的多少差别，就觉得不合。流行语（古代是自然学习，不像近代那样的学习发音、拼音，学习到非常准确），从来都没有绝对标准，只是大体从同，大家听得懂就是了。第一、第二结

① 前田惠学《原始佛教圣典之成立史研究》所引（一一二—一一三）。
② 《长阿含经》卷一五（大正一·九八上）。

集,是诵出佛法,审定取去,不是语言或文法的审定与传授。共同审定佛法(在会大众,也不可能语音统一),在口口相传中,怎么也不能想像为从此成立一种统一的佛教用语。如从原始佛教的流传,口口相传的实际情况去理解,那么推想佛陀自己所用的语言,第一、第二结集使用的语言,都是不必要的了!

　　巴利语为西印度语(依原始佛教,应称为南方)。以优禅尼为中心,阿槃提地方的语言。近代学者从阿育王(Aśoka)碑刻——Girnar 碑的比较,得到了更有力的证明①。巴利语传入锡兰的摩哂陀,正是育养长大于优禅尼的。这是佛教向边地发展,引起阿槃提佛教的隆盛,成为分别说部的化区。铜鍱部由此分出,化地部、法藏部也由此分出。这一地区的佛教——分别说部,应用这一地区的语言,成为巴利语。这是以 Paiśācī 语为基础,而受到摩竭陀语的多少影响。西藏传说佛教四大部派的地区与语言②:大众部从 Mahārāṣṭra 地方发展起来,圣典用 Mahārāṣṭra(摩诃剌佗)语。上座部以 Ujayana 为中心,圣典用 Paiśācī 语。正量部从 Sūrasena(即摩偷罗一带)而发展,圣典用当地的 Apabhraṁśa 语。说一切有部在罽宾(Kaśmīra)、健陀罗(Gandhāra)而盛大起来,圣典用 Saṃskṛta 语。上座部(指上座分别说部)以优禅尼为中心,用 Paiśācī 语,与近代研究的巴利语相合。传诵圣典用语的不同,与教区有重要关系(并非决定性的)。其语言的新古,在佛教圣典的立场,应从部派的成立及移化该区的时代来决定。

-----

①　前田惠学《原始佛教圣典之成立史研究》所引说(三四——三五、四八——四九)。

②　调伏天《异部次第诵轮》所说,待检。

巴利语来源的研究,近代学者的业绩是不朽的! 近乎结论阶段的意见,巴利语是阿育王时代,优禅尼一带的佛教用语。

现存的原始佛教圣典,巴利语本的经、律、论——三藏,都完整地保存下来。汉译虽有众多部派所传的圣典,都没有完整的。而且,巴利语为印度古方言,没有经过翻译,研究起来,会感觉特别亲切与便利。所以巴利语不是佛陀自己的语言,不是"佛教中国"的原始语言,还是具备有利条件,引起学者的不断研究。然而现存的一切圣典,都是具有部派色彩的;从部派所传去研究原始圣典,研究原始圣典的结集过程,是不能局限于巴利圣典的。从西方学者研究巴利圣典所引起的倾向,积习很深。到现在,还有人以为研究原始佛教非从巴利圣典入手不可。有人以原始佛教圣典为名,而以巴利圣典为实。超越部派的立场,以现存各种原始佛教圣典为对象,比较研究以发现原始佛教圣典集成的历程,才是原始佛教圣典成立史研究的方向吧!

第二项　长行与偈颂

"长行"(散文)与"偈颂",是圣典文学形式的两大类。巴利语圣典的研究者,叙述圣典的成立过程,学界的意见并不一致。其中,Franke 发现巴利语的韵文,比散文为古。他从经律(散文中)集出古偈,而主张还有比现存(巴利)圣典更古的圣典①。宇井伯寿《原始佛教资料论》②,论到可以考见的古典,成

---

① Otto Franke,The buddhist councils at Rājagaha and Vesāli(*JPTS* 1908. pp. 1—80).

② 宇井伯寿《印度哲学研究》卷二(一五八——一六六)。

立次第是：

　　Ⅰ.波罗延那

　　Ⅱ.A.经集前四品·相应部有偈品

　　　　B.如是语·自说

　　　　C.相应部因缘品(一部分)·长部·中部——七经

　　Ⅲ.本生二八经·增支部·中部——一〇经

　　这一叙列,等于说偈颂古而散文(《相应部·因缘品》)为新。巴利语中韵文与散文的新古,自有巴利文研究者去研究,现在只是泛论长行与偈颂在原始佛教圣典中的意义。

　　世界各民族文化的开展,作品都是先有偈颂,而后有散文。古典的散文,也大抵是有韵的。这种先偈颂而后散文的过程,与原始佛教圣典文学的开展,并不适合。佛陀说法时,印度的文化已发展得很高,偈颂与散文的文学体裁都早已成立。时代的印度文明,正进入"修多罗"(sūtra)时代;"修多罗"就是"长行"直说。出现于这个时代的佛教文学,先有偈颂的意见,是难以想像的。佛教圣典,始终以"修多罗"为("九分教")第一,进而成为佛法的通称。这是佛教圣典的事实,研究者是不能不加以重视的。从"长行"与"偈颂"自身来说,长行也可能有韵律,而音韵格调,对于偈颂是重要的成分。偈颂,即使不作高音朗诵,而与吟咏是分不开的。低沉的吟咏,高声的朗诵,在佛教的观点,又怎样呢! 原始佛教的精神,重视真与善,而对于美,总觉得容易流于放逸(要说美,只能重视人格的内在美,接近自然的自然美)。如出家生活中,有"不得舞蹈、歌唱、音乐、观剧"的规定①。

------

① 《小部·小诵》(南传二三·二)。

在家而受一日夜戒的,也是这样。如"歌舞戏笑作种种戏",对听众(观众)来说,似乎是使大家欢喜,而其实使人放逸,"更增其缚"①。音韵歌咏,是歌舞伎乐的重要组成部分。凡高声唱诵,过度的长引声韵,是被禁止的。但在佛教的流传中,终于又"开许"了:《十诵律》听许作"声呗"②;《根有律》仅开许二事作吟咏声:赞佛德,诵三启③。以音韵歌咏出名的比丘,有二位:一、罗婆那婆提,就是"侏儒跋提",身材矮小,而"音响清彻","妙音第一"④。二、婆耆舍是一位专长诗偈的比丘;他的事迹,与说偈是分不开的,他赞颂佛德、僧伽与诸大弟子。这二位的事,见于《相应部》的"有偈品"及《增支部》。在原始圣典的集成中,都不是最早的。在这种佛教精神下,先有偈颂,是与事实不相调和的。

　巴利圣典中的某些偈颂,比长行为古。我觉得,文学史上的一项共同现象,似乎还没有为研究者所顾及。印度的语文,是一致的。尽管一致,而平日的语言,与表现为文学作品的散文或诗歌,无论是口口相传的,记录于纸墨的,都并不一致。以散文来说,至少比语言更整洁,更有条理;对于内容,要明确些。语言与文字(这里,文字指定型的文句,可以传诵结集的),不能完全一致。而"长行"的叙述,较少韵律等约束,所以在圣典的"长行"

---

① 《杂阿含经》卷三二(大正二·二二七上)。《相应部·聚落主相应》(南传一六上·三——六)。

② 《十诵律》卷三七(大正二三·二六九下)。

③ 《根本说一切有部毗奈耶杂事》卷四(大正二四·二二三中)。

④ 《增一阿含经》卷三(大正二·五五八上)。《增支部·一集》(南传一七·三四)等。

形成时,与当时的实际语言比较接近。而偈颂的表现,对旧有的
句法、文法、韵律,不能不更多地顾虑到。"偈颂"比"长行"古一
些,只表示了"偈"颂的更多承袭古法,而"长行"与当前的语言
相近而已。在"长行"中夹入"偈颂",一般都是偈颂要古一些。
这在梵文的大乘经,也有类似的情形。如中国文学名著《水浒
传》与《红楼梦》,尽管叙说的语体文与当时的语言一致,而引用
古人成语,或吟诗,还是从前的体裁。诗韵,也还是从前的定例,
与当前的音韵并不完全相合。偈颂(创立新体裁,不在此例)每
比长行古些,是文学史上常见的,决不能据此作出"偈颂早于散
文"的推论。至于引用民间旧有格言,更不能作为原始佛教圣
典先有偈颂的证据了!

　　现存原始佛典中,古老部分的"长行"与"偈颂",从内容比
较起来,有僧伽传诵与民间传诵的不同,"中国"所传与"边地"
所传的不同①。"长行",在印度文学的"修多罗"时代,是当时
文句传诵的主要形式。如《相应部》的"因缘品"的"因缘相
应"、"界相应";"蕴品"的"蕴相应";"六处品"的"六处相应";
"大品"的"根相应"、"觉支相应"等,都是"长行"。重于禅慧修
证的甚深法义,为佛法解脱道的核心。听法的对象,是比丘(比
丘尼)。这部分可断论为僧伽内部传诵出来的根本圣典(《瑜伽
论》就是这样说的②)。《相应部》的"有偈品",不只是体裁不
同,性质也不一样。说法的对象,是梵天、帝释、天子、天女、夜

_____

　　① 佛教的"中国"(Majjhima janapada),指佛陀游化所及的地区。佛所没有到
过的,称为"边地"。

　　② 如《瑜伽师地论·摄事分》所说。

叉、恶魔(还有刹帝利、婆罗门)。或是赞叹的("婆耆舍相应"几乎全部是赞叹的),或是对话法义的。这些偈颂,充满了对于佛陀的赞仰与思慕,以佛陀为希有难遇的解脱者;对佛弟子也尽着爱护的虔诚(如"森相应");帝释更起着领导天众归佛的作用(如"帝释相应")。对佛弟子死后的情况,如"诸天相应"的陶师①,"天子相应"的给孤独②,作了解脱与生天的"记说"。论究的法义,深义少而通俗的多。有些是转世间偈颂为佛化的,如《杂阿含经》卷四八(大正二·三五五下)说:

> "时彼天子而说偈言:广无过于地,深无逾于海,高无过须弥,大士无(过于)毗纽(天)。"

> "尔时世尊说偈答言:广无过于爱,深无逾于腹,高莫过憍慢,大士无胜(于)佛。"

又有偈说:"欲者是偈因,文字庄严偈,名者偈所依,造作为偈体。"③那是论到世间的文学了。这是佛法深入民间,透过印度民间的宗教意识,在佛教的信众心中,表现出佛的化导世间、超越世间。偈说都是片段的,代表着初期传诵的形态。"长行"是僧伽内部传诵的,而"偈颂"是民间信众传诵的。这些偈颂,有韵律而容易传诵;充满宗教的情愫,影响极大。终于为僧伽大会所接受,认为是佛法,而结集为佛教的圣典。

上述的"长行"部分,人物、地点,有真实亲切的感觉;"偈

---

① 《相应部·诸天相应》(南传一二·四九)。
② 《相应部·天子相应》(南传一二·九三)。
③ 《杂阿含经》卷三六(大正二·二六六中)。《相应部·诸天相应》(南传一二·五五)。

颂"部分,天、魔、梵的活动,也有民间宗教信仰的真实性,代表了第一阶段,佛教中国形成的圣典。"偈颂"的另一部分,如《义品》(Aṭṭhakavagga)与《波罗延》(Pārāyaṇa-vagga),诚然是早期的,从人物、地点去看,这是"边地"所传诵的圣典。在佛教地理中,西方的摩偷罗,是"佛教中国"(西方)的边缘地带。由此而向西南发展,是大迦旃延所教化的阿槃提一带。以《义品》来说,传说有关的地点是西区,舍卫城为主,及拘舍弥、僧伽尸、拘留、沙祇①。有关的人,是在家的,或是外道;有好几章,不知是谁问的,所以有"化人"问的传说。舍利弗问,与佛从三十三天来下有关②。如"多求王"、"镜面王"等,是"本生";实在说来,这是过去生中所说,缺乏现实性。《义品》的传布极广,不但流传到现在,也见于经律。经中提到《义品》的,是大迦旃延的解说《义品》偈③。律中提到《义品》的,是"犍度部",迦旃延在阿槃提所教化的亿耳(Śroṇa-koṭīkarṇa),从阿槃提来见佛,诵出《义品》④。亿耳诵《义品》,依《铜鍱律》是"声诵"——细声的吟咏。《义品》与大迦旃延的化区阿槃提,显然存有特殊的关系。

《波罗延》,传说为婆和利(Bāvarī)婆罗门的十六位学童,从南方瞿陀婆利河(Godāvarī)畔,来王舍城,与佛问答。学童中的一位,老年的宾祇耶(Piṅgiya),受持了佛的说法,回到南方,向

①　《小部·义品·老经》,传与沙祇多有关。然老母称佛为子,依《根本说一切有部毗奈耶药事》卷一〇(大正二四·四四中),事在摩偷罗附近,邬陀延聚落。

②　《根本说一切有部毗奈耶杂事》卷二九(大正二四·三四六上——三四七下),有佛从天下事,没有舍利弗说偈的记录。

③　《杂阿含经》卷二〇(大正二·一四四中)。《相应部·蕴相应》(南传一四·一三——一八)。

④　《铜鍱律·大品》(南传三·三四七)等。

婆和利报告。这是传为与佛问答,而传诵于南方的偈颂(依传说,比阿槃提更南方些)。十六学童,部分是可考见的,不一定是南方人。如莫伽罗阇(Mogharāja),是经律中有名的面王比丘。在《波罗延》中,莫伽罗阇说颂:"我二(度)问释迦,具眼者为说。今第三回问,天仙说我闻。"①一再问佛,现在再问,似乎不合初见请问的情况。难陀(Nanda)、优陀耶(Udāyī)、劫波(Kappa),都是知名的比丘(传说为别有其人)。而宾祇耶为婆罗门摩纳,更是经律中熟识的人物。《波罗延》中,"宾祇耶大仙"②,"我年老力衰"③,是一位老婆罗门仙人。经律中说到:宾祇耶婆罗门,在离车(Licchavi)前赞佛④,在五王前赞佛⑤;《增支部》并明说为"宾祈耶婆罗门从远方来"⑥。这位远方来的婆罗门大仙,说偈赞佛,是佛教界最熟悉的故事。《波罗延》偈,就是由这位宾祇耶传回南方的:《波罗延》由南方传诵出来,应为这一传说的真实意义。保存了阿槃提一带分别说部旧义的铜鍱部,对《义品》与《波罗延》有特殊的爱好,留下两部偈的详细解释——《义释》,也许与二部起源于边地有关吧!

---

① 《小部·经集·波罗延》(南传二四·四二四)。

② 《小部·经集·波罗延》(南传二四·四二八)。

③ 《小部·经集·波罗延》(南传二四·四二六)。

④ 《增支部·五集》(南传一九·三三二);《四分律》卷四〇(大正二二·八五六中);《弥沙塞部和醯五分律》卷二〇(大正二二·一三五下);《根本说一切有部毗奈耶药事》卷七(大正二四·二八下);《根本说一切有部毗奈耶杂事》卷三六(大正二四·三八六中——下)。

⑤ 《别译杂阿含经》卷四(大正二·三九九下)。但《相应部·拘萨罗相应》(南传一二·一三八)及《杂阿含经》卷四二(大正二·三〇六中),作旃檀婆罗门。

⑥ 《增支部·五集》(南传一九·三二八)。

第三项　圣典的古与新

原始圣典的次第集成,当然有先后古今可说,然关于圣典的新古,有种种问题,不可一概而论。如:

一、材料与结构的新与古:如房屋一样,材料或是固有的,或是采用新出的材料。而将材料建成房屋,房屋的结构也有新的古的。旧材料与旧的结构方式,新材料与新的结构方式,那就容易说古说新了。如旧材料而建成新的结构方式,或在古色古香的旧结构中,采用新材料,那就要分别来说,不能笼统地说新说旧了。圣典的部类成立、组织次第,都有新旧不同,但与内容(材料)并没有一定的关系。有的,保有旧有的组织形态,而引用了部分的新材料;也有内容比较保守,而组织却大大革新。这是论究新古所应注意的一点。

二、主体与附属物的新与古:以房屋来说,或是学校,或是寺院,都为他主要的目的而建筑。如泉州的开元寺,它什么时代创建;现有建筑物,是什么时代:这应该是考论开元寺新与古的主体。民国年间,成立了一个孤儿院,这就是附属。不能以开元寺孤儿院的新近成立,而轻率地说,开元寺是新近的。圣典的每一部类,都有它的主要部分;而在流传中,也有些附属编入的部分。如律部的"本生"与"譬喻","本生"前的"因缘谈",《杂阿含经》误编在内的《无忧王经》。论究新与古,不能着眼于附属物,而轻率论断的(如讨论附属部分,又当别论)。

三、(狭义的)形式与内容的新与古:形式与内容,不一定一致的。如房屋是旧的,髹漆一番,看起来是焕然一新,而不能说房屋是新的。或房屋建筑不久，没有油漆，也没有人居住，弄到杂草丛生，到处是蛛网。外观好像是旧屋，其实还是新近建筑。圣典的内容与语言，也有同样的情形。语言是表现内容的形式，但语文经过转译，或用更近代的语言来表达，如圣典的组织与内容，还是一样，那就不能因语文而说是新的。反之，用古语文来表达新内容，不一定成为古的。如部分锡兰语写成的，改译为巴利语，语文也许是古的，但圣典的古与新，还得凭圣典的内容来决定。从事圣典集成史的研究，当然要说古说新；但问题是多方面的，不可片面地论定。

论究原始佛教的集成次第，应注意上面三点。此外，还有与"根本佛教"有关的问题。佛陀只是说法，没有著述；当时也没有结集。所以佛陀时代的"根本佛教"，也还要在原始佛教圣典中去发见。古代的宗教或者哲学，从开始到大成，在文句方面，每是由简短而长广的；在义理方面，每是由含浑而到明显，由疏略而到精密，由片段而到系统化。这就是"由浑而划，由微而著"的当然历程。佛教圣典的最初诵出、结集，是简短的，圣典也是由简短而渐长广的。然从佛法来说，却不一定如此。如《杂阿含经》卷一五（大正二·一〇四中）说：

> "世尊告诸比丘，有四圣谛。何等为四？谓苦圣谛，苦集圣谛，苦灭圣谛，苦灭道迹圣谛。"

这可说简短极了！然佛说法时，哪会这样的简略？这样说，听众怎么能了解！这是为了容易忆持，而在听者心中，精简为这样的文句。在传授时，附以义理的解说。所以古代展转传授，就有"解味(文)不解义"的①。这可见佛法本有解说,而在佛法弘传的初阶段,反而因精简而短化了。结集以后,有专业持诵的长老,附有"义说"的,又形成定型文句而传诵出来。如初转法轮,《杂阿含经》但说"此苦"、"此苦集"等②;而与之相当的《相应部》,四谛的内容就有简明的解说了③。在圣典上,有"本"然后有"说",义释是后出的。但在佛法中,有"本"一定有"说",义释不一定是后起的。

在义理方面,也有次第开展的情形。如说解脱,或说"心(于诸漏得)解脱";或说"离贪故心得解脱,离无明故慧得解脱";或说"贪心无欲解脱,恚痴心无欲解脱";或说"于欲漏、有漏、无明漏得解脱";或约"三明"、"六通"说得解脱。如缘起,或但说"一切从因生法(集法),是灭法";或约集灭二方面详说("此有故彼有,此生故彼生;此无故彼无,此灭故彼灭"等)。而详说的,有"五支说"、"九支说"、"十支说"、"十二支说"等。这是由含浑而到明显,由疏略而到精密的开展次第(在说法时,也有"由博返约"的部分),不能看作实质的变化。佛陀在世四十五年,从初转法轮到涅槃,自身也应有"由浑而划,由略而详"的情形。或适应弟子根性而作不同的说示,或由弟子自己的理会而传达出来:佛陀的佛法,是有多样性或差异性的。如研究原始或根本佛教,忽略这一事实,专从简略方面去探求(简略含浑,是便利学者自由发挥自己意见的);满眼看来,不是后起的,就

① 《增一阿含经》卷二〇(大正二·六五二下)。
② 《杂阿含经》卷一五(大正二·一〇三下)。
③ 《相应部·谛相应》(南传一六下·三四〇)。

是变化了，甚至说错了。这等于把佛陀的说法，看作一次完成，以后只是重复的说明。这对于佛陀四十五年的长期教化，佛教的原始结集，是不切实际而不免引起副作用的！

第五节　圣典集成史的研究方针

本书不是原始佛教思想史，原始或根本佛教的探求，而是从次第开展的立场，从事原始佛教圣典集成的论究，这当然要着重于部类与组织的研究。

现存经律是部派所传的。在可能的范围内，对不同部派的传本做比较研究，以求得各部派的共同部类，以论证部类与组织的次第集成的过程；部派同异，是重要的线索。然有关部派间的或同或异，应该注意到两点：一、如上座部系各本，一致这么说，同有这一部类，还只能说，这是上座部没有再分化时代的部类或见解；而是否部派未分以前的原始说，还要另作研究。如一切部派都这么说，都有这一部类，即使内容差别很大，仍可以推断为原始佛教的共同部类。反之，不能以多数相同，而决定为古型；因为这些多数，可能是属于同一系统的。如代表另一大系，虽然是孤文片证，也还是值得重视。这是"部派间的源流同异"。二、如分别说系与说一切有部，同属于上座部系，与大众部是别系。可是，分别说系所说，有些是同于大众部，与一切有部不合。又如分别说系的法藏部、饮光部，属分别说系，而有些同于说一切有部，不同自系的铜鍱部。这主要是受到化区共同的影响。阿育王时代及以后，大众部与分别说部共同流行于恒河流域及南方,而法藏部与饮光部在北方流行,与说一切有部的化区相同。这足以解说,同于别系而不同于自系的重要理由了!

从经律自身去推求,从部派所传的去比较,作经律集成史的研究,本书提供了三点意见。1.法与律,原始结集是分别处理的,所以演进为"经藏"与"律藏"的对立。但在圣典的集成过程中,经与律是同时进行的。同时进行,在部类与组织的次第成立上,应有某种共同性。如对经律作同时统一的研究,彼此间可得到更多的旁证。2."九分(十二分)教"与"四部阿含"(或五部),近代研究,开始就采取了对立的姿态,彼此共诤先后。其实,"九分(十二分)教"与"四部阿含"(五部),是平行的,同时发展而次第完成的。先后聚讼的葛藤,可以一扫而尽。3.在部类的次第成立中,在先的——早已存在的部类,对未来部类的成立,应有关联性。所以圣典集成史的论究,不是孤立起来,而是作为佛教延续体的先后开展。从佛教界的趋势与重点,而明了圣典集成的先后历程。

存在于人间的原始佛教,依佛法说,是缘起的存在。缘起的存在,要在彼此相关(或摄或拒)的前后延续中,发见前后分位的特色。原始佛教圣典,当不能例外吧!

第二章　研究的资料与参考书

第一节　总　说

原始佛教圣典集成的研究，是以经律自身为研究对象。从经律自身，作比较、分析、研究，去发现结集的真实情况，集成的次第过程——结集、再结集而逐渐完成，成为各部派（及大乘学者）公认的圣典。然据以为研究的现存经律，无论为梵文的，巴利文的，西藏译的，汉译的，这些代表初期"佛法"的圣典，都已经过部派的传弘，具有部派的色彩。所以对现存经律——研究的资料，有先为一一叙述并说明其所属部派的必要。明了其部派的性质，在进行结集研究中，才会有比较客观的确当处理，而不致为传说的、权威的各种成见所蒙蔽。对于现存经律的叙述，着眼于作为研究的重要资料，以能对圣典部类集成的研究提供参考价值的为限。

代表原始佛教的圣典，分为三大类：一、"经藏"，二、"律藏"，三、"杂藏"。"经藏"，就是"四阿含"，或"四部"①，这是包

_____

① 铜鍱部的"经藏"，加《小部》，共为五部。

藏众多契经的四部丛书。除现存的四部外,汉译还有部分的别译本;别译本的一部分,也可为参考。"律藏",就是被称为"广毗奈耶"的"广律"。"广律"以外,有"戒经",这是构成"律藏"的基石,一向结集别行,为僧团中半月半月诵说的要典。有"羯磨法",是僧团中处理僧事的各项办法,从"律藏"中集出而成。还有"律论",是后代的律师们,对"广律"及"戒经"等所作的论释。"戒经"与"律论",对于律部集成的研究,有极其重要的参考价值。关于"律藏"的研究资料,平川彰《律藏之研究》有精密的论证①。除部分有所修正外,多分引用他的研究成果。"羯磨法",对律部集成的研究不能给以有力的参考,所以下文也就从略了。"杂藏"(Khuddaka-piṭaka),就是巴利圣典的"小部"(Khuddaka-nikāya)。汉译也有部分的译出,但有些是部派佛教的作品,是不能称为原始佛教圣典的。此外,近代作品而为作者所参考的,也一并叙列出来。

第二节 律 部

第一项 广 律

律部,分"广律"、"戒经"、"律论"——三类。先叙"广律":

A.《铜鍱律》:从印度传入锡兰,现在为缅甸、泰、柬、寮——南方五国佛教所传承的广律,以巴利语书写;这是赤铜鍱部的广

———————

① 平川彰《律藏之研究》(五八——二八九)。

律(简称《铜鍱律》)。铜鍱部自称上座部,又称分别说部。在部派统系中,这是属于上座部中的分别说部,从分别说部流出的赤铜鍱部。这部广律,起初由口诵传入锡兰;到西元前一世纪,Vaṭ-ṭagāmaṇi 王的时代,才以笔墨记录出来。现有罗马字本、泰文本、缅文本①。日译的《南传大藏经》的律藏——第一卷到第五卷,就是依据 H. Oldenberg 氏刊行的罗马字本,参照泰文本而译成。

南传巴利语的律藏(广律),内容分三大部:一、"经分别"(Suttavibhaṅga),是戒经的广释;内分"大分别"(Mahāvibhaṅga)、"比丘尼分别"(Bhikkhunī-vibhaṅga)二部。二、"犍度"(Khandha-ka),是有关僧团的规章制度;内分"大品"(Mahāvagga)、"小品"(Cūḷavagga)二部,共二十二犍度。三、"附随"(Parivāra),附录部分,凡十九章。

B.《十诵律》:《十诵律》为我国最初译出的广律,属于流行罽宾的萨婆多部(Sarvāstivādin),译为说一切有部,如《大智度论》卷一〇〇(大正二五·七五六下)说:

"罽宾国毗尼,除却本生、阿波陀那,但取要用作十部。"

现存汉译的《十诵律》,依《大正藏》所载,分为六十一卷②。这部律,经四位大师的传译与整理而成的。据《出三藏记集》与《高僧传》所说:初于姚秦弘始六年(西元四〇四)十月起,由罽宾三藏弗若多罗(Puṇyatāra)诵出,鸠摩罗什(Kumārajīva)译文;

① 参照平川彰《律藏之研究》(六五——六六)。
② 本书引用汉译经律的卷数,一概依《大正藏》。

仅完成三分之二，弗若多罗就去世了。到七年（西元四〇五）秋，因庐山慧远的劝请，西域的昙摩流支（Dharmaruci），依据梵本，与鸠摩罗什继续译出。但仅成初稿，还没有整治，鸠摩罗什又示寂了。后来有罽宾的卑摩罗叉（Vimalākṣa），将《十诵律》的初稿，带到寿春的石涧寺。在那里重为整治，开原译的五十八卷本为六十一卷；又将名为"善诵"的末后一诵，改名为"毗尼诵"。以上是《十诵律》六十一卷本的翻译经过①。《十诵律》的内容是：初诵到三诵，是"比丘律"；四诵名"七法"；五诵名"八法"；六诵名"杂诵"，内分"调达事"与"杂事"；七诵名（比丘）"尼律"；八诵名"增一法"；九诵名"优波离问法"；十诵的内容极复杂，就是本名《善诵》而改为《毗尼诵》的部分。

　　汉译的律部中，有《萨婆多部毗尼摩得勒伽》，凡十卷，为宋元嘉十二年（西元四三五）僧伽跋摩（Saṃghavarman）所译。一向称为"五论"之一，看作律部的论书。但勘对内容，这就是《十诵律》"优波离问"及"毗尼诵"的异译（部分不全）。详细比对，如后第五章中说。这部《萨婆多部毗尼摩得勒伽》，现存本已有缺佚。因为一卷后半，到三卷上半（大正二三·五六九下——五七九中），名"优波离问分别波罗提木叉"，与八卷到十卷——三卷，内容完全相同，仅文字上有少的增减。比对《十诵律》，部分不完全，所以可论断为：十卷原本，后三卷应为"毗尼诵"中其他部分，但早已佚失。于是将"优波离问分别波罗提木叉"的初稿与治定本，合成十卷，而一直这样地误传下来。

---

　　①　参照平川彰《律藏之研究》（一二一——一二四）。

　　《十诵律》的"毗尼诵"与《萨婆多部毗尼摩得勒伽》中,名符其实的毗尼摩得勒伽部分,G. Macartney 在 Kashgar 地方,曾发现有梵文写本的断片三叶①。

　　C.《四分律》:《四分律》是昙无德部的广律。姚秦弘始十二到十五年(西元四一〇——四一三),罽宾三藏佛陀耶舍(Bud-dhayaśas)所出。依《出三藏记集》、《高僧传》等古记,《四分律》为佛陀耶舍所出,竺佛念所译,道含所笔受②。出,是诵出;《四分律》的译出,当时并没有梵本,所以由佛陀耶舍忆诵出来。译,是将诵出的梵文,译为汉语③。笔受,是依所译成的汉语,笔录成文。出、译、笔受,是古代传译的情形。南北朝以下,都依梵本译出;译主每每兼通梵汉,因而出与译不分。关于《四分律》的传译,也就有"佛陀耶舍与佛念共译","道含、竺佛念二人笔受"等异说。《四分律》的卷数,古来开合不定,现作六十卷。《四分律》的内容,略分"比丘律"、"比丘尼律"、"二十犍度"、"集法毗尼"、"调部"、"毗尼增一"。

　　D.《摩诃僧祇律》:Mahāsāṃghika,意译为大众,所以《摩诃僧祇律》也称《大众律》。这是大众部的广律,汉译凡四十卷。据法显《摩诃僧祇律私记》所说:律本为法显西游天竺时,在摩竭提国(Magadha)巴连弗邑(Pāṭaliputra)阿育王塔天王精舍(或作大乘寺)所写得。晋义熙十二到十四年(西元四一六——四

---

　　① 参照平川彰《律藏之研究》(七七——八五)。
　　② 《出三藏记集》卷三(大正五五·二〇下)。《高僧传》卷二(大正五〇·三三四中)。
　　③ 我国所译,古来或称"译为晋言"、"译为秦言"等。本书概称之为"汉语"、"汉译",以资统一。

一八），法显与道场寺禅师——佛陀跋陀罗（Buddhabhadra）合作译出。这部律的来源，本是从祇洹精舍传来的。在部派分裂中，这部律是根本的、固有的；经大众行筹表决时，是为大多数所遵用的①。这是大众部的传说，与《舍利弗问经》所说相合②。这部律的组织，与上座部系各部广律非常不同。大致分二：一、"比丘毗尼"——"波罗提木叉分别"、"杂跋渠法"、"威仪法"。二、"比丘尼毗尼"——"波罗提木叉分别"、"杂跋渠法"、"威仪法"。这是分为二部的，但"比丘毗尼"部分共三十五卷，占全书八分之七，可见"比丘尼毗尼"部分实只是附属而已。

僧祐所作《出三藏记集》、《新集律来汉地四部序录》（大正五五·二〇下——二一上）说：

> "婆粗富罗，此一名僧祇律。……婆粗富罗众筹甚多，以众多故，改名摩诃僧祇。"

婆粗富罗（Vātsīputrīya），就是犊子部，在部派传承中属于上座部系。婆粗富罗与大众部，是决非同一的。僧祐将婆粗富罗部与大众部混而为一，当然是误解的，是由于五部的传说不同而来。但大众部，为七百结集中，东方跋耆比丘（Vṛji, Vajjī）发展所成，为近代学者所公认。而梵语的犊子部，巴利语作 Vajjiputtaka，恰与跋耆的对音相合。所以，僧祐的这一传说，在部派中，虽显然是误解的，而可能与锡兰的传说有关。

E.《五分律》：《五分律》，或作《弥沙塞律》、《弥沙塞部和醯

---

① 《摩诃僧祇律》卷四〇（大正二二·五四八中）。
② 《舍利弗问经》（大正二四·九〇〇中）。

五分律》,为弥沙塞部(Mahīśāsaka 译为化地部)的广律。律本
为法显西游时,在师子国(Siṃhala),即今锡兰得来。直到宋景
平元年(西元四二三),罽宾化地部的律师佛陀什(Buddhajīva)来
中国,才请他诵出;由于阗沙门智胜译;竺道生与慧严,也曾参与
译事①。现本作三十卷,分为五分:一、"比丘律";二、"尼律";
三、"受戒等九法";四、"灭净法"与"羯磨法";五、"破僧法等八
法",又"五百集法"、"七百集法"。

《弥沙塞部和醯五分律》——题目中的"和醯"二字,意义不
明;古代经目中,也缺此二字。弥沙塞部,汉译或作"弥嬉舍娑
柯"、"弥嬉舍婆挹"。"婆挹",虽可能为娑柯(sakāḥ)或婆拖
(vādāḥ)的误写,但与"和醯"的音相合。所以不妨这样说:化地
部的梵音,传为"弥沙塞和醯",为古人所知。但"弥沙塞加醯部
五分律",被误写为"弥沙塞部和醯五分律","和醯"二字,这才
成为不可解说了!

上来的《十诵律》、《四分律》、《摩诃僧祇律》、《五分律》,就
是我国古传的"四律"。

F.《根本说一切有部毗奈耶》:《根本说一切有部毗奈耶》,
是根本说一切有部的广律。现有梵文、汉译、藏译三部,但都有
部分的缺佚。

一、汉译:唐义净西游印度,特重视律部的探求。回国以后,
从武周证圣元年(西元六九五)到唐景云二年(西元七一一),将
根本说一切有部的律典,大部译出。属于广律部分的,《开元释

---

① 《出三藏记集》卷三(大正五五·二一上)。

教录》卷九,仅出四部,并且说(大正五五·五六九上):

> "又出说一切有部跋窣堵(即诸律中犍度跋渠之类也,梵音
> 有楚夏耳),约七八十卷。但出其本,未遑删缀,遽入泥洹,其
> 文遂寝。"

其后,《贞元新定释教目录》①又搜辑遗文,得七部五十卷
(内缺三卷)。但对于说一切有部的"跋窣堵"(事),还是有所
遗失的,今总列如下:

《根本说一切有部(苾刍)毗奈耶》(律分别之一)　五〇卷

《根本说一切有部苾刍尼毗奈耶》(律分别之二)　二〇卷

《根本说一切有部毗奈耶药事》(律事之六)　　　一八卷

《根本说一切有部毗奈耶破僧事》(律事之十七)　二〇卷

《根本说一切有部毗奈耶出家事》(律事之一)　　　四卷

《根本说一切有部毗奈耶安居事》(律事之四)　　　一卷

《根本说一切有部毗奈耶随意事》(律事之三)　　　一卷

《根本说一切有部毗奈耶皮革事》(律事之五)　　　二卷

《根本说一切有部毗奈耶羯耻那事》(律事之八)　　一卷

《根本说一切有部毗奈耶杂事》　　　　　　　　四〇卷

《根本说一切有部尼陀那目得迦》　　　　　　　一〇卷

二、西藏译而属于广律的,"十七事"完全不缺。比对汉译,
缺《尼陀那目得迦》(这在《十诵律》中,属"毗尼诵"末后部分)。
藏译"毗奈耶藏"的次第组织与其他的律部都不同,现在次第列

---

① 《贞元新定释教目录》卷一三(大正五五·八六八下——八六九上)。

出,并注明汉译的缺失如下①：

 （一）毗奈耶事——1. 出家事

      2. 布萨事（汉译缺）

      3. 随意事

      4. 安居事

      5. 皮革事

      6. 药事

      7. 衣事（缺）

      8. 羯耻那事

      9. 拘闪毗事（缺）

      10. 羯磨事（缺）

      11. 黄赤苾刍事（缺）

      12. 补特伽罗事（缺）

      13. 别住事（缺）

      14. 遮布萨事（缺）

      15. 卧具事（缺）

      16. 净事（缺）

      17. 破僧事

 （二）毗奈耶分别——1.（苾刍）毗奈耶分别

       2. 苾刍尼毗奈耶分别

 （三）毗奈耶杂事

 （四）毗奈耶上分（缺）

———————————

① 平川彰《律藏之研究》（六九——七一），又（六二一——六二四）。

三、梵文：属于说一切有部广律的梵文断片，在 Gilgit、Bā-miyān（古称梵衍那）等处不断发现。而 Gilgit 发现的根本说一切有部律，数量最大。经 N. Dutt 于西元一九三八年，在 Gilgit Manuscripts，vol，111，刊出关于"毗奈耶（十七）事"部分。其中完整无缺的，有"衣事"、"羯耻那事"、"拘闪毗事"、"羯磨事"、"黄、赤苾刍事"、"补特伽罗事"、"别住事"、"遮布萨事"——八事。首尾或中间略有脱落的，有"出家事"、"布萨事"、"随意事"、"安居事"、"皮革事"、"药事"——六事。"卧具事"与"破僧事"，没有刊出。"灭诤事"缺佚①。

《根本说一切有部毗奈耶》，与《十诵律》同为说一切有部的广律，但组织与内容，都多少不同。《十诵律》的传译，在西元五世纪初；而《根本说一切有部毗奈耶》，汉译为西元八世纪初，藏译在九世纪中。所以称《十诵律》为有部律，《根本说一切有部毗奈耶》为新有部律②，是不妨这样说的（但新与旧的分判，极易引起误会）。龙树（Nāgārjuna）《大智度论》卷一○○（大正二五·七五六下）说：

> "毗尼……有二分：一者，摩偷罗国毗尼，含阿波陀那、本生，有八十部。二者，罽宾国毗尼，除却本生、阿波陀那，但取要用作十部。"

龙树所见的二种毗尼，是否就是《根本说一切有部毗奈耶》

① 平川彰《律藏之研究》（九五——九七）。
② 吕澂《诸家戒本通论》（《内学》第三辑五一——五三）。

与《十诵律》？据《大智度论》卷二（大正二五·六九下）说：

> "二百五十戒义，作三部、七法、八法、比丘尼、毗尼增一、忧波利问、杂部、善部，如是等八十部，作毗尼藏。"

龙树所说的《八十部律》，次第与《十诵律》相合，而与《根本说一切有部毗奈耶》（简称《根有律》）的次第不合。《根有律》是否就是《八十部律》呢？现存的《根有律》，汉译的不完全，西藏译本也是不完全的。而西藏所传《根有律》的组织，是晚期的新组织；在汉译《根有律》的论书中，可以明白地看出，《根有律》的组织是近于《十诵律》的（如本书第六章说）。《根有律》就是《八十部律》，与《十诵律》为同一原本，只是流传不同而有所变化。起初，《十诵律》从摩偷罗而传入罽宾——健陀罗、乌仗那一带，为旧阿毗达磨论师所承用。如《十诵律》说的结集论藏，为："若人五怖、五罪、五怨、五灭……"，与《阿毗达磨法蕴足论·学处品》相合①。其后，《根有律》又从摩偷罗传到北方，为迦湿弥罗阿毗达磨"毗婆沙师"所承用。例如《大毗婆沙论》解说"譬喻"为："如大涅槃持律者说。"②所说大涅槃譬喻，出于《根有律杂事》③。又如《顺正理论》，说结集论藏为"摩呾理迦"④，也与

---

①　《十诵律》卷六〇（大正二三·四四九上）。《阿毗达磨法蕴足论》卷一（大正二六·四五三下）。

②　《大毗婆沙论》卷一二六（大正二七·六六〇上）。

③　《根本说一切有部毗奈耶杂事》卷三五——三九（大正二四·三八二下——四〇二下）。

④　《阿毗达磨顺正理论》卷一（大正二九·三三〇中）。

《根有律杂事》相合①。流行于北方的说一切有部,源远流长,化区极广,随时随地而有多少不同。这二部广律,不全为广略的差别,实为同一原典而流传不同。

第二项　戒　经

"戒经"(Prātimokṣa-sūtra),即"波罗提木叉经",为僧团中半月半月所诵的。汉译每称之为"戒本",也称"戒心"。有直从梵本译出的,也有从广律中录出的。"戒经"因二部僧而不同,有"比丘戒本",有"比丘尼戒本"。除古译而已佚失的以外,现存的戒本不少,今分别叙述如下:

一、比丘戒本:作为戒经的比对研究,虽有《十诵律》、《优波离问佛经》、《鼻奈耶》、《萨婆多毗尼毗婆沙》等;但现存"戒经",作为半月半月诵戒用的,共六类十三部。

A. 铜鍱部 Bhikkhu-pātimokkha——《比丘波罗提木叉》:巴利语戒本,凡二二七"学处"(汉译旧译作"戒")。锡、缅、泰等国,都有译本,为各国僧团所应用。日译本的《比丘波罗提木叉》,见《南传大藏经》卷五。

B. 大众部《摩诃僧祇大比丘戒本》:"东晋天竺三藏佛陀跋陀罗译",凡二一八戒。

C. 化地部《弥沙塞五分戒本》:佛陀什等译,凡二五一戒。

D. 法藏部《四分戒本》:汉译的现有二本:1.《四分(比丘律)戒本》,题为"后秦三藏佛陀耶舍译",及唐"西太原寺沙门怀

① 《根本说一切有部毗奈耶杂事》卷四〇(大正二四·四〇八中)。

素集"并"序",内容与广律相合,实为怀素从广律抄出来的。

2.《四分僧戒本》,题为"后秦世罽宾三藏佛陀耶舍译",译文与四分广律大有出入。据《出三藏记集》,佛陀耶舍曾译出四分的比丘戒本[①]。所以,这部应为在译出广律以前,佛陀耶舍先为译出的。这二部,都是二五〇戒。

　　E. 说一切有部戒本:上面曾说到,说一切有部的广律,有《十诵律》及《根本说一切有部毗奈耶》二部。广律有别部,戒本也随时随处而多少差别,现有七本。1. 汉译《十诵(波罗提木叉)戒本》:题作"姚秦三藏鸠摩罗什译"。译笔与鸠摩罗什诵大同,但"众学法"一一三戒,共二六三戒,与鸠摩罗什所译,现存的《十诵律》不同。《十诵律》传译,曾经四位大师的译治而完成。弗若多罗口诵本与昙摩流支的梵本可能不同。这也许是鸠摩罗什最初所译出的口诵本;而现存的《十诵律》,是依梵本而定的。"众学法"一一三,虽与《十诵律》不同,但与同属说一切有部系的《鼻奈耶》却完全相合。2. 敦煌新出的汉译本,矢吹庆辉《鸣沙余韵》所收录[②]。卷首残缺,题目与译者都不明。译文古拙,经推定为道安当时所见的古本,属《十诵律》系[③]。3. 梵文本 Prātimokṣasūtra,是在龟兹发现的。首尾及中间,略有残脱。经比对为与《十诵律》一致,仅次第小出入[④]。上来二部,都是"众学法"一〇七,共二五七戒,与《十诵律》相合。4. 题为"五分

---

①　《出三藏记集》卷二(大正五五·一一中)。
②　矢吹庆辉《鸣沙余韵》(三九——四一枚)。
③　平川彰《律藏之研究》(一六五——一六六)。
④　平川彰《律藏之研究》(七五——七六)。

戒本"，"宋罽宾三藏佛陀什等译"。据《弥沙塞五分戒本》末附记①，知道这是《十诵比丘戒本》，而错写为"五分戒本"的。这部错题"五分"而实为"十诵"的戒本，"众学法"一〇八。5. 汉译《根本说一切有部戒经》，唐义净译。"众学法"九九，共为二四九戒。6. 藏译的 So-sor-thar-paḥi Mdo——《波罗提木叉经》。7. 梵文的 Mūlasarvāstivāda Prātimokṣasūtra——《根本说一切有部波罗提木叉经》，在尼泊尔发现②。藏译本与梵本——二部，除"众学法"为一〇八（全部为二五八戒）外，次第与内容，都与《根本说一切有部戒经》相合；这都是根本说一切有部律系统。

F. 饮光部《解脱戒经》：元魏瞿昙般若流支（Prajñāruci）所译，凡二四六戒。《解脱戒经》，并非饮光部律的别名，实就是别解脱（波罗提木叉的意译）戒经的简称。

二、比丘尼戒本，现存五类八部。

A. 铜鍱部 Bhikkhunī-pātimokkha——《比丘尼波罗提木叉》自广律中集出。日译本见《南传大藏经》卷五。

B. 大众部《摩诃僧祇比丘尼戒本》，题为"法显共觉贤译"。大众部比丘戒的众学法，凡六十六，而这部尼戒本，却共七十七戒。《大正藏》本在"不象鼻著内衣"下注云："此上九戒，丹本及本律大僧戒中并无。"又"不婆薮天披衣应当学"下注云："此上四戒，丹本及本律大僧戒中并无。"③可见这十三戒，本来是没有的，是在流传中为后人所增入的。末后，"比丘戒本"作："不生

①　《弥沙塞五分戒本》附按语（大正二二·二〇〇中）。
②　平川彰《律藏之研究》（九五、九八）。
③　《摩诃僧祇比丘尼戒本》（大正二二·五六三中）。

草上大小便"、"不水中大小便"、"不立大小便"——三戒;而
"尼戒本"仅有"不得立大小便,除病,应当学"。《摩诃僧祇律》
卷四〇(大正二二·五四四下)说:

> "众学法,广说如比丘中,唯除六群比丘尼生草上、水
> 中大小便,余者尽同。"

尼戒应仅此一戒,因为生草上、水中大小便,在僧祇尼律中,
已结为"波逸提"①,不应该重出。这样,摩诃僧祇部律的"众学
法",比丘戒为六十六,比丘尼戒应为六十四。

C. 法藏部《四分比丘尼戒本》,是唐怀素从广律中集出别
行的。

D. 化地部《五分比丘尼戒本》,"梁建初寺沙门明徽集"。

E. 说一切有部比丘尼戒本,现存四本:1.《十诵比丘尼(波
罗提木叉)戒本》,"宋长干寺沙门释法颖集出"。法颖,或误作
法显。2. 敦煌写本《比丘尼戒本》,据断定为同于《十诵》的比丘
尼戒本②。上二部,属于《十诵律》系统。3.《根本说一切有部苾
刍尼戒经》,唐义净译。4. 藏译 Dge-sloṅ-maḥi-so-sor-than-paḥi
Mdo——《比丘尼波罗提木叉经》。上二部相同,属于《根本说一
切有部律》的系统。

第三项　律　论

初期的圣典,大概地说:法(经)的论书,有阿毗达磨论、释

---

① 《摩诃僧祇律》卷四〇(大正二二·五四三上——中)。
② 平川彰《律藏之研究》(四九〇)。

经论、观行论，形成以阿毗达磨论为主的，离经法而独立的论藏。
而毗奈耶——律，与阿毗毗奈耶，综合而组成毗奈耶藏。论书融
合于毗奈耶藏，没有别的论书。然在各部广律完成、凝定以后，
所有律的论释，就流传于律藏以外了。

　　关于律的论书，我国旧传"五论"。其中被称为五论之一的
《萨婆多部毗尼摩得勒伽》，如本节第一项中说到，实为《十诵
律》中"优波离问"及"毗尼诵"的异译，所以在这里不再叙及。
律论的性质不一，形式不一，部派也不一；今取其有助于经律结
集研究的论书，略述如下：

　　A. Samantapāsādikā：巴利本，为西元五世纪初，觉音三藏对
铜鍱部广律所作的注释。

　　B.《善见律毗婆沙》：十八卷，"萧齐外国沙门僧伽跋陀罗
译"；这是齐永明七年（西元四八九）在广州译出的。我国古德，
以为这是《四分律》论。卷一六（大正二四·七八七上——中）
曾说到：

> "佛塔中止宿及藏物，此二戒梵本无有。所以无者，如
> 来在世时未有塔。……此上二十戒，梵本无有，如来在世塔
> 无佛故。"

　　在各部戒本中，惟有《四分律》本有关于佛塔的众学法，古人
应该是据此而为论断的。据近代学者的比对研究，论证本书为觉
音 Samantapāsādikā 的略译本；但译者曾受到《四分律》的影响[1]。

_____

　　[1]　平川彰《律藏之研究》所引述（二六一）。

上来两部,都是属于铜鍱部的,注释全律藏的论书。

C.《鼻奈耶》,也称《戒因缘经》,现作十卷,"姚秦凉州沙门竺佛念译"。据《鼻奈耶序》:为晋壬午的来年春天(西元三八三),罽宾鼻奈(罽宾律师)耶舍(Yaśa)诵出,鸠摩罗佛提(Kumārabuddhi)写成梵本,竺佛念译为汉文,昙景笔受①。诵出《鼻奈耶》的耶舍,是随从前部王使鸠摩罗佛提来中国的,与译出《四分律》的佛陀耶舍(Buddhayaśas)不同。《鼻奈耶》初标三戒(三学),次别释"波罗提木叉"。先出因缘,次结戒,后解说。这是从广律的"经分别"(就是戒经的广释)中略出来的,为说一切有部戒经的略释。然所说因缘,有些是《十诵律》与《根有律》所没有的。

D.《萨婆多毗尼毗婆沙》:九卷,"失译","附秦录"。卷九初,附有《续萨婆多毗尼毗婆沙序》,为隋"西京东禅定沙门智首撰"②。这部律毗婆沙,起初缺失不全,后经智首的搜访,到大业二年(西元六〇六),才从成都方面传来完本。论中初释"佛婆伽婆",次释"如是我闻"、"佛"、"毗耶离"、"迦兰陀聚落"、"须提那"、"自归三宝受三归法"(此中广论戒法)、"除却须发着袈裟"等。可见从卷初以来,就是解释制淫戒因缘。卷五标"十诵律第二诵初三十事中第十一事"③;卷八标"第三诵九十事第四十一"④,这是与《十诵律》相合的。所说的戒文次第,也大致与

---

① 《鼻奈耶序》(大正二四·八五一上)。
② 《萨婆多毗尼毗婆沙》卷九(大正二三·五五八下)。
③ 《萨婆多毗尼毗婆沙》卷五(大正二三·五三三上)。
④ 《萨婆多毗尼毗婆沙》卷八(大正二三·五五二中)。

《十诵律》相合。这是《十诵律》戒文的解说,惟明"七种受戒"①,与《十诵律》的"十种明具足戒"②不同。

E.《根本萨婆多部律摄》:"尊者胜友集",义净于久视元年(西元七〇〇)译出,作十四卷。胜友(Viśeṣamitra)为唯识十大论师之一,护法(Dharmapāla)的门人,约西元七世纪初在世。所作的《律摄》,为《根本说一切有部戒经》的论释。藏译的Ḥdul-ba badus-pa,与此为同本。

F. Kaṅkhāvitaraṇī:巴利本,为觉音所作铜鍱部比丘及比丘尼的波罗提木叉(戒)的简释。

G.《优波离问佛经》:一卷,题作"宋元嘉年求那跋摩译"。译语留有部分的古译,如"剑暮"、"捐弃"等。文中引有"昙摩罗叉云:五种食者,麨、饭、鱼、肉、煮麦饭也"③。一般论究,推定为《十诵律》前后的失译本,大致可信④。这部名为经而实为律论,先明依止与不依止,其次就一一戒而明其犯重与犯轻,有犯与无犯。"波逸提"九十二事,"众多法"七十二,与铜鍱本、僧祇本相近。但波逸提的前后次第,顺于饮光部的《解脱戒经》(及《十诵律》戒本),部派的系属不明。

上来五部,C与D,属于《十诵律》系统;E是根本说一切有部的:这都是说一切有部论。F是铜鍱部论;G虽不明部系,而可能为代表古型的律释。这五部虽部派不同,详略不同,而都是

---

① 《萨婆多毗尼毗婆沙》卷二(大正二三·五一一上——中)。
② 《十诵律》卷五六(大正二三·四一〇上)。
③ 《优波离问佛经》(大正二四·九〇六中)。
④ 平川彰《律藏之研究》(二四五)。

波罗提木叉戒经的释论。

H.《佛阿毗昙经(出家相品第一)》：二卷，陈真谛所译。初明佛、缘生法、四谛、四果，而以"无上正觉教法如是"作结。接着说"今次论律相"①，内容与"受具足法"相当，所属的部派，从来不明。考真谛三藏所译的，如《律二十二明了论》、《立世阿毗昙论》，都是犊子部与正量部的论书。在他所译的论部中，每插入犊子部系的教义。这部律经可能是犊子部毗奈耶的出家事，因为体裁与《根本说一切有部毗奈耶出家事》相近。中有犊子外道来见佛、闻法、证阿罗汉果，为佛所赞一大段②，长达全书七分之一，为其他律部所未见的。特别详述犊子长老因缘，也许正表示犊子部仰推佛世犊子长老的意思(慈恩《异部宗轮论述记》，就传有此说)。真谛所译的，经录中或作九卷。经初(大正二四·九五八上)说：

"以一千阿僧祇世界众生功德，成佛一毛孔。如是成佛一毛孔功德，遍如来身毛孔功德，成佛一好……"

在文句上，未免起得突然，显然上面已有残脱。而且，标"出家相品第一"，应更有第二第三品等。所以，真谛所译的，本为九卷，此下应还有布萨等品。只是文字脱落，仅存二卷而已。这一部是属于犍度部的论书。

I.《毗尼母经》(或作论)：八卷，"失译人名，今附秦录"。"毗尼母"，就是毗尼的摩呾理迦，所以这是毗奈耶藏中本母的

---

①　《佛阿毗昙经》卷上(大正二四·九六〇上)。

②　《佛阿毗昙经》卷上(大正二四·九六三上——九六五上)。

论释。论中引述各部,有迦叶惟(又"迦叶随")、弥沙塞、萨婆多、昙无德说,本论显然不属于以上的诸部。或以为属于昙无德部,所说论藏作"五分",确与《四分律》相同。但所说律部,有"母"而没有"调部"①,与《四分律》的组织不合。不同于《四分律》的,还有如亿耳十二年才受具足,而《四分律》作三年②;五人共分僧物,而《四分律》作四人等③。金仓圆照博士以卷四有"此是雪山中五百比丘所集法藏",推论为雪山部④,可能就是这一部派的律论。

J.《律二十二明了论》:一卷,陈真谛译。"正量部佛陀多罗法师造",以二十二偈及注释而成,为正量部的律论。

K.《舍利弗问经》:"东晋失译。"经中论到佛灭以后的僧团——十八部与五部;佛法经弗沙蜜多罗王(Puṣyamitra)的毁法而后复兴的情况。律中传说的可疑事项,一一地问答解说。

这实为律论的一种。新律为上座部,"旧律"为摩诃僧祇部⑤。在盛行的五部中:"摩诃僧祇,其味纯正;其余部中,如被添甘露。"⑥可推定为,这是大众部广律凝定以后所出的律典。经中说到"文殊师利"(Mañjuśrī)⑦,文殊师利确乎是摩诃僧祇

① 《毗尼母经》卷三(大正二四·八一八上)。
② 《毗尼母经》卷四(大正二四·八二二上)。《四分律》卷三九(大正二二·八四五中)。
③ 《毗尼母经》卷四(大正二四·八二二下)。《四分律》卷五〇(大正二二·九四三中)。
④ 平川彰《律藏之研究》所引(二六三——二六四)。
⑤ 《舍利弗问经》(大正二四·九〇〇中)。
⑥ 《舍利弗问经》(大正二四·九〇〇下)。
⑦ 《舍利弗问经》(大正二四·九〇二下)。

部所崇信的圣者。

L.《佛说苾刍五法经》：一卷，宋法天(Dharmadeva)译。所说具足五法得离依止，实与《优波离问经》初段的意趣相合。"九十二波逸提"，"五十戒法"(学法的异译)；虽传译很迟，但所传的戒条数目却是极古老的！

第三节　经　部

第一项　铜鍱部所传的五尼柯耶

传于锡兰的，以巴利语记录的，铜鍱部的"经藏"，锡兰、缅甸、泰，都有写本，日本也有译本。共分五尼柯耶(五部)：

Ⅰ. Dīghanikāya(长部)

Ⅱ. Majjhimanikāya(中部)

Ⅲ. Saṁyuttanikāya(相应部)

Ⅳ. Aṅguttaranikāya(增支部)

Ⅴ. Khuddakanikāya(小部)

《长部》分三品，三十四经。《中部》分三篇，一五二经。《相应部》分五品，五十六相应，七七六二经。《增支部》分十一集，九五五七经。以上四部，与汉译的《四阿含》相当。《小部》，下面别为叙说。

第二项　汉译的四阿含经

汉译的四阿含经，不是一人传译的；长、中、增一——三阿含,属于古译,句义也有些晦涩;而四阿含又不是同一部派的圣典:所以研究起来,没有巴利语本的便利。然而也就因为如此,对于组织的次第、经文的具缺、文句的出入,在比较研究上,不同部派的圣典,有它独到的参考价值。近代学者,忽略汉译而偏重巴利语本的研究,我觉得这一倾向是多少值得考虑的!

A.《增一阿含经》:五十一卷,五十二品,"东晋罽宾三藏瞿昙僧伽提婆(Saṃghadeva)译";与巴利本《增支部》相当。《增一阿含经》的译者与部派,是有异议的。在经录中,《出三藏记集》、隋法经《众经目录》、隋仁寿《众经目录》、唐静泰《众经目录》①,都以为《增一阿含经》仅昙摩难提(Dharmanandi)所译,作三十三卷,或开为五十卷、五十一卷。隋《历代三宝纪》卷七(大正四九·七〇下),说僧伽提婆再译:

> "增一阿含经五十卷(隆安元年正月出,是第二译,与难提本小异。竺道祖笔受。或四十二,或三十三,无定。见道祖及宝唱录。)"

《大唐内典录》、《大周刊定众经目录》,承袭《历代三宝纪》,以为《增一阿含经》有二译②。但当时现存本,仍作昙摩难

---

① 《出三藏记集》卷二(大正五五·一〇中)。隋法经《众经目录》卷三(大正五五·一二七下)。隋仁寿《众经目录》卷一(大正五五·一五四上)。唐静泰《众经目录》卷一(大正五五·一八六中)。

② 《大唐内典录》卷三(大正五五·二四六中)。《大周刊定众经目录》卷八(大正五五·四二二上——中)。

提译①。直到《开元释教录》,在"有译有本录中声闻三藏录"中,才将现存的《增一阿含经》,作为僧伽提婆的译本②。

道安作《增一阿含经序》,如《出三藏记集》卷九(大正五五·六四中)说:

> "四阿含义,同中阿含首,以明其旨,不复重序也。……昙摩难提者,兜佉勒国人也。……诵二阿含,温故日新。……岁在庚申夏出,至来年春乃讫,为四十一卷。分为上下部:上部二十六卷,全无遗忘;下部十五卷,失其录偈也。……此年……全具二阿含,一百卷。……合上下部,四百七十二经。"

据道安所序,当作《增一阿含经序》时,已有《中阿含经序》。《中阿含》五十九卷及《增一阿含》四十一卷,共一百卷。这是甲申、乙酉(西元三八四、三八五)年间,由昙摩难提所诵出,竺佛念传译,昙嵩笔受的③。其后,参与僧伽提婆译场的道慈,作《中阿含经序》,如《出三藏记集》卷九(大正五五·六三下——六四上)说:

> "昔释法师于长安出中阿含、增一、阿毗昙、广说、僧伽罗叉、阿毗昙心、婆须蜜、三法度、二众从解脱缘。此诸经律,凡百余万言,并违本失旨,名不当实!"

---

① 《大唐内典录》卷七(大正五五·二九六下)。《大周刊定众经目录》卷一四(大正五五·四六八中)。
② 《开元释教录》卷一三(大正五五·六一〇下)。
③ 《出三藏记集》卷九(大正五五·六四中)。

"冀州道人释法和,罽宾沙门僧伽提和,招集门徒,俱游洛邑。四五年中,研讲遂精。其人渐晓汉语,然后乃知先之失也。于是和乃追恨先失,即从提和更出阿毗昙及广说也。自是之后,此诸经律,渐皆译正,惟中阿含、僧伽罗叉、婆须蜜、从解脱缘,未更出耳。"

"会僧伽提和进游京师,……晋隆安元年,丁酉之岁,十一月一日,于扬州丹阳郡建康县界,在其精舍,更出此中阿含。请罽宾沙门僧伽罗叉令讲胡本,请僧伽提和转胡为晋,豫州沙门道慈笔受,吴国李宝、唐化共书。至来二年戊戌之岁,六月二十五日,草本始讫。……分为六十卷。"

据此当时的原始资料,可见昙摩难提所译的《中阿含经》,是僧伽提婆在江南再译的,时为丁酉、戊戌(西元三九七、三九八)年。而《增一阿含经》,并无再译的明文。惟在"洛邑"时,"此诸经律,渐皆译正","经"就是《增一阿含经》。当僧伽提婆在洛阳时,"四五年中,研讲遂精","渐晓汉语";当时的"译正",也只是"改定"而不是重译①。所以,《历代三宝纪》所说,僧伽提婆于隆安元年(西元三九七)正月再译《增一阿含经》,是值得怀疑的! 依据当时的记录,僧伽提婆《增一阿含经》的改正,在洛阳而不是江南。从来只此一部——昙摩难提所(译)出,僧伽提婆重治改定。

近代学者,或以为《增一阿含经》现存本为僧伽提婆所译,而昙摩难提本已经佚失。并进而推论:昙摩难提诵本,为兜佉勒

---

① 《出三藏记集》卷一三(大正五五·九九下)。

(Tukhāra)传来的说一切有部本；僧伽提婆所译，为大众部本①。昙摩难提原译本，僧伽提婆改正本，可能曾同时流行，但只是初译本与重治本，而决没有异部别本的差别。如现经僧伽提婆改正本，共四七二经；而道安序所说，昙摩难提译本也是"四百七十二经"。道安说"下部十五卷失其录偈"，今本的"录偈"也是参差不全的。所以即使有两本流行，也只是"小异"而已。梁代所集的《经律异相》，引有《增一阿含经》十五则，但不足以证明昙摩难提本，更难以证明为说一切有部本。昙摩难提诵出以前，我国早有《增一阿含经》的部分译本，如《出三藏记集》卷二所说："杂经四十四篇二卷"，"安公云出增一阿含"②。"百六十品经一卷"，"旧录云：增一阿含百六十章"③。凡与现存《增一阿含经》不同的，都不能推定为昙摩难提译本，及与僧伽提婆重治本有部派的差别。

福原亮严《有部阿毗达磨论书之发达》，基于昙摩难提本为有部本，僧伽提婆本为大众部的假定，进而以为：昙摩难提本为有部本，但没有译完，后以大众部本修补④。福原亮严的意见是着眼于《分别功德论》的。其实，《分别功德论》卷二（大正二五·三四上——中）是这样说的：

> "此经本有百事。……由是此经失九十事，……时所传者，尽十一事而已。……虽然萨婆多家，无序及后十一

---

① 　前田惠学《原始佛教圣典之成立史研究》（六六九——六七〇）。
② 　《出三藏记集》卷二（大正五五·六上）。
③ 　《出三藏记集》卷二（大正五五·五下）。
④ 　福原亮严《有部阿毗达磨论书之发达》（八九、九〇）。

事;经浪流经久,所遗转多。"

福原亮严误读这一段文字,以为余部仅存十一篇,唯有部存九十篇;于是而有何以没有全译的推论。不知《增一阿含经》原有百事而后有遗失,为说一切有部的共同传说。不同的,余部存十一事,说一切有部存十事。《分别功德论》说"无序及后十一事",是说萨婆多家,经前没有序,经后没有第十一事,仅存十事。这如《顺正理论》卷四六(大正二九·六〇四中——下)说:

"传闻增一阿笈摩中,从一法增乃至百法。……故今增一阿笈摩中,唯从一增至十法在。"

论文非常明白,不知何以会引起误解? 而且道安经序所说"下部十五卷,失其录偈","录偈"只是"录十经为一偈"①,绝不能误解为经"序";因而论断昙摩难提本没有经前"序",属于说一切有部。总之,昙摩难提原本,四七二经,经前有序,明十一事,决非说一切有部本。僧伽提婆,只是加以重治改定而已。现存《增一阿含经》,旧传为大众部本(未必是大众本部),是确而可信的。

B.《中阿含经》:"东晋瞿昙僧伽提婆译",凡六十卷,分五诵、十八品,二二二经,与巴利本的《中部》相当。如上所说:《中阿含经》,初由昙摩难提诵出,竺佛念译语。后在扬州,由僧伽罗刹讲(诵)出,僧伽提婆译语。这先后二译,如道慈《中阿含经序》——《出三藏记集》卷九(大正五五·六四上)说:

---

① 《分别功德论》卷一(大正二五·三二中)。

"其人（指僧伽提婆）传译,准之先（指昙摩难提）出,大有不同。于此二百二十二经中,若委靡顺从,则惧失圣旨。若从本制名,类多异旧,则忤逆先习,不惬众情。是以其人不得自专,时有改本从旧名耳。"

二本的不同,显然为名义方面的,并非在组织次第上、经文有无上,有什么太大的不同。汉译的《中阿含经》,属于说一切有部的诵本,是近代一般学者所能赞同的①。《郁伽长者经》(《中含》三九经)说,向须陀洹应供受施,为大众部等"第八住中亦得久住"的经证。因此或以汉译《中阿含经》为大众部说,或以为依大众部本修治②。不知《郁伽长者经》、《大毗婆沙论》、《顺正理论》都引用而加以解说。这是诸部通诵的契经,说一切有部与大众部等只是解说不同,怎能据此而推论为与大众部有关呢!

C.《长阿含经》:二十二卷,分四分,三十经,与《长部》相当。依僧肇《长阿含经序》③,这是姚秦弘始十五年(西元四一三),罽宾沙门佛陀耶舍诵出,竺佛念译为汉语,道含笔受。佛陀耶舍为法藏部律师,为《四分律》的诵出者。《长阿含经》的内容,《四分律》卷五四(大正二二·九六八中)这样说:

"大迦叶即问阿难言:梵动经在何处说? 增一在何处说? 增十在何处说? 世界成败经在何处说? 僧祇陀经在何

---

① 前田惠学《原始佛教圣典之成立史研究》(六四三——六四四)。
② 福原亮严《有部阿毗达磨论书之发达》(九一——九二)。
③ 《出三藏记集》卷九(大正五五·六三下)。

处说？大因缘经在何处说？天帝释问经在何处说？阿难皆答：如长阿含说。"

所说的次第，虽与汉译《长阿含经》不合，而七部经的内容，都见于《长阿含经》。特别是《世界成败经》，就是《世记经》。这是巴利《长部》所没有，其他部派所不曾提到的。法藏部律说到这部经；译经者又恰好是法藏部律师，所以汉译的《长阿含经》属于法藏部诵本，最为可能！至于经中说到"二佛不并出"，也是诸部通诵，而诸部解说不同，不足以论证为说一切有部的。

D.《杂阿含经》：五十卷，宋元嘉年中（西元四四〇顷），求那跋陀罗（Guṇabhadra）在祇洹寺译出，与巴利本《相应部》相当。这部经译出以来，次第极为紊乱，也有缺文。其中二十三、二十五两卷，原本已佚，而是以求那跋陀罗的另一译品——《无忧王经》编入以足数的[1]。所以现存经本，实只四十八卷。依《大正藏经》编目，实共一三六〇经。

《历代三宝纪》以为：本经梵本，是法显（从师子国）携来的[2]。因而或推论为化地部的诵本[3]。《历代三宝纪》为经录中最芜杂难信的。即使是法显携来，也不足以证明为化地部本。汉译《杂阿含经》，多数信认为说一切有部的。现在再略举文证，以确定其为说一切有部的诵本。如《顺正理论》说：

"赞学根本异门等经，说一切有部中不诵。拊掌喻等

①　吕澂《杂阿含经刊定记》（《内学》第一辑二二七）。
②　《历代三宝纪》卷一〇（大正四九·九一上）。
③　福原亮严《有部阿毗达磨论书之发达》（九五）。

众多契经,于余部中曾所未诵。"①

"(经部破有部说)非入结集,违总颂故。如说制造顺别处经,立为异品。"②

"如顺别处等经,(经部)皆言非圣教摄,是对法者实爱自宗,制造安置阿笈摩内。"③

《拊掌喻经》与《顺别处经》,是说一切有部阿毗达磨论者所诵的契经,而为他部所不诵的。检寻起来,这二经都见于《杂阿含经》。《拊掌喻经》,如《顺正理论》卷一四(大正二九·四一一下)说:

"如抚掌喻契经中言:苾刍! 诸行如幻、如焰,暂时而住,速还谢灭。"

《杂阿含经》卷一一,有这样的经(大正二·七二下)说:

"比丘! 譬如两手和合相对作声……诸行如幻、如炎,刹那时顷尽朽,不实来实去。"

"两手和合相对",正是拊掌的比喻。这一经,巴利《相应部》是没有的。《顺别处经》,《顺正理论》曾两处说到:

"各别处经:法谓外处,是十一处所不摄法,无见无对。"④

---

① 《阿毗达磨顺正理论》卷一(大正二九·三三〇上——中)。
② 《阿毗达磨顺正理论》卷四(大正二九·三五二下)。
③ 《阿毗达磨顺正理论》卷一(大正二九·三三二上)。
④ 《阿毗达磨顺正理论》卷三五(大正二九·五四〇中)。

　　"顺别处经,如彼经说:苾刍当知! 法谓外处,是十一
处所不摄法。"①

　　与此文相合的,如《杂阿含经》卷一三(大正二·九一
下)说:

　　"佛告比丘:法外入处者,十一入所不摄,不可见无对,
是名法外入处。"

　　《拊掌喻经》与《顺别处经》(《相应部》缺),为说一切有部
阿毗达磨论宗所特有的契经,都见于汉译《杂阿含经》。汉译
《杂阿含经》为说一切有部论宗的诵本,是毫无可疑的!

　　汉译有《别译杂阿含经》,现作十六卷,分二诵;《大正藏》编
目,共三六四经。"失译,今附秦录",为《杂阿含经》的一部分。
从译文看来,比求那跋陀罗所译为早,所以"别译"二字,应该是
后人所加,不是原译本所有的。这部经的部派问题,旧传为饮光
部,或推论为化地部、法藏部。如从经说的特有教义去推论,化
地、法藏、饮光,都是分别说系,思想相近,难于决定到底是哪一
派。然从经文的组织来说,与说一切有部本非常接近。据铜鍱
部传说,饮光部从说一切有部中分出。在三世有无问题上,分别
说系各派,也惟有饮光部接近(承认过去未与果业是有)说一切
有部。所以论为化地部与法藏部,实不如说属于饮光部的好!

---

　　① 《阿毗达磨顺正理论》卷三(大正二九·三四四中)。

第四节　小部——杂藏

《小部》，起初是属于"经藏"的一分，所以合称"五部"、"五阿含"。但佛教界的一般趋势，是别立为"杂藏"的；性质也与"阿含"不同，所以作为别部来说明。铜鍱部所传，有很完整的《小部》。汉译的部分不多，所以汉译部分，就附列在《小部》下。《小部》的内容，锡兰所传的，共十五部。

A. Khuddakapāṭha，译为《小诵》。

B. Dhammapada，译为《法句》。汉译的现存四部：1. 吴天竺沙门维祇难等所译的，名《法句经》，二卷。2. 西晋法炬、法立等译的，名《法句譬喻经》，四卷。3. 姚秦僧伽跋澄（Saṃghabhūti）执梵本，竺佛念译出的，名《出曜经》，三十卷。4. 赵宋天息灾译出的，名《法集要颂经》，四卷。后二部，是说一切有部的诵本。2 与 3——二部，都是附有譬喻解说的。

C. Udāna，译为《自说》。

D. Itivuttaka，译为《如是语》。汉译有唐玄奘所译的《本事经》，七卷。

E. Suttanipāta，译为《经集》。内分五品：《蛇品》、《小品》、《大品》、《义品》、《波罗延》（彼岸道）。汉译有《佛说义足经》，二卷，是吴支谦译的。《义足经》附有说偈的因缘；与铜鍱部所传，是同一系而是别派的诵本。

F. Vimānavatthu，译为《天宫事》。

G. Petavatthu，译为《饿鬼事》。与《饿鬼事》相当的，汉译有三部:传为汉安世高译的《佛说鬼问目连经》,晋法显译的《佛说杂藏经》,东晋失译的《饿鬼报应经》。这三部都是长行,部派不明。

H. Theragāthā,译为《长老偈》。

I. Therīgāthā,译为《长老尼偈》。

J. Jātaka,译为《本生》。铜鍱部所传的《本生》,搜罗极广,是部类最大的一部。北传的佛教,《本生》都附在经律中,没有那么完备的部类。集录部分而流传的,有吴康僧会译的《六度集经》,八卷;晋竺法护译的《生经》,五卷;东晋失译的《菩萨本行经》,三卷等。

K. Niddesa,译为《义释》,有《大义释》、《小义释》二部分。

L. Paṭisambhidāmagga,译为《无碍解道》。

M. Apadāna,译为《譬喻》。《譬喻》分四部分:"佛譬喻"、"辟支佛譬喻"、"长老譬喻"、"长老尼譬喻"。"长老譬喻",汉译有相当的部类,那是西晋竺法护译的《五百弟子自说本起经》。《根有律药事》①,也有这一部分。

N. Buddhavaṁśa,译为《佛种姓》。

O. Cariyāpiṭaka,译为《所行藏》。

第五节　其他的参考书

上面所举列的"律"、"经"、"杂部",为研究的资料,也就是

---

① 《根本说一切有部毗奈耶药事》卷一六——一七(大正二四·七八上——九四上)。

主要的参考书。此外,如:

鸠摩罗什译:《大智度论》

玄奘译:《阿毗达磨大毗婆沙论》

玄奘译:《瑜伽师地论》

这三部大论,对"九分教"(十二分教)与"四部阿含"的关系,给以有力的启发。

近人的著作有:

吕澂:《杂阿含经刊定记》(《内学》年刊第一辑)

宇井伯寿:《印度哲学研究》(卷二、卷三)

平川彰:《律藏之研究》

前田惠学:《原始佛教圣典之成立史研究》

后二书,为日本学界最近的名著。虽然,在原始佛教圣典集成的研究中,不能随和二书的见解,但在资料上,可说得到了最多的帮助!

第三章　波罗提木叉经

第一节　波罗提木叉与布萨

第一项　布萨说波罗提木叉

经藏、律藏,为初期圣典的二大部。二大部圣典的集成,虽以内容及特性不同,形成二大部类,而实是同一时代、同一佛教思潮中结集成立的。思想与制度,有着一定程度的关系。组织形式,也有类似处。为了说明的便利,作为二大部来分别考察,并先从"律藏"说起。

现存不同部派的各部"律藏",组织上彼此是多少差别的。巴利语记录的铜鍱部"律藏",分为三部分:Suttavibhaṅga(经分别),Khandhaka(犍度),Parivāra(附随)。三部分的组织虽不合于"律藏"的古型,但在分类说明上的确是很便利的。"经分别"部分,是"波罗提木叉经"(Prātimokṣa-sūtra)的分别广释。《僧祇律》与《十诵律》,与此相当的部分,称为"波罗提木叉分别(Prātimokṣa-vibhaṅga)①。"经分别"或"波罗提木叉分别"所分别解释的,就是"波罗提木叉经"——"戒经"。但是,不同部派不同传诵的"戒经",每成为独立的一部。虽然是"经分别"或"波罗提木叉分别"所分别的,但由于独立及实用,内容却有了多少差别,这是值得注意的! 现在,先以"波罗提木叉经"——"戒经",并以比丘的"戒经"为研究对象,来进行论究。

"戒经",是一部非常重要的圣典! 是律藏的核心、根本。在初期佛教的开展延续中,与"戒经"有密切关系的,就是"布萨"(poṣadha)"说波罗提木叉"的制度。"布萨""说波罗提木叉"(汉译每作"说戒")的理解,对"戒经"的研究来说,是必要的。布萨,源于吠陀以来的祭法。在新月祭、满月祭的前夜,祭主断食而住于清净戒行,名为 upāvasatha(优波婆沙即布萨)。佛陀时代,印度的一般宗教,都有于"月八日、十四日、十五日",举行布萨集会的习惯。适应这一般的宗教活动,佛教也就成立布萨制②。信众们定期来会时,为信众们说法;信众们受持"八关斋戒"③。信众们为家务所累,不能如出家人那样的专精修

---

① 《摩诃僧祇律》卷二二(大正二二·四一二中)。《十诵律》卷二四(大正二三·一七六中——下)。

② 《铜鍱律·大品》"布萨犍度"(南传三·一八〇——一八一)。《弥沙塞部和醯五分律》卷一八(大正二二·一二一中)。《四分律》卷三五(大正二三·八一六下)。《摩诃僧祇律》卷二七(大正二二·四四六下)。《十诵律》卷二二(大正二三·一五八上)。

③ 《增支部·八集》(南传二一·一五〇——一五七)。《中阿含经》卷五五《持斋经》(大正一·七七〇上——七七二下)等。

行，所以每月四次或六次①，来僧众的住处，受持八关斋戒；也就是受持近于出家的——清心寡欲、内心清净的宗教生活。一日一夜的八关斋戒，就是适应这种事实而成立的。每月六次或四次的布萨，是摄化信众，使信众领受深一层的精神生活的制度。

布萨的原语为：poṣadha，upavāsa，upavāsatha，巴利语 posatha，uposatha 等；音译作逋沙他、褒洒陀、优波婆沙等。玄奘意译为"长养"，义净意译为"长养净"。《根本萨婆多部律摄》释为"长养善法，持自心故"；"增长善法，净除不善"②，与《毗尼母经》的"断名布萨……清净名布萨"③大意相同。古代意译为"斋"最为适当！"洗心曰斋"，本为净化自心的意思。佛法本以"八支具足"为布萨④；但布萨源于古制，与断食有关，所以"不非时食"在八关斋戒中受到重视。说一切有部就说："斋法以过中不食为体。"⑤佛陀适应时代而成立的布萨制，对信众来说，是重于禁欲的，净化自心的精神生活。

在佛的指导下，布萨更成为有深刻意义的僧伽（saṃgha）布萨。发展完成的布萨制度，是这样的：1. 每月二次，半月半月

---

① 古代所传的译典，都是"六斋日"——一月六次。唐义净所译《根本说一切有部毗奈耶》卷三九（大正二三·八四三上），所撰《南海寄归内法传》卷四（大正五四·二三〇上）作"四斋日"，就是初八、十五、二十三、二十九或三十。六斋日是古制，《铜鍱律》（南传三·一八一）也是一样。但如逢月小，没有三十日，就只有五斋日。而十四与十五，继续布萨，对在家信众的家务，是会有些不便的。大概由于这种原因，渐演化为一月四次的"四斋日"。

② 《根本萨婆多部律摄》卷一（大正二四·五二九上）。

③ 《毗尼母经》卷三（大正二四·八一四中）。

④ 《增支部·八集》（南传二一·一四一——一五〇）。《增一阿含经》卷一六（大正二·六二五中——下）。

⑤ 《萨婆多毗尼毗婆沙》卷一（大正二三·五〇八下）。

（阴历十五或十四日，三十或二十九日）举行布萨。2. 在一定区域——"界"内的比丘，旧住的或新到的，有出席参加的义务。这是名符其实的全体会议，如有人不到，就不合法。3. 如因病而不能参加，应委托同住的比丘向大众表示：对布萨大会所举行的一切僧事，无条件地完全同意，这名为"与欲"。4. 如"众不清净，不得为说"波罗提木叉。所以如有过失的，先要悔除清净。"与欲"而没有出席的，也要"与清净"，表示自己的清净，没有过失。大众如法集合，如僧伽有事，先要处理解决。如比丘们有所违犯，也要依法处理，或出罪清净。这是布萨说波罗提木叉以前的事，如《十诵律》卷二二（大正二三·一六四下）说：

> "一切先事作已，僧应布萨说波罗提木叉。若应与现前毗尼，与竟；应与忆念毗尼，与竟；若应与不痴毗尼，与竟；若应与自言毗尼，与竟；若应与觅罪相毗尼，与竟；若应与多觅毗尼，与竟。若应与苦切羯磨，与竟；若应与依止羯磨，与竟；若应与驱出羯磨，与竟；若应与下意羯磨，与竟；若应与不见摈羯磨，与竟；（应与）不作摈，恶邪不除摈羯磨，与竟；若应与别住羯磨，与竟；若应与摩那埵，本日治，出罪羯磨，与竟。僧应布萨说波罗提木叉。"

《僧祇律》说到：僧众布萨时，断事羯磨的声音很高。瞿师罗（Ghoṣila）长者进来，大众就默然[1]。据此可见，在布萨说波罗提木叉以前，通常要将种种僧事处理好。上面所说的，是僧伽布

---

[1]　《摩诃僧祇律》卷二七（大正二二·四四九中）。

萨以前的事。僧事处理了,过失也悔除了,然后大众一心,和合清净,举行说波罗提木叉;说波罗提木叉,就是布萨。布萨制度,如"布萨犍度"等说①。

关于说波罗提木叉,在佛法的开展中,有不同的二大阶段。而这二大阶段,又有不同的二项传说。1. 以制立学处为分别,如《四分戒本》(大正二二·一〇三〇中)说:

"善护于口言,自净其志意,身莫作诸恶,此三业道净;能得如是行,是大仙人道。"

"此是释迦牟尼如来无所著等正觉,于十二年中,为无事僧说是戒经(波罗提木叉)。从是已后,广分别说。"

释迦牟尼于成道十二年来,以此偈为说波罗提木叉。十二年以后,迦兰陀子须提那作不净行,从此制立"学处",也就是以说"学处"为说"波罗提木叉"。说一切有部的律典,所说与《四分戒本》相合②。2. 以比丘犯重而不发露为分别,如《五分律》卷二八(大正二二·一八〇下——一八一上)说:

"佛在瞻婆国恒水边。尔时,世尊十五日布萨时,……遍观众僧,默然而住。……佛语阿难:众不清净,如来不为

①　《铜鍱律·大品》"布萨犍度"(南传三·一八〇——二四一)。《摩诃僧祇律》卷二七(大正二二·四四六下——四五〇下)。《弥沙塞部和醯五分律》卷一八(大正二二·一二一中——一二八下)。《四分律》卷三五、三六(大正二二·八一六下——八三〇上)。《十诵律》卷二二(大正二三·一五八上——一六五上)。《毗尼母经》卷三(大正二四·八一四中)。

②　《根本说一切有部毗奈耶》卷一(大正二三·六二八上——六二九中)。《根本萨婆多部律摄》卷二(大正二四·五三一下)。《萨婆多毗尼毗婆沙》卷二(大正二三·五一六上)。

说戒。……佛告阿难：从今汝等自共说戒，吾不复得为比
丘说。"

有比丘犯了重罪，不知发露，佛从此不再为比丘说波罗提木
叉，由比丘们自行和合说波罗提木叉（说戒）。这一传说，虽地
点不完全相合，但是一切经律所共有的传说①。铜鍱部学者觉
音，在《善见律毗婆沙》卷五（大正二四·七〇八上）说：

"释迦牟尼佛，从菩提树下，二十年中，皆说教授波罗
提木叉。后一时，……佛语诸比丘：我从今以后，我不作布
萨，我不说波罗提木叉，汝辈自说。何以故？如来不得于不
清净众，布萨说波罗提木叉。从此至今，声闻弟子说威德波
罗提木叉。"

又于卷六（大正二四·七一二中）说：

"佛成道十二年后，须提那出家。……学道八年后，还
迦兰陀村，佛成道已二十年。"

二十年与十二年，虽传说不合，但说波罗提木叉有前后不同
的二阶段，与须提那迦兰陀子有关，实与说一切有部、法藏部的
传说相合。但觉音的解说，显然将不同的二项传说糅合而为一

---

① 《摩诃僧祇律》卷二七（大正二二·四四七中）。《铜鍱律·小品》"遮说戒
犍度"（南传四·三五三——三五九）。《四分律》卷三六（大正二二·八二四上——
中）。《十诵律》卷三三（大正二三·二三九中——二四〇上）。《中阿含经》卷二九
《瞻波经》（大正一·六一〇下——六一一上）。《中阿含经》卷九《瞻波经》（大正
一·四七八中——四七九下）。《增一阿含经》卷四四（大正二·七八六上——中）。
《增支部·八集》（南传二一·七〇——七九）。

了！依据传说，设想当时的实际情形，推论布萨制度的演进，约可分为三阶段：起初，成道十二年以来①，佛还没有制立学处。当时适应时势而成立的布萨，只是宣说"善护于口言"颂；觉音称之为"教授波罗提木叉"，也就是大众部所传的"偈布萨"②。从此以后，佛制立学处（"制戒"），向大众公布，要大众忆持，并理解其意义。学习佛所制定的学处，大抵是在大众和合布萨的时候。所以起初的"说（学处）波罗提木叉"，不但是诵说，而也是分别解说。如《铜鍱律·大品》"布萨犍度"（南传三·一八三）说：

"说者、述说、施设、建立、解说、分别、明说、显示。"

《五分律》与《四分律》③虽译文不大显了，但一经比对，就可了解"说"的原始意义。等到制立的学处多了，比丘有所违犯而不知真诚发露的也有了，这才编集所制的学处（一条一条的戒条），作为布萨所说的波罗提木叉。由僧伽和合，推一位上座，宣说（学处的）波罗提木叉。发挥僧伽的集体力量，使有所违犯的，非悔罪不可，以维护僧伽的和合清净，这就是觉音所说的"威德波罗提木叉"。说波罗提木叉的演变，问题在：随佛出家的佛弟子，起初都道心真切，所以布萨时，佛只说"教授波罗提木叉"。这是道德的、策励的，激发比丘们的为道精进，清净身心以趣向解脱。等到佛法广大弘传，出家的愈来愈多，不免有

———————

①　开始制立学处的时间，传说不一。除十二年说、二十年说外，《摩诃僧祇律》卷二（大正二二·二三八上），作"成佛五年冬分第五半月十二日中食后"。

②　《摩诃僧祇律》卷二七（大正二二·四四六下——四四七上）。

③　《四分律》卷三五（大正二二·八一七下）。《弥沙塞部和醯五分律》卷一八（大正二二·一二二上）。

流品杂滥(动机不纯,赖佛以求生活)的情形。于是制立学处,发挥集体的约束力量。"威德波罗提木叉",是法律的、强制的;以团体的、法律的约束,诱导比丘们以趣向解脱。这是佛法开展中的自然历程(也是从佛的摄导,演进到僧伽——教团的领导),正如中国古代以礼法治国,而后来却不能不颁布刑法一样。布萨说(学处的)波罗提木叉,表现了组织的、法治的精神。但在佛法中,还是充满道义的、善意的、互相安慰勉励的特性。在佛法中,德治与法治相统一,我曾以"导之以法(真理与道德的感召),齐之以律",来表彰佛陀化世的精神。

这可以说到"波罗提木叉"的意义。《铜鍱律·大品》"布萨犍度"(南传三·一八三)说:

> "波(罗)提木叉者,是初、是面、是诸善法之上首,故名波(罗)提木叉。"

ādi 是"初"义,mukha 是"面"义,pamukha 是"上首"义。分解巴利语 pātimokkha 的含义,作如上的解说。同属于分别说部系的《四分律》也说:"波罗提木叉者,戒也。自摄持威仪、住处、行根、面首、集众善法,三昧成就。"①《五分律》也说:"波罗提木叉者,以此戒防护诸根,增长善法,于诸善法最为初门故,名为波罗提木叉。"②《毗尼母经》说:"戒律行住处,是名波罗提木叉义。"又"波罗提木叉者,名最胜义。以何义故名为最胜,诸善之本,以戒为根,众善得生,故名胜义"③。《舍利弗阿毗昙论》也

---

① 《四分律》卷三五(大正二二·八一七下)。
② 《弥沙塞部和醯五分律》卷一八(大正二二·一二二上)。
③ 《毗尼母经》卷二(大正二四·八〇九上),又卷三(大正二四·八一四中)。

说:"若随顺戒,不行放逸,以戒为门、为足、为因,能生善法,具足成就……是谓爱护解脱戒。"①这一系列的解说,都是以戒为善法的初基,善法的依住处,一切定慧等功德都由此而成就:依此以解说戒法为波罗提木叉的。

另一重要的解说,是以 mokṣa,巴利语 mokkha 为"解脱"义,如译波罗提木叉为"别解脱"。《根本萨婆多部律摄》卷一(大正二四・五二五上)说:

> "别解脱者,由依别解脱经如说修行,于下下等九品诸惑,渐次断除,永不退故,于诸烦恼而得解脱,名别解脱。又见修烦恼,其类各多,于别别品而能舍离,名别解脱。"

觉音于《清净道论》,于"波罗提木叉三跋罗",也是解说为"别解脱"(律仪)的,如《论》(南传六二・三五)说:

> "此中别解脱律仪,谓学处戒。别别,护者,解脱,脱恶趣等苦,故名别解脱律仪。"

prāti 为"各别"义,所以说波罗提木叉是"别别解脱"。又有"对向"、"顺向"的意义,所以或译波罗提木叉为"从解脱"、"顺解脱"。这一解说,为北传佛教所常用。佛的制立学处,是因事而异、因人而异的。受持各别的学处,解脱各别的烦恼与苦果。依学处——"威德波罗提木叉"说,波罗提木叉是"别解脱"义。然约"教授波罗提木叉"说,当时还没有制立学处。约尸罗——戒的重要性,为一切善法的根本依处,"初"、"面"、"上首"、"最

① 《舍利弗阿毗昙论》卷一四(大正二八・六二○上)。

胜",是波罗提木叉义。一名多义,随时随事而有所演化。约体以释名,大抵"初"与"上首"等,是波罗提木叉的初义。等到制立学处,诵说波罗提木叉,也就渐被解说为别解脱了。

在佛法的开展中,布萨说波罗提木叉,有前后不同的二阶段,这可说是一项重要的知识。对于《波罗提木叉经》的研究,也同样是极重要的。

第二项　波罗提木叉与布萨仪轨

出家弟子有了非法的行为,佛就因而制立学处(旧作"制戒"、"结戒"),向大众公布,以后不得有所违犯。结集一条条的学处,半月半月中,布萨诵出,名为说波罗提木叉。说波罗提木叉,为从僧伽的和合(团结)清净(健全)中,达成"正法久住"的理想。所以在说波罗提木叉以前,如有违犯的,先要忏悔(发落)清净,这是一切"波罗提木叉经"——"戒经"所同的,如《四分戒本》(大正二二·一〇一五中)说:

> "诸大德! 我今欲说波罗提木叉戒,汝等谛听,善思念之! 若自知有犯者,即应自忏悔;不犯者默然,默然者,知诸大德清净。若有他问者,亦如是答。如是比丘,在众中乃至三问,忆念有罪而不忏悔者,得故妄语罪。故妄语者,佛说障道法。若彼比丘,忆念有罪欲求清净者,应忏悔,忏悔得安乐。"

在说波罗提木叉以前,三问清净,名为"说波罗提木叉序"。在正说波罗提木叉的过程中,每诵一类学处,就向大众发问:

"是中清净不?"不断地警策大众,要大众反省自己,发露自己的过失。因为在佛法中,惟有无私无隐地发露过失,才能出罪而还复清净;不受罪过的障碍,而能进向圣道,趣入解脱。所以布萨说波罗提木叉,成为教育僧众、净化僧众,使僧众成为清净和合的,极庄严的法会。对于个人的修行,僧伽的和合清净,有重大的意义,不只是熟诵而已。

　　波罗提木叉(经)与说,早就结成不可分的关系。现存不同部派,不同诵本的"戒经",内容都不限于学处——波罗提木叉,而是以波罗提木叉为主体,附有说波罗提木叉的仪式,可说是布萨说波罗提木叉仪轨。"波罗提木叉经"主体,与说波罗提木叉仪轨,在"戒经"成立、演变的研究上,是应该分别处理的。

　　现存不同部派、不同诵本的"戒经",都分为三部分:一、"序说",旧名"波罗提木叉序";二、"正说";三、"结说"。"正说"部分,上座部系统的"戒经"都分为八法,也就是八篇:

　　Ⅰ. 波罗夷法(pārājika-dharma, pārājika-dhamma)

　　Ⅱ. 僧伽婆尸沙法(saṃghâvaśeṣa-dharma, sanghādisesa-dhamma)

　　Ⅲ. 不定法(aniyata-dharma, aniyata-dhamma)

　　Ⅳ. 尼萨耆波逸提法(naiḥsargika-pātayanttika-dharma, nissaggiya-pācittiyā-dhamma)

　　Ⅴ. 波逸提法(pātayanttika-dharma, pācittiyā-dhamma)

　　Ⅵ. 波罗提提舍尼法(pratideśanīya-dharma, pāṭidesaniyā-dhamma)

　　Ⅶ. 学法(saṃbahulāḥ-śaikṣa-dharmāḥ, sekhiya-dhamma)

Ⅷ.灭净法（adhikaraṇa-śamatha-dharma，adhikaraṇa-samatha-dhamma）

大众部的"戒经"，末后增"法随顺法"，共为九法。这八法（或九法），各部"戒经"，每法都分为三段：一、"标名起说"，二、"别说学处"，三、"结问清净"。"别说学处"（从多分说）部分，就是佛所制立的，共二百多条戒。在次第上、文句上，各本虽不免有些出入，但波罗提木叉的部类纲目，可说完全一致，这是"波罗提木叉经"的主体。现在先论波罗提木叉的仪轨部分。

说波罗提木叉的仪轨，也就是"戒经"的"序说"与"结说"（"正说"的标起与结问，且略），各本的出入是很大的。现在列举七种"戒经"，以比对其内容的差别如下：

	铜鍱戒经	僧祇戒本	五分戒本	十诵戒本	解脱戒经	四分戒本	根有戒经
明佛所教（颂）					1		1
策励精进		1	1	1	2		2
问答和集		2	2	2	3	2	3
归敬赞叹（颂）		3	3	3	1		4
布萨作白	1	4	4	4	5	3	5
说序问清净	2	5	5	5	6	4	6
正说部分（别详）	×	×	×	×	×	×	×
结说劝学	3	6	6	6	7	5	7
七佛所说戒（颂及长行）		7	7	7	4	6	8
尊敬戒经（颂）		8	8	8	8	7	9
结说圆满（颂或长行）		9	9	9	9	8	10
回向（颂）						9	11

据上表所列的内容，可以归纳为三类：

一、《铜鍱戒经》为一类："序说"仅有"布萨作白"、"说序问清净"。"正说"终了，接着是"结说劝学"。这最简单的布萨仪轨，为布萨说波罗提木叉的必备部分，也是各部"戒经"所共有的一致部分。这一简要的布萨仪轨，可论断为古型的，部派未分以前所组成的。

二、《僧祇戒本》、《五分戒本》、《十诵戒本》(《十诵别本》也相同)，又为一类。"序说"部分，先"策励精进"，勉大众精进修学。次"问答和集"：大众有没有都来了？没有来的，有没有"与欲"、"与清净"？有没有尼众来请求教诫？这些，都是举行布萨说波罗提木叉以前应有的问答(《铜鍱戒经》虽没有将这些组集在"戒经"内，但实际上也还是有这些问答的)。经过问答，知道大众和合，如法清净，就以七颂来"归敬赞叹"——归敬释迦佛，赞叹所制立的戒法。然后"布萨作白"、"说序问清净"。"结说"部分，在"结说劝学"后，举"七佛所说戒"。再以二颂半明尊敬戒法；然后"结说圆满"。这三部"戒经"，大致相同①。《十诵戒本》是鸠摩罗什译的，文义善巧，为其余二本所参考。然《僧祇戒本》与《五分戒本》，都是依梵本译出的②。如《五分戒本》，有关"七佛所说戒"的文句，及"结说圆满"为长行，都同于《僧祇戒本》，而与《十诵戒本》不同。所以这三部"戒经"的布萨仪轨，应为梵本的本来相近；《五分戒本》与《僧祇戒本》的译者，曾参考《十诵戒本》的文句，而不是完全抄录的。《僧祇戒本》属大众

---

① 《僧祇戒本》，前列"六念"，末有赞戒功德颂，不是"戒经"的本文，而是译者所附录的(大正二二·五四九上、五五六上)。

② 如平川彰《律藏之研究》所考定(二二六——二二九)。

部,据《摩诃僧祇律私记》,"戒本"源出祇洹精舍,而流行于摩竭陀一带①。《五分戒本》是化地部诵本,为分别说部所分出,成立于阿槃提的部派,流行极广;汉译的梵本,是从师子国得来的②。《十诵戒本》属说一切有部,从摩偷罗而流行于北印度、西域。这是部派中的三大系,分布的区域遍及各方,而说波罗提木叉的布萨仪轨,竟然是这样的一致! 这一类诵本——"序说"与"结说"部分,成立是不会太迟的,大致在部派分立不久的阶段。

　　三、《解脱戒经》、《四分戒本》、《根有戒经》,所有布萨仪轨部分,是成立较迟的一类。《根有戒经》与《十诵戒本》同属于说一切有部,所以次第内容相同(同于第二类),而前后略有增补。在"序说"中,最初举六颂,"明佛所教"。据《根本萨婆多部律摄》说:"上之六颂,是诸阿罗汉结集所置。"③末后增补"回向"颂:"福利诸有情,皆共成佛道"④,已有大乘的倾向。这是说一切有部中,初为经师,后为迦湿弥罗论师所用,流布极广的"戒经"。《解脱戒经》以二颂开端,同于《根有戒经》"明佛所教"的初二颂。《四分戒本》终了,也有"回向"颂说:"我今说戒经,所说诸功德,施一切众生,皆共成佛道。"⑤与《根有戒经》的"回向"颂,也大致相合。《解脱戒经》为饮光部诵本,《四分戒本》为法藏部诵本,同属分别说系;而在开端与末了,与《根有戒经》部分相同,是值得注意的事。《四分戒本》以十二颂开端,"归敬赞

① 《摩诃僧祇律私记》(大正二二·五四八中)。
② 《出三藏记集》卷三(大正五五·二一上)。
③ 《根本萨婆多部律摄》卷一(大正二四·五二五下)。
④ 《根本说一切有部戒经》(大正二四·五〇八上)。
⑤ 《四分律比丘戒本》(大正二二·一〇二三上)。

叹",广明持戒犯戒的得失。《四分律》开端,有四十六颂半,也是归敬赞叹,广明持戒犯戒的得失。比对起来,《四分戒本》的十二颂,是取《四分律》的颂意而集成的①。《四分律》颂附注(大正二二・五六八下)说:

> "此偈非是迦叶千众集律时人所造,乃是后五部分张,各据所传,即是居一众之首者,将欲为众辨释律相,故先偈赞,然后说之。"

各部"戒经",所有"序说"及"结说"中,赞叹及回向的偈颂,都是后代律师所造,正如《四分律》颂附注所说的。但在这些偈颂中,《四分戒本》流露了特有的精神。"归敬赞叹",第二类的三本及《根有戒经》,都这样赞叹释迦:"合十指爪掌,供养释师子,我今欲说戒,僧当一心听。"②所说的波罗提木叉,为释迦佛所说,归敬释迦佛,可说是当然的事。而《四分戒本》却这样说(大正二二・一〇一五上):

> "稽首礼诸佛,及法比丘僧。……毗婆尸式弃、毗舍拘留孙、拘那含牟尼、迦叶释迦文:诸世尊大德,为我说是事。"

归敬于诸佛及七佛,与归敬释迦的,略有不同。"结说"部

---

① 《佛说犯戒罪报轻重经》(大正二四・九一〇下——九一一上)附有八颂,也是取《四分律》初颂意而成。

② 《摩诃僧祇律大比丘戒本》(大正二二・五四九上)。《弥沙塞部五分戒本》(大正二二・一九四下)。《十诵比丘波罗提木叉戒本》(大正二三・四七〇下)。《根本说一切有部戒经》(大正二四・五〇〇下)。

分,第二类的三本及《根有戒经》,于"七佛所说戒"后说:"七佛
为世尊,能救护世间,所可说戒法,我已广说竟。诸佛及弟子,恭
敬是戒经。"①恭敬七佛的戒法,文义简洁明白。《四分戒本》与
此相当的部分,却这样说(大正二二·一〇二二下——一〇二
三上):

> "如过去诸佛,及以未来者,现在诸世尊,能胜一切忧。
> 皆共尊敬戒,此是诸佛法。"
> "七佛为世尊……说是七戒经。"
> "世尊涅槃时,兴起于大悲。……我今说戒经,亦善说
> 毗尼:我虽般涅槃,当视如世尊。"

从三世佛说到七佛,又归结到释迦佛临入涅槃的教诲。
《四分戒本》所说的波罗提木叉,以释迦佛所制的为主体,而波
罗提木叉的精神已普遍化,成为三世一切佛的戒法。以三世一
切佛的戒法为归敬,以"施一切众生,皆共成佛道"为回向:《四
分律》的精神,更近于大乘思想的领域。在现存不同诵本的"戒
经"中,《四分戒本》的布萨仪轨,最为后出。

除《铜鍱戒经》外,其余六本,都有七佛所说波罗提木叉偈。
在《长部》的《大本经》中,说到七佛的故事。又广说毗婆尸佛
事,及毗婆尸说波罗提木叉三偈②。汉译的《长阿含经·大本

---

① 《摩诃僧祇律大比丘戒本》(大正二二·五五五下——五五六上)。《弥沙
塞部五分戒本》(大正二二·二〇〇上——中)。《十诵比丘波罗提木叉戒本》(大正
二三·四七八下——四七九上)。《根本说一切有部戒经》(大正二四·五〇八上)。
② 《长部·大本经》(南传六·三六一——三六八、四二一——四二二)。

经》,仅说一偈①,与"七佛偈"中毗婆尸佛所说的相合。而《长部·大本经》所说的三偈,与"七佛偈"中的毗婆尸佛、迦叶佛(Kāśyapa)、毗舍浮佛(Viśvabhū)所说偈相合。依文句论证,论定七佛所说偈,是基于《大本经》毗婆尸佛所说偈增广而成②,似乎是可以这么说的。然从另一观点去看,觉得未必如此。经师结集的经典,凡说到七佛的,都出发于"佛佛道同"的立场③。《大本经》的结集,列述七佛的故事,意趣也是一样的。详说毗婆尸佛(七佛中的第一位)事,以及毗婆尸佛说波罗提木叉偈,只是举为代表而已。毗婆尸佛说偈,其余的六佛,在结集《大本经》的时代,结集者的心目中,有没有说波罗提木叉偈? 这答案是不会否定的。例如《大本经》所说的三偈,作毗婆尸佛说;或如"七佛偈"中,作为三佛所说。又如"诸恶莫作,众善奉行,自净其意,是诸佛教"一偈,《大本经》作毗婆尸佛说,《根有戒经》作释迦牟尼佛说,其余的"戒本"都作迦叶佛说:这到底是哪一位佛说的呢? 由于文义通一切佛,所以《出曜经》解说为:"诸佛世尊,教诫后人。……贤圣相传,以至今日。"④这是作为一切佛的教诫,所以称为"七佛所说通戒偈"。依佛法的意趣来说,这些偈颂——一偈、三偈,或者多偈,是被传说为七佛所说的(佛佛道同)波罗提木叉。指定为某佛所说,本没有必要(如上所说,传为某佛所说,并无一定);作为某佛所说,也不外乎"指方

---

①　《长阿含经》卷一《大本经》(大正一·一〇上)。

②　平川彰《律藏之研究》(三七三)。

③　如七佛观缘起成道,见《相应部·因缘相应》(南传一三·六——一五),《杂阿含经》卷一五(大正二·一〇一上——中)。

④　《出曜经》卷二五(大正四·七四一中——下)。

立向"一样,容易为一般信众所接受而已。七佛所说波罗提木叉偈,分别配属七佛,是《铜鍱戒经》以外,各部"戒经"的一致传说,其成立是不会迟于《大本经》的。详说的,如大众部所传的《增一阿含经》①及《摩诃僧祇律》②,这本是持法者(经师)所结集的。

分别说部及大众部的广律③,说到过去的六佛,分为二类:毗婆尸、尸弃、毗舍浮——三佛,不为弟子制立学处,也不立说波罗提木叉,所以佛法不能久住。拘留孙(Krakucchandha)、拘那含牟尼(Kanakamuni)、迦叶——三佛,为弟子制立学处,也制立说波罗提木叉,所以正法久住。毗婆尸佛没有说波罗提木叉,似乎与《大本经》所说不合。其实,虽没有制立学处的波罗提木叉,却有略说教诫的波罗提木叉。如释迦佛在广制学处以前,制说波罗提木叉以前,也有略说教诫的波罗提木叉。波罗提木叉有广说与略说二类,如《四分戒本》(大正二二·一〇二二下)说:

"此是释迦牟尼如来无所著等正觉,于十二年中,为无事僧说是戒经(波罗提木叉)。从是已后,广分别说。"

说一切有部的传说④,与《四分戒本》相同。铜鍱部的《善见

---

①　《增一阿含经》卷四四(大正二·七八六下——七八七中)。
②　《摩诃僧祇律》卷二七(大正二二·四四六下——四四七上)。
③　《摩诃僧祇律》卷一(大正二二·二二七中——下)。《弥沙塞部和醯五分律》卷一(大正二二·一中——二上)。《四分律》卷一(大正二二·五六九上——下)。《铜鍱律·经分别》(南传一·一二——一四)。
④　《根本说一切有部毗奈耶》卷一(大正二三·六二八上)。

律毗婆沙》,于二类波罗提木叉,所说极为分明,如卷五(大正二四·七〇七下——七〇八上)说:

> "(过去三佛)诸声闻弟子不犯非故,亦不结威德波罗提木叉,亦不半月半月说戒,乃至六年,六年止说教授波罗提木叉。此说如来自说,不令声闻说。"

> "释迦牟尼佛,从菩提树下,二十年中,皆说教授波罗提木叉。复于一时,……语诸比丘:我从今以后,我不作布萨,我不说教授波罗提木叉,汝辈自说。……从此至今,声闻弟子说威德波罗提木叉。"

"教授波罗提木叉",就是略说教诫偈。六佛及释迦佛,都有略说教诫偈,也是铜鍱部所承认的。所以《铜鍱戒经》没有七佛所说戒偈,只是没有编入半月半月的布萨仪轨而已。释迦佛初有略说教诫的"偈布萨"(佛佛道同,七佛所说);其后制立学处,发展为"威德波罗提木叉"的布萨。在说"威德波罗提木叉"的布萨中,旧传的略说教诫偈,原是不必再诵说的。《铜鍱戒经》没有七佛所说教诫偈,代表了初期的布萨仪轨。然传说中的略说教诫偈,也是波罗提木叉,而且是早期诵说的布萨偈。在佛教的传承中,是不会忘记的。所以大众部说波罗提木叉,不论是广说、略说,都是"诵偈"的①,作为说波罗提木叉的重要部分。《五分戒本》、《四分戒本》、《十诵戒本》、《根有戒经》、《僧祇戒本》,都将七佛所说教诫偈,编入说波罗提木叉的仪轨——"结

---

① 《摩诃僧祇律》卷二七(大正二二·四五〇中)。

说劝学"之后,以表示七佛的共同尊敬戒法。《解脱戒经》自成一格,将七佛所说戒偈,编于"序说"——"布萨作白"以前。也许为了表示:初有略说教授的波罗提木叉,后有制立学处的波罗提木叉吧!七佛所说教诫偈,源于释迦佛的略说教诫,来源是极为古老的!但在以学处为主的,布萨说波罗提木叉中,并非"波罗提木叉经"主体,而属于布萨的仪轨部分。

上面所举的七部"戒经",实为布萨说波罗提木叉所用的仪轨。布萨制度强化,波罗提木叉与仪轨相结合。时间久了,布萨的仪轨部分,也就被称为经。如《僧祇律》卷一四(大正二二·三三八下)说:

"波罗提木叉者,十修多罗也。"

"十修多罗"①,就是波罗提木叉序("布萨作白","说序""问清净")及九法(上座部系为八法);戒序也是被称为波罗提木叉及经的。但这到底是流传日久,渐忘本义的解说;原义是应该专指学处的。在"波逸提法"中,有"诈言不知学处戒",如《僧祇戒本》(大正二二·五五四上)说:

"我今始知是法,入修多罗,半月波罗提木叉中说。"

这一学处的文句,各部"戒经"都相近。称波罗提木叉为

_____

① 《摩诃僧祇律》卷二一(大正二二·三九六上)说:"波罗提木叉者,十二修多罗","圣语藏本"缺"二"字。又卷二〇(大正二二·三八六中)说:"教令学十二事,十二事者,所谓戒序,四波罗夷……随顺法。"虽标说十二事,内容实为十事,就是十修多罗,可见"二"字都是衍文。

经,如《律藏之研究》所引述①。一条一条的学处,称为波罗提木叉——别别解脱,为什么又称为经? 学处有一定的文句,为了便于忆诵,采用当时流行的,极简洁的,称为修多罗的文体。此外,还有一重要的意义,如《五分律》卷一(大正二二·一下)说:

> "广为弟子……结戒(学处),说波罗提木叉。佛及弟子般泥洹后,诸弟子虽种种名姓出家,不速灭梵行。譬如杂华,以綖连之,置四衢道,四方风吹,不能令散。何以故? 綖所持故。"②

修多罗的意义,就是綖(线)。制学处,说波罗提木叉,比喻为如綖贯华,这正是"修多罗"如綖贯华的具体说明。有关出家众的道德轨范、经济准则、团体纪律等,佛应时应机而制为学处。有一定文句,次第安布,不能任意变动。又将种种学处,分为部类,次第组合,所以能持久流传。这就是学处与波罗提木叉被称为经的原始意义。

制立学处与说波罗提木叉,起初不只是暗诵,而也是分别开示的。如波逸提法的"诽毁毗尼戒",《铜鍱律》解说"说波罗提木叉时"为"诵或学习时"③。分别、开示、学习为"说波罗提木叉";当时的"波罗提木叉经",当然不会附有仪轨。等到布萨说波罗提木叉,发展为上座宣诵,大众一心听,重于僧伽的和合清净,说戒就等于暗诵了。"波罗提木叉经",也就与布萨仪轨相

---

① 平川彰《律藏之研究》(二九八——三〇〇)。

② 《铜鍱律·经分别》(南传一·一三——一四),《四分律》卷一(大正二二·五六九下),《摩诃僧祇律》卷一(大正二二·二二七中),都有同样的记载。

③ 《铜鍱律·经分别》(南传二·二二七)。

结合，渐形成现存形态的"戒经"。

平川彰《律藏之研究》，论到"经与经分别的关系"，以现存（作为布萨仪轨）的"戒经"，"经分别"是这种"戒经"的分别广说①。对于这，我持有相反的意见。汉译的《四分律》、《五分律》、《十诵律》，纯为二百余条文的分别解说，是名符其实的"波罗提木叉（经）分别"。作为布萨仪轨的"戒经"，所有的"序说"、"结说"，以及"正说"中的"标名起说"、"结说问净"，都完全没有。可见分别解说的"波罗提木叉经"——"戒经"，是没有仪轨部分的。

"戒经"所有的仪轨部分，部分保留在《铜鍱律》等中，因而引起博士的那种意见："经分别"所分别的"经"，就是现存的（附有仪轨的）"戒经"。其实，现存"戒经"的"序说"——"布萨作白"、"说序问清净"，以及波罗夷法的"标名起说"，在《铜鍱律》的《大分别》、《比丘尼分别》，都是没有保存的。而保存的仪轨部分，也只是叙列，而没有加以分别解说。所以在"波罗提木叉（经）分别"中，这些只是附录，不能说是所分别的"经"，因为根本没有去分别它。

"波罗提木叉（经）分别"，应纯为学处等条文的解说，如《十诵律》、《五分律》、《四分律》那样。在"波罗提木叉分别"的形成与流传中，面对当时独立流行，与布萨仪轨相结合的"戒经"，有些持律者，也就录取所有的布萨仪轨，附列于"波罗提木叉分别"中。附录进去的，既不是"波罗提木叉分别"所要分别的；没

---

① 平川彰《律藏之研究》（二九七——三〇四）。

有分别解说，也就不会受到重视，而形成存缺不一的现象。如《铜鍱律》没有"序说"，也没有波罗夷法的"标类起说"。《僧祇律》仅存《比丘尼毗尼》中僧伽婆尸沙法的"结问清净"一段。《根有律》录有自部的"序说"及"结说"的偈颂部分。在八篇的分别解说中，仅存"僧伽伐尸沙法"、"泥萨祇逸底迦法"的"结问清净"。《根有苾刍尼律》，最为杂乱！"波罗市迦法"、"僧伽伐尸沙法"，仅有"结问清净"。"众学法"仅有"标类起说"。"泥萨祇波逸底迦法"、"波逸底迦法"、"波罗底提舍尼法"——三法，前有"标类起说"，后有"结问清净"。从各部广律的存缺不一而论，"波罗提木叉经"的布萨仪轨，曾部分或全部地被录入"波罗提木叉经分别"中。由于不是分别解说的对象，不受重视，不免形成零落不堪的现象。

总之，"波罗提木叉"——"戒经"，起初专指八篇（对仪轨部分，姑且这么说）条文，为"经分别"所分别的经本。现存各部的"波罗提木叉经"——"戒经"，是与布萨仪轨相结合的，为布萨所用的"戒经仪轨"。

第二节　波罗提木叉经的组织

第一项　五部经的原始类集

现存不同部派、不同诵本的"波罗提木叉经"——"戒经"，除去布萨的仪轨部分，分为八法（或九法），是以学处为主的。佛的制立学处，不是分门别类地拟订规章，而是"随犯随制"；或

轻或重,或先或后地制立出来。虽或有重制与修正部分,但都有
一定文句。佛在大众中制定,要传达给大众——比丘(bhikṣu)
或比丘尼(bhikṣuṇī),一致遵行。在这种情况下,佛的常随弟子
中,于学处特别重视的,会将这些学处诵持起来,就有持律者出
现。但轻重次第不一,实在是不容易忆持的①。这自然会依罪
犯的轻重,而形成部类。波罗提木叉的类集,成为部类次第,与
布萨说波罗提木叉的制度,关系最为密切!

　　布萨说波罗提木叉,传说为了使弟子们容易忆持②,但实际
上,已重于维护僧伽的清净(布萨的主要意义)与和合。从开始
制立学处、传诵、分别、学习(也名为"说波罗提木叉"),到成为
布萨的说(学处的)波罗提木叉,应有一时间上的距离。大概地
说,什么时候起,由德化的而移入"律治"的;由佛略说教诫,而
移入声闻弟子主持的说(威德)波罗提木叉,也就是什么时候有
"波罗提木叉经"的类集。因为如没有部类次第集成的"戒经",
在布萨时是无法诵说的。以佛三十五岁成佛,五十五(或五十
六)岁而选阿难为侍者来说,佛在六十岁左右,渐入晚年,定住
的时间多了。法务渐由舍利弗、大目犍连摄导主持,分化各方。
作为布萨所用的"波罗提木叉经"的类集,极可能在这一期间
成立。

　　"戒经"的部类集成,从佛世到部派分立,组成现存"戒经"
的八篇,是经历了多少阶段;最初是集为"五部"的。律分"五篇

━━━━━━━━

　　① 优波离诵毗尼,苦于杂碎难持,见《摩诃僧祇律》卷二七(大正二二·四四
八上)。

　　② 《弥沙塞部和醯五分律》卷一八(大正二二·一二一中)。

七聚"，是律家所熟悉的名称。"五篇"是一切部派的共同传说，而"七聚"是部分学派的传说，意见也没有一致。"五篇"，实依"波罗提木叉经"的原始部类而来，《僧祇律》称之为"五縰经"，如卷二七（大正二二·四四八上）说：

> "布萨时，应广诵五縰经。若有因缘不得者，应诵四、三、二、一，乃至四波罗夷及偈，余者僧常闻。"

"五縰经"，也称为"五修多罗"①。五部是被称为经的，如说"百四十一波夜提修多罗说竟"②。如约五部经而作罪的分类，名为"五众罪"③，五众是五蕴（Skandha）或五聚（khandha）的异译，就是"五犯聚"（pañca-apattikkhandhā）。《僧祇律》又称为"五篇"，如卷一二（大正二二·三二八）说：

> "犯波罗夷、僧伽婆尸沙、波夜提、波罗提提舍尼、越毗尼，以是五篇罪谤，是名诽谤诤。"

说一切有部的《十诵律》，也但立"五种罪"④。《萨婆多毗尼毗婆沙》、《萨婆多部毗尼摩得勒伽》，也都说到"五篇戒"⑤。"五修多罗"、"五縰经"，约波罗提木叉的五部说；依此而为犯罪的分类，成"五犯聚"或"五篇"。"五縰经"，实为"戒经"的原始

---

① 《摩诃僧祇律》卷三二（大正二二·四九二中）。
② 《摩诃僧祇律》卷四〇（大正二二·五四四上）。
③ 《摩诃僧祇律》卷二〇（大正二二·三八六中）。
④ 《十诵律》卷五六（大正二三·四一二中）。
⑤ 《萨婆多部毗尼摩得勒伽》卷一（大正二三·五六八上）。《萨婆多毗尼毗婆沙》卷二（大正二三·五一五下）。

类集。

《僧祇律》称波罗提木叉为五部经，因而想到了"五种说波罗提木叉"。说波罗提木叉，有广说，有略说，在各部广律中，有"五种说波罗提木叉"的共同传说。依《僧祇律》，这是依波罗提木叉的五部而分的。卷二七所说，依"五綖经"，已如上所引。卷二一（大正二二·三九六上）也说：

> "若布萨时，广说五众戒。若复不能者，当广诵四众戒。若复不能者，当广诵三众戒。若复不能者，当广诵二众戒。若复不能者，当广诵一众戒及偈，余者僧常闻。"

依五部经，成为五种说波罗提木叉；大众部所传，表示了说波罗提木叉（还没有序）的原始情形。但在波罗提木叉的传诵中，渐渐地从五部而成为八部；说波罗提木叉序，也成为"戒经"的一分；大众部更成立"十部修多罗"——九法及序。以后来完成的"戒经"，配合"五种说波罗提木叉"的古老传说，部派间就不免意见纷纭。如《铜鍱律》、《十诵律》、《五分律》、《四分律》的第一说，《萨婆多部毗尼摩得勒伽》、《律二十二明了论》所说，是较为普遍的一流[1]。"五种说波罗提木叉"是这样的：

1. 诵波罗提木叉序。

2. 诵序及波罗夷。

3. 诵序、波罗夷及僧伽婆尸沙。

---

① 《铜鍱律·大品》"布萨犍度"（南传三·一九九）。《十诵律》卷二二（大正二三·一五九中）。《弥沙塞部和醯五分律》卷一八（大正二二·一二二上）。《四分律》卷三六（大正二二·八二三中）。《萨婆多部毗尼摩得勒伽》卷五（大正二三·五九五上）。《律二十二明了论》（大正二四·六六六下）。

4. 诵序、波罗夷、僧伽婆尸沙及不定。

5. 诵全部。

另有一流，如《毗尼母经》、《四分律》的第二说①。《僧祇律》的"四说"②，似乎是这一传说的讹脱。这一流的传说是这样的：

1. 诵戒序及波罗夷。

2. 诵戒序、波罗夷及僧伽婆尸沙。

3. 诵戒序、波罗夷、僧伽婆尸沙及不定。

4. 诵戒序、波罗夷、僧伽婆尸沙、不定及尼萨耆波逸提。

5. 诵全部。

此外，还有《四分律》的第三说、第四说③，不知属于什么部派。"五种说波罗提木叉"，是一致的古老传说。配合后代组织完成的八法（或九法），所以不免意见不一。反显得《僧祇律》的传说，依（波罗提木叉的）五部经，分"五种说波罗提木叉"，自然而又合理！总之，五部经是戒经的原始部类、原始的组织形态。

依五修多罗而为罪的分类，名"五罪聚"。五罪聚的名称、意义，各部律的解说与差别，平川彰博士《原始佛教之研究》④有详细的引述论列，可为参考。现在就五罪（犯）聚的重轻次第与

---

① 《毗尼母经》卷三（大正二四·八一四中）。《四分律》卷三六（大正二二·八二三中）。

② 《摩诃僧祇律》卷二七（大正二二·四五〇中），名为"四说"，缺五说中第二说。

③ 《四分律》卷三六（大正二二·八二三中）。

④ 平川彰《原始佛教之研究》（二四六——二八八）。

处分不同,略说如下:

1. 波罗夷,意译为"他胜处"、"堕不如",为最严重的罪行。如战争的为他所征服,堕于负处一样。凡波罗夷学处,结句都说:"是波罗夷,不共住。""不共住"是驱出于僧伽以外,失去比丘(或比丘尼)的资格,不能再在僧伽中,共享应得的权利,尽应尽的义务。这与世间的犯了死罪一样,所以比喻为"如断多罗树心,不可复生"①。

2. 僧伽婆尸沙,意译为"僧残"。这如伤重而余命未绝,还可以救治一样。犯这类罪的,要暂时"别住"于僧伽边缘,受六夜"摩那埵"的处分。"别住"期间,可说是短期的流放,褫夺应有的权利。等到期满后,还要在二十清净比丘僧中,举行"出罪"。得全体(二十比丘)的同意,出罪清净,回复在僧伽中的固有地位。犯了这种重罪,几乎丧失了僧格,但还有剩余,可以从僧伽中救济过来,所以名为"僧残"。

3. 波逸提,意译为"堕"。五部中的波逸提,应包括"戒经"八篇中的尼萨耆波逸提(译为"舍堕")与单波逸提。所犯的罪,都是波逸提。意译为"堕",而形容为"烧"、"煮"等。这是陷于罪恶,身心焦灼、烦热,不得安宁的意思。犯了这类罪,应于僧伽中"作白"(报告),得僧伽同意,然后到离僧伽不远,"眼见耳不闻处",向一位清净比丘发露出罪。

4. 波罗提提舍尼,意译为"对说"。犯这类罪的,不必在僧中,只要对一比丘承认自己的过失就可以,这是较轻的罪了。

---

① 《弥沙塞部和醯五分律》卷一(大正二二·四下)。

5. 众学法①:众学法的"法",与波罗夷法、波逸提法的"法"一样,是部类(五部、八篇)的通称。众学法的"众",与四波罗夷法的"四"一样,是条文的数目。所以这一部的专名,只是"学";《铜鍱戒经》正是这样的。"学"是应当学的事,结句为"应当学",与前四部的结句"是波罗夷"、"是波逸提"的结罪不同。依五部而成立五罪聚,与这第五部相当的,《僧祇律》作"越毗尼"(Vinayātikrama)②,《十诵律》名为"突吉罗"(duṣkṛta)③。在罪聚中,越毗尼与突吉罗,后来都被解说为:通摄前四部以外的,一切轻罪与重罪。然在五部经的原始组织中,"学"本不是制罪的;即使是非法非毗尼的,约由重而轻的次第说,也应该是极轻的;与越毗尼中的"越毗尼心悔"、突吉罗中的"责心恶作"相当。不要在僧中,也不要对人说,只要自己"心悔念学"④,就可以清净了。

"学"与前四部"学处"不同,这里应略为论列:"学",是于佛法中的学习。在佛的教导开示中,学是应当学的事。内容不外乎三学:增上戒学、增上心学、增上慧学。如于应学的事而有所得的,名为有学。如学而圆满成就,名为无学(aśaikṣa)。佛的开示,充满劝发策励的意味。如说四谛,就是"应知"、"应断"、

---

　　① 《根本萨婆多部律摄》卷二有"初部四波罗市迦法"(大正二四·五三一下);卷三有"第二部十三僧伽伐尸沙法"(大正二四·五四〇中);卷五有"第三部三十泥萨祇波逸底迦法"(大正二四·五五一上);卷十四有"第四部四波罗底提舍尼法"(大正二四·六〇四中),又"第五部众学法"(大正二四·六〇五下)。各本不同,或没有"第一部"等部数,但可见五部与"戒经"的组织有关。
　　② 《摩诃僧祇律》卷二〇(大正二二·三八六中)。
　　③ 《十诵律》卷五六(大正二三·四一二中)。
　　④ 《萨婆多毗尼毗婆沙》卷九(大正二三·五六二上)。

"应证"、"应修"。"学"的一部分,日常生活的一部分,特别被称为式叉罽赖尼(śikṣā-karaṇīyā)——"应当学"。

上面曾说到,释迦佛起初以"法"为教,重于真理与道德的实践。只是教人学,应这样,不应那样。广律中说:拘那含牟尼等佛,正法不能久住,就是这样教导的。如《四分律》卷一(大正二二·五六九中)说:

"彼世尊知诸弟子疲厌心故,但作如是教:是事应念,是事不应念! 是应思惟,是不应思惟! 是应断,是应具足住。"

《铜鍱律》与《五分律》都有类似的说明①。这正是释迦佛没有制立学处、没有制说波罗提木叉以前,略说教诫时代的教化肖影。等到出家众多了,问题也多了,不得不在德化(以法教化)的基础上,融入律治的精神,这就是随犯而制立"学处"。"学",是应该这样、不应该那样的开导。如违反了,虽受到呵责、训勉,但没有强制纠正的力量。如古代的礼治,与礼制不合,虽为社会所呵责与不齿,但没有强制力。"学处",是于学有特定轨范,而非依着这样学不可。"学处"如法律,不只是应该不应该,而是容许不容许。"学处"是以僧伽的和合清净为理想而制立的;运用僧伽的集体力量,执行僧伽的意志,违犯者非接受处分不可。所以在佛法的开展中,先有学而后有学处。学的意义广,学处的内容有限。学处也还是应学的,所以可摄在学的当

① 《铜鍱律·经分别》(南传一·一三)。《弥沙塞部和醯五分律》卷一(大正二二·一下)。

中。如跋耆子比丘,以学处的制立过于众多,而感觉到不能继续修学。佛问他:能学三学吗? 他说:能! 其实三学中的戒增上学,能摄一切学处①。学与学处,不同而又可通,所以汉译每笼统地译为"戒"。如三增上学,《鼻奈耶》译为无上戒戒、无上意戒、无上智戒②。"不应式叉罽赖尼",意思为"不合应当学",却又译为"不应戒行"③。《佛说苾刍五法经》,译学法为"戒法"④。如不净行学处,有"戒赢不舍"句。"不舍戒",实为"不舍学"的异译。学与学处,汉译每泛译为戒,所以意义的区别不明。而实学为应学的一切,学处为属于尸罗学的一分戒条。

"学"——应当学的内容极广,一部分出家众的威仪——穿衣、饭食、行来出入、说法、大小便等,在"戒经"的集成时,被组为第五部分。比丘众弃家离欲,过着淡泊的生活,也是谨严的生活。这些威仪礼节,或是传说的清净轨式⑤,或是适应社会的宗教要求:在出家众中,渐形成释沙门的特有威仪,而为出家众所应当学的。说一切有部说:这是五篇戒中最初制定的⑥;正表示比丘们的行仪与僧伽的成立同时,形成一定的法式。五比丘中

---

①　《增支部·三集》(南传一七·三七七——三七八)。《杂阿含经》卷二九(大正二·二一二下)。

②　《鼻奈耶》卷一(大正二四·八五一中)。

③　《鼻奈耶》卷一〇(大正二四·八九五上)。

④　《佛说苾刍五法经》(大正二四·九五五下)。

⑤　传为过去佛与净居天的仪式,如《十诵律》卷一九(大正二二·一三三中),《根本说一切有部毗奈耶》卷五〇(大正二三·九〇一中),《萨婆多毗尼毗婆沙》卷九(大正二三·五六一下),《根本萨婆多部律摄》卷一四(大正二四·六一二上)。

⑥　《萨婆多毗尼毗婆沙》卷九(大正二三·五六一下)。

的马胜,早就以威仪庠序著名。沙门应有的威仪,被组为"戒经"的第五部分。学与前四部的学处不同,略示方隅,应当学;原始的条款,应简要而能多含。或者忽视了佛所领导的比丘众是过着宗教的集体生活,自然要形成一定的威仪。或者不注意先学而后学处的实际意义,以为众学法没有一定条数(其实是逐渐举例加详而已),所以是后起的、附加的。然从"五綖经"、"五犯聚"、"五种说波罗提木叉"的古说看来,在"戒经"的类集为五部时,学法是早已成立了。

"学"是应当学的;不这么学,当然是不对的,但起初并无制罪的意义,与前四部不同。在律治精神发达后,渐与学处相近;在依"五修多罗"而立的"五犯聚"中,被判为"越毗尼"或"突吉罗"。起初,佛以"法"为教,善的名为法,不善的名为非法,非法就是恶。如八正是法,八邪是非法①;十善道是法,十不善道是非法②。法与非法,表示了善与恶的早期意义。在佛法的开展中,法与毗奈耶(律),渐被对称起来。法为真理与道德的实践,毗奈耶为虚妄与不道德(烦恼、恶业)的除灭;原为同一内容,显正与遮邪的两方面。"是法是毗尼","非法非毗尼",这一相对的名词普遍流行,在现存的经律中到处可见。但虽有"法毗奈耶"的对称,并无实质的不同意义。大概由于学处的制立,"五犯聚"与"五毗尼"的成立,法与律渐为不同的开展。继承这一倾向,佛灭后的圣典结集,也就为法与律的各别结集。学处制立

---

① 《杂阿含经》卷二八(大正二·二〇二下)。

② 《增支部·十集》(南传二二下·二二五)。《杂阿含经》卷三七(大正二·二七五下)。

以后,违犯的特有术语:波罗夷、僧伽婆尸沙、波逸提、波罗提提舍尼等,也就成立。而"非法非毗尼"等成语,仍流行下来,而被用为第五部,及四部以外的罪名。《根有律》有"越法"罪①,《僧祇律》有"越毗尼"罪②。《律二十二明了论》的"过毗尼"③,就是"越毗尼"的别译。越法、越毗尼,是对法与毗尼有所违犯,不合法与毗尼的规定。这是进入律治时代,从非法非毗尼而演化来的术语。应当学而不这么学,《僧祇律》名为"越学法"④。这本都是通泛的名称;在前四部的专门术语成立后,被用为第五部——学法的罪名。突吉罗意译为恶作,也是一样。应该这么学——这样做,这样说,如不合规定,就名为恶作。恶作也被用为第五部,并四部以外的一切罪名,与《僧祇律》的"越毗尼"一样。第五部名学法,是各部"戒经"所同的。而违犯的罪名,各派的用语不一。正由于学法是古老传来的,本没有制定罪名;等到判决罪名,部派开始分化,所以也不能统一了。

第二项　八部的次第完成

"波罗提木叉经"——"戒经"的原始类集,集为五部,但不能确知学处共有多少。成立"戒经",布萨说戒以来,学处还在不断地制立,这是不容怀疑的。从原始类集,到佛灭时,"戒经"已有学处的增多或部类的分立,及传诵与意见的不同了。说到

---

① 《根本说一切有部毗奈耶》卷八(大正二三·六六四上)等。

② 《摩诃僧祇律》卷一九(大正二二·三七八下)等。

③ 《律二十二明了论》(大正二四·六六六下)。

④ 《摩诃僧祇律》卷二一、二二(大正二二·三九九下——四一二上)。

学处的增多,如提婆达多(Devadatta)的叛教事件,是以别众布萨为形式上的脱离。现存"戒经"的僧伽婆尸沙法,有"破僧违谏学处"、"随顺破僧违谏学处",都因此而制立,为佛七十余岁的事。又如波逸提法,有"诈言不知学处"、"轻呵戒学处",都是制立于布萨说戒以后的。类集为五部,成立说波罗提木叉(说戒)以后,学处是还在不断增多中的。

　　部类方面,初为五部,波逸提是总为一部的。古代的经济生活极为简单,比丘们的日用物质,不外乎衣、钵、卧具、药食。比丘们过着"少欲知足"、"易养易满"的独身生活。可是佛法开展了,信众越多,供养也越厚。对于资生的物品,比丘们也有求多、求精的现象。对于这,不能不多方限制。凡是超过水准的不合规定的物品,都应该舍去(其实是"净施",大都交还本人,只是经一番公开,受一番呵责)。物品应舍去而罪应悔,名为尼萨耆波逸提——"舍堕",与一般的波逸提不同。这一类学处多了,波逸提就自然形成二类:"舍堕"、"单堕",但还是统称为波逸提的。从种种迹象看来,佛的晚年,僧品庞杂的情形日见严重,制立的学处也就越多。如《杂阿含经》卷三二(大正二·二二六中)说:

　　　　"何因何缘,世尊先为声闻少制戒时,多有比丘心乐(修证)习学?今多为声闻制戒,而诸比丘少乐习学?"①

　　佛法在发展中,出家众的增多过于迅速,自不免庞杂不纯。

　　　　————————————

　　① 　参阅《相应部·迦叶相应》(南传一三·三二七)。

为此而倾向"律治",制立更多的学处。但在形迹上,似乎制立的学处更多,反不如初期的专精修证。其实,如不多制学处,情形将更为严重。

佛的游化,虽限于恒河一带,但地区不能说不广。交通不便,语言不一,又没有文字记录可以传达远方。以说波罗提木叉——说戒来说,如有新制立的学处,怎样传达到各地区,而能使远地的比丘接受?怎样使新成立的学处,各方都能纳入"戒经"的同一部分? 这显然是很不容易的! 现存"戒经"波逸提法,有"遮传教学处",就是不承认新立学处的宣告。在当时,几年前的学处,还没有能在各区普遍统一,而新的学处又有了多少,这是不可免的现象。这该是佛灭以后,最迫切需要处理的问题。而且,佛法中有重法与重律思想的对立。如王舍城结集中,阿难传达佛的遗命:"小(随)小戒可舍。"①现存"戒经"波逸提法,有"轻呵戒学处",正是针对"何用说此小随小戒"的。如"戒经"早有"轻呵戒学处",那么阿难所传佛命"小小戒可舍",是前言后语自相矛盾了。这实是重法的阿难所传,与重律的优波离所传,互有出入。在王舍结集中,阿难所传的被否决了;优波离所传的,被集入"戒经"波逸提中。现存的律部,都是以优波离所传为正宗的。从传说的王舍结集的事缘而论,"戒经"的结集论定,实为有关教制的迫切大事。大迦叶说:"自今已去,应共立制:若佛先所不制,今不应制。佛先所

① 各部律都有此说,如《弥沙塞部和醯五分律》卷三〇(大正二二·一九一中——下)。

制,今不应却,应随佛所制而学。"①这是当时结集"波罗提木叉经"——"戒经"的结论。

王舍城五百结集,为律家所传,佛教界所公认。从佛教发展的情况而论,应有历史的事实为根据;虽然在传说中,不免杂入多少后起的成分。当时结集的"戒经",大抵近于现存各部"戒经"的八法(八部)。但实际上,未必与现在的八部相同,试列表而再为叙述:

[五部]	[八部]
1.波罗夷法 ———————	1.波罗夷法
2.僧伽婆尸沙法 ———————	2.僧伽婆尸沙法
	3.不定法
	4.尼萨耆波逸提法
3.波逸提法	
	5.波逸提法
4.波罗提提舍尼法 ———————	6.波罗提提舍尼法
5.学法 ———————	7.学法
	8.灭诤法

尼萨耆波逸提与波逸提的分立(仍不妨称为一部),是继承旧制五部而自然形成的。不定法、灭诤法,意义却大为不同。《优波离问经》、《佛说苾刍五法经》,所传的波罗提木叉的条目,无疑为古型的,却都没有不定法与灭诤法,这是最值得重视的!不定法与一般学处不同,制立的因缘,由于可信赖的优婆夷(upâsikā)的举发。犯是确定了的,但犯什么罪,还没有确定。或是波罗夷,或是僧伽婆尸沙,或是波逸提;总之,犯是决定了

---

① 《四分律》卷五四(大正二二·九六七中)。

的。不定法仅二条，与欲事有关。在广律的解说中，也有合一解说的①。《律二十二明了论》（大正二四・六六七上）说：

"二不定……有余师说：此二不定，似律本义，律余文句，皆为释此。"

二不定的情形特殊，律师间显有不同的意见。有说"此二不定，似律本义"，就反显有以为此非律的本义。出家众度着独身生活，清净梵行是特有的德相。比丘出入信众家，可能引起问题，所以取得可信赖的优婆夷的护助，以维护僧伽的清净。所犯的罪，不出于三部：这是波罗夷等三部成立以后，适应特殊情形的补充条款。

灭诤法不是个人的戒条，而是处理僧事——相言诤、诽谤诤、罪诤、常所行事诤的七项法规。布萨说戒以前，先要处理诤事；大众清净，才进行说戒。被称为"波罗提木叉经"的布萨说戒仪轨，为了必须处理僧事，这七项灭诤法规大概是附录于篇末的。传诵久了，渐与布萨仪轨——说波罗提木叉序等，成为"波罗提木叉经"的组成部分。

王舍城五百结集时，对旧传五部的"波罗提木叉经"，应已重为审定，公认而不再有异议。不定法与灭诤法，从《优波离问经》、《佛说苾刍五法经》没有说到这二部而论，可见虽已久为佛教界所传诵，而在律学的传承中，显然地存有古说，不以这二部为"波罗提木叉经"。尤其是灭诤法，在《僧祇律》、《铜鍱律》、

---

① 《摩诃僧祇律》卷七（大正二二・二八九下——二九〇下）。

《四分律》、《五分律》、《根有律》，所有"经分别"或"波罗提木叉分别"中，都只列举七灭诤法的名目，而没有加以分别解说。七灭诤法的解说，都在"灭诤犍度"等中①。可见古代的持律者，虽将灭诤法编入"戒经"，而仍没有看作"波罗提木叉经"的。仅有《十诵律》，为七灭诤法作解说②，但又别立"净事法"（与各部广律相同）③；虽解说的次序多少不同，但显然是重复了。

　　现存不同诵本的"戒经"，分为八法。不定法与灭诤法，都已取得了一部的地位。在计算戒条时，也都计算在内。可见虽偶存古说，表示不同的意见，大体说来，都已承认为"戒经"的组成部分。佛教界公认的七百结集，传说在佛灭百年。此后不久，就开始部派的分立。这二部为各部派所公认，应于部派未分以前，七百结集时代，已被公认了。从原始的五部到八部；从对二部（不定与灭诤）有不同的意见，到公认为"波罗提木叉经"的部分；这一演进的历程，就是佛陀时代的原始结集，到王舍五百结集，到七百结集的过程。

　　《僧祇律》别立"法随顺法"为九法，又加波罗提木叉序，成"十部修多罗"④，那是部派分立以后的事。

----

①　《铜鍱律·小品》（南传四·一一五·一六〇）。《弥沙塞部和醯五分律》卷二三（大正二二·一五三下——一五六中）。《四分律》卷四七、四八（大正二二·九一三下——九二二下）。《摩诃僧祇律》卷一二、一三（大正二二·三二七上——三三五中）。

②　《十诵律》卷二〇（大正二三·一四一中——一四七中）。

③　《十诵律》卷三五（大正二三·二五一上——二五六中）。

④　《摩诃僧祇律》卷一四（大正二二·三三八下）。

第三节　戒经条文的多少与次第

第一项　条文的多少问题

　　"波罗提木叉经"——"戒经"八部的条文,各部所传的不同诵本,数目是有多少的;次第也或前或后,参差不一。现在依各部不同诵本的"戒经",略为论列。各部"戒经"的比对研究,经近代学者的努力,所有条目与次第的同异已明白地表示出来,予研究者以非常的便利。《律藏之研究》有极细密的逐项比对,可为参考①。各部"戒经"八部所有的条目,及其总数,先列举如下②:

	波罗夷	僧伽婆尸沙	不定	尼萨耆波逸提	波逸提	波罗提提舍尼	学	灭诤	(总计)
优波离问	4	13	·	30	92	4	72	·	215
僧祇戒本	4	13	2	30	92	4	66	7	218
铜鍱戒本	4	13	2	30	92	4	75	7	227
五分戒本	4	13	2	30	91	4	100	7	251
四分戒本	4	13	2	30	90	4	100	7	250

---

　　①　平川彰《律藏之研究》(四三一——四七二)。
　　②　《优波离问经》及《鼻奈耶》等,虽非"戒经",可以明确地考见戒条数目,也一并列出。

解脱戒经	4	13	2	30	90	4	96	7	246
十诵别本	4	13	2	30	90	4	108	7	258
十诵律本	4	13	2	30	90	4	107	7	257
十诵古本	4	13	2	30	90	4	107	7	
十诵戒本	4	13	2	30	90	4	113	7	263
十诵梵本	4	13	2	30	90	4	113	7	
鼻奈耶	4	13	2	30	90	4	113	7	
根有戒经	4	13	2	30	90	4	99	7	249
根有梵本	4	13	2	30	90	4	108	7	258
根有藏本	4	13	2	30	90	4	108	7	
名义大集	4	13	2	30	90	4	105	7	255

据上表,在"戒经"八部中,有六部是完全相同的(仅《优波离问经》少二部),共六十条,这就是:

四波罗夷

十三僧伽婆尸沙

二不定

三十尼萨耆波逸提

四波罗提提舍尼

七灭诤

波逸提与学——二部,各部"戒经"的条数不同。波逸提部,《优波离问经》、《僧祇戒本》、《铜鍱戒本》,同为九十二波逸提。《五分戒本》为九十一波逸提。《四分戒本》、《解脱戒经》、《十诵戒本》、《根有戒经》等,都是九十波逸提。但九十波逸提中,《解脱戒经》为一类;《四分戒本》、《十诵戒本》等为一类;《根有戒经》又为一类。各本的增减不同,仔细研究起来,主要

为各部的意解不同,引起的开合不一。如:

1."用虫水浇泥"、"饮用虫水",各本都以因缘不同,别制二戒。而《五分戒本》作:"知水有虫,若取浇泥,若饮食诸用,波逸提。"①《五分戒本》合二为一;然从内容来说,是没有缺减的。

2.《优波离问》、《僧祇戒本》、《铜鍱戒本》、《五分戒本》,都有"同意(羯磨)僧衣与人而后讥悔",及"知物施僧而回与余人"——二戒。《解脱戒本》仅有"知物施僧而回与余人"戒;《四分戒本》、《十诵戒本》、《根有戒经》、《鼻奈耶》等,仅有"同意僧物与人而后讥悔"戒。这里面,"以僧衣物与人",是同一事实。各部派取舍不同,形成三类。

3."与女人同坐(立)",各部"戒经"都有四戒,惟《解脱戒本》为三戒。这是各本最纷乱的部分,今据八本而为对比如下:

	铜鍱戒本	优波离问	五分戒本	四分戒本	十诵戒本	根有戒经	僧祇戒本	解脱戒经
共尼独在屏处坐	30	30	25	26	28	29	25	•
食家与女人坐	43	44	42	43	42	42	53	43
食家与女屏处坐	•	•	•	44	43	43	54	42
独与女人屏处坐	41	45	43	•	•	28	70	29
独与女人露处坐	45	31	44	45	29	•	•	•

在上表的比对中,可见《解脱戒经》以外的各本,都有"共尼独在屏处坐",及"与在家妇女坐"三戒,但取意不同。"食家(有酒食家,或解说可淫妇女家)与女屏处坐"、"独与女人屏处坐",

---

① 《弥沙塞五分戒本》(大正二二·一九七中)。

《僧祇戒本》与《根有戒经》是作为不同的二戒。《铜鍱戒本》、《五分戒本》、《优波离问经》，没有"食家与女屏处坐"，却有"独与女人屏处坐"。《四分戒本》与《十诵戒本》，没有"独与女人屏处坐"，却有"食家与女屏处坐"。这似乎本是一戒，所以出没不同。《僧祇戒本》与《根有戒经》作为不同的二戒，也就没有"独与女人露处坐"戒。所说虽有差别，而"与在家妇女坐"，共有三条戒，还是一样的。《解脱戒经》将"独与尼屏处坐"，合于"独与女人屏处坐"中。"女人"是可以总括出家女尼及在家女人的。都是女人，都是屏处坐，所犯的又都是波逸提。所以《解脱戒经》的九十波逸提，是开合不同，自成体系的。决非如或者所说，属于九十二波逸提系统，只是脱落了两条①。

4."自往尼住处教诫"，《四分戒本》等缺。"戒经"条文的意义不明，寻各部广律的内容，对列如下：

	铜鍱律	五分律	僧祇律	鼻奈耶	四分律	十诵律	根有律
非僧差教诫尼			21	21			
	21	21			21	21	21
（界外自差教尼）			(23)	·			
教诫尼至日暮	22	22	22	22	22	22	22
自往尼住处教诫	23	23	23	·	·	·	·

"非僧差教诫尼"、"自往尼住处教诫"，到底有什么差别？可能的差别有二：一、"非僧差教诫尼"，是半月半月请教诫时；

---

① 平川彰《律藏之研究》（四五九）。

"自往尼住处教诫",是平时。二、"非僧差教诫尼",是尼众到比丘住处来请教诫(这样,与下一条"教诫尼至日暮",尼众来不及回去的因缘相合);"自往尼住处教诫",是到尼寺中去。这二条戒的差别,《五分律》所说不大分明。这都不是僧伽推派的;不论是布萨日或平时,来受教或去教,都是一样。所以《四分戒本》等,都简化而合为一戒。《僧祇律》虽有"自往尼住处教诫",但因缘为"界外自差教尼"。这一因缘,《鼻奈耶》没有;其余上座部各律,都是附于"非僧差教诫尼"戒之下的。这样,《僧祇律》自成一系,与上座部派的三戒或二戒,共有三类不同。

第七部"学法",或作"众学法",意思为众多的学法。这是"应当学",与其他学处不同,条数似没有严格的规定,所以是条数出入最大的一部。众学法的条数多少,据各部广律,及不同诵本的"戒经",参照《律藏之研究》①,并为补充条理如下:

	衣着	入白衣舍·坐	受饮食·钵	说法	大小便	上树观望	塔·像	(合计)
僧祇戒本	2	21	24	16	3	·	·	66
优波离问	2	22	29	16	3	·	·	72
铜鍱戒本	2	24	30	16	3	·	·	75
四分戒本	2	25	23	20	3	1	26	100
解脱戒经	10	29	34	19	3	1	·	96
五分戒本	10	40	30	16	3	1	·	100

---

① 平川彰《律藏之研究》(四六七)。

根有藏本	10	29	39	26	3	1	·	108
根有梵本	10	29	39	26	3	1	·	108
十诵别本	10	46	27	21	3	1	·	108
名义大集	10	29	37	25	3	1	·	105
根有戒经	12	26	35	22	3	1	·	99
十诵古本	16	40	28	19	3	1	·	107
十诵律本	16	41	27	19	3	1	·	107
十诵戒本	16	45	27	21	3	1	·	113
十诵梵本	16	45	27	21	3	1	·	113
鼻奈耶	16	47	26	20	3	1	·	113

在这些不同的诵本中,《四分戒本》是最特殊的。由于法藏部的特重塔婆功德,所以增列二十六条[1]。否则,《四分戒本》的众学法与《铜鍱戒本》是大体相同的。说一切有部系统中,《根有戒经》的众学法,《律藏之研究》计算为九十九条[2]。然无论是广律、戒经,律的论书,都是或开或合,究竟有多少条,我是怎么也数不过来。这正好说明了,众学法的古型,与其余七部是不同的。众学法没有明确的定数,所以泛称为"众"。在诵本流传中,各有所重不同。《根有戒经》对于受用饮食,分别得较详细,与《解脱戒经》相近。《十诵戒本》等,对于入白衣舍,说得特别详细;《五分戒本》也有类似的倾向。或详于这些,或详于那些,都是部派分化以后,各部的所重不同。众学法条数的多少,并不能决定"戒经"的旧有或新起。总之,众多学法,为比丘众日常

---

[1]　《善见律毗婆沙》卷一六说:"佛在世,未有塔。此戒佛在世制,是故无'着革屣入佛塔'。……此上二十戒,梵本无有,如来在世,塔无佛故。"(大正二四·七八七上——中)

[2]　平川彰《律藏之研究》(四三四、四六七)。

外出应供，及为信众说法所有的威仪（上树观望，也与外出有关）。制立学处以前，早已形成比丘众的威仪法式。僧伽的习惯法，在半月半月说波罗提木叉中，组为第五部，本没有明确的条数。如着重威仪的大纲：衣、食、行来出入等，各部"戒经"是终归一致的。除《四分戒本》的塔婆、佛像事与众本不同外，所差仅"上树"一则而已。

"波罗提木叉经"——"戒经"，是半月半月诵说的。印度人特重口授；对于半月半月诵说的"戒经"，更重于口授；在以文字记录以后，也还是重于口诵①。部派那么多，流行的区域那么广，时间又那么久，而"波罗提木叉经"的传诵，实际上只差三条——波逸提二条，众学法一条。这是不能不钦佩佛教的大德们，对于"波罗提木叉经"的尊重，及忆持力的坚强②！

第二项　条文的先后次第

条文的先后次第，《律藏之研究》作了逐部的对比③，可为参考。说到次第，是结集者的工作，编成次第，与佛的制立无关。编为次第，目的在便于持诵。事义相类的集在一起，分为先后，诵持起来，要容易记忆得多。然随类而编为次第，本不是非此不可的。何况最初编次，每不免有点杂乱。所以在部派传诵中，如

---

① 法显于西元五世纪初西游，"本求戒律，而北天竺诸国，皆师师口传，无本可写"。见《高僧法显传》（大正五一·八六四中）。

② 道安命慧常删略戒经，"常乃避席，谓大不宜尔。……戒乃径广长舌相，三达心制，八辈圣士，珍之宝之，师师相付。一言乖本，有逐无赦。外国持律，其事实尔"。在佛教的圣典中，这是最严格持诵的一部。慧常所说，见《出三藏记集》卷一一（大正五〇·八〇中）。

③ 平川彰《律藏之研究》（四四三——四七二）。

认为编在哪里要容易记忆,就不妨编在哪里。各部派的诵本,都不免有些移动次第的,以实际上能便于忆持就是了。在这一意义上,次第先后,即使有旧本与新编的差异,也是无关于是非的。然取不同诵本而为之比较,从次第先后中,发见不同部派间的共同性,对于"波罗提木叉经"的演变情形,是能有助于理解的。古德的结集经、律,随部类而编为次第,每十事(不足十事或多一二事,例外)结为一颂,这也是为了便于记忆①。在十事一偈中,传诵久了,先后或不免移动,但为结颂所限,不会移到别一颂去。如移编到别一偈,那一定是有意的改编,结颂也就要改变了。偈与偈,在传诵中也可能倒乱的。但不倒则已,一倒乱就十事都移动了。对条文的次第先后,应注意这些实际问题!"戒经"八部中,尼萨耆波逸提、波逸提的戒条最多(学法本没有一定数目,不必研究)。从次第先后去研究时,首应注意十事为一偈的意义。同属于一偈(如从一———〇,从一一——二〇),次第虽有先后差别,仍不妨看作大致相同。这样地去理解,部派间的关系更会明白地显示出来。

尼萨耆波逸提,凡三十事。以十事为一偈,分三部分去观察,各部"戒经"的移动,都在自偈以内。《五分戒本》,比起其他的"戒经"来,以第三偈为第二,以第二偈为第三;这也只是在传诵中,偈与偈的次第倒乱而已。尼萨耆波逸提的分为三部,是一切"戒经"所同的。

波逸提,如上文所说,有九十二、九十一、九十——三类;而

———————

① 《铜鍱律》、《根本说一切有部毗奈耶》,每部都有摄颂。《摩诃僧祇律》波逸提法,也有摄颂。

九十波逸提说中,也有三类。如分为九偈去观察,第二偈、第三偈、第四偈,在波逸提全部中,可说是最稳定的部分(第一偈有二条移到别偈去)。现在以八种"戒经",比对其次第先后;分九偈去观察,次第先后的同异也大致可见了!

	优波离问	僧祇戒本	十诵诸本	根有诸本	解脱戒经	铜鍱戒本	四分戒本	五分戒本
妄语	1	1	1	1	1	1	1	1
毁訾语	2	2	2	2	3	2	2	2
两舌	3	3	3	3	2	3	3	3
发诤	4	4	4	4	4	63	66	5
与女人说法过限	5	5	5	5	5	7	9	4
与未受具人同诵	6	6	6	6	6	4	6	6
向未受具人说得过人法	7	7	7	7	7	8	8	8
非受具人说粗罪	8	8	8	7	8	9	7	9
同羯磨后讥悔	9	9	9	9	·	81	74	80
回与僧物	10	91	·	·	9	82	·	91
毁毗尼	11	10	10	10	10	72	72	10
※			※			※		
伐草木	12	11	11	11	11	11	11	11
嫌骂僧知事	13	13	12	12	12	13	13	13
异语恼僧	14	12	13	13	13	12	12	12
露地敷僧物	15	14	14	14	14	14	14	14
舍内敷僧物	16	12	15	15	15	15	15	15
牵他出房外	17	16	16	16	17	17	17	16
强敷卧具	18	17	17	17	16	16	16	17
坐脱床脚	19	18	18	18	18	18	18	18

用虫水	20	19	19	19	19	20	19	20
覆屋过限	21	20	20	20	20	19	20	19
	※		※			※		
非选而教尼	22	21	21	21	21	21	21	21
与尼说法至日暮	23	22	22	22	22	22	22	22
往尼住处教诫	24	23	·	·	23	23	·	23
讥教比丘尼	25	24	23	23	24	24	23	24
与尼期行	26	26	24	26	27	27	27	28
与尼同船	27	27	25	27	28	28	28	29
非亲尼与衣	28	28	26	24	25	25	24	26
与非亲尼作衣	29	29	27	25	26	26	25	27
独与尼屏处坐	30	25	28	29	·	30	26	25
独与女人(露或屏处)坐	31	70	29	28	29	45	45	44
食尼叹食	32	30	30	30	30	29	29	30
	※		※			※		
展转食	33	32	31	31	31	33	32	31
施一食处过限	34	31	32	32	32	31	31	33
受二三钵食	35	38	33	33	33	34	34	34
足食	36	33	34	34	34	35	35	35
劝足食	37	34	35	35	35	36	36	36
别众食	38	40	36	36	36	32	32	32
非时食	39	36	37	37	37	37	37	38
食残宿食	40	37	38	38	38	38	38	39
不受食	41	35	39	39	39	40	39	37
索美食	42	39	40	40	40	39	40	41
	※		※			※		
饮虫水	43	51	41	41	41	62	62	·
食家强坐	44	53	42	42	43	43	43	42
屏处与女人坐	45	54	43	42	42	44	44	43

与外道女食	46	52	44	44	44	41	41	40
观军	47	55	45	45	45	48	48	45
宿军中过限	48	56	46	46	46	49	49	46
观合战	49	57	47	47	47	50	50	47
嗔打比丘	50	58	48	48	48	74	78	71
搏比丘	51	59	49	49	49	75	79	72
覆他粗罪	52	60	50	50	50	64	64	74
※		※		※				
驱出他村落	53	44	51	51	52	42	46	76
露地燃火	54	41	52	52	53	56	57	68
与欲后悔	55	43	53	53	51	79	76	79
与未受具人同宿	56	42	54	54	54	5	5	7
恶见违谏	57	45	55	55	55	68	68	48
与被举人共住	58	46	56	56	56	69	69	49
与摈沙弥共住	59	47	57	57	57	70	70	50
捉宝	60	49	58	58	58	84	82	69
不坏色	61	48	59	59	68	58	60	77
半月浴过	62	50	60	60	70	57	56	70
※		※		※				
夺畜生命	63	61	61	61	61	61	61	51
疑恼比丘	64	62	62	62	62	77	63	52
击攊	65	67	63	63	63	52	53	54
水中戏	66	66	64	64	64	53	52	55
与女人共宿	67	69	65	65	65	6	4	56
怖比丘	68	65	66	66	66	55	55	73
藏他衣钵	69	64	67	67	67	60	58	78
净施衣不语取	70	63	68	68	59	59	59	81
无根僧残谤	71	90	69	69	58	76	80	75
与贼期行	72	72	71	71	71	66	67	66

	※		※			※		
与女人期行	73	68	70	70	60	57	30	57
未成年者授具足	74	71	72	72	72	65	65	61
掘地	75	73	73	73	74	10	10	59
过受四月药请	76	74	74	74	73	47	47	62
拒劝学	77	75	75	75	75	71	71	63
屏听四诤	78	78	76	76	76	78	77	60
不与欲	79	79	77	77	77	80	75	53
不受谏	80	77	78	78	78	54	54	58
饮酒	81	76	79	79	79	51	51	57
非时入村落	82	80	80	80	80	85	83	83

	※		※			※		
不嘱同利入村落	83	81	81	81	81	46	42	82
突入王宫	84	82	82	82	82	83	81	65
无知毗尼	85	92	83	83	83	73	73	64
骨牙针筒	86	83	84	84	84	86	86	86
过量床足	87	84	85	85	85	87	84	85
贮绵床褥	88	85	86	86	86	88	85	84
过量雨浴衣	89	88	87	89	89	91	89	89
过量覆疮衣	90	87	88	88	88	90	80	88
过量坐具	91	86	89	87	87	89	87	87
与佛等量作衣	92	89	90	90	90	92	90	90

在上表中，"十诵诸本"是《十诵戒本》、《十诵律本》、《十诵古本》、《十诵别本》、《十诵梵本》及《鼻奈耶》。"根有诸本"是《根有戒经》、《根有梵本》、《根有藏本》及《翻译名义大集》。这二大类，各本内部也有好几处先后不同，但都不出于同一偈内，所以简化而总为二类。

1. 从上表的对照中，首先看出：说一切有部本——"十诵诸本"与"根有诸本"，在波逸提的次第中，与饮光部的《解脱戒经》，不但偈与偈完全相同，次第也最为接近。除条文内容不同外（如上项所说），例外的不同，是五八、五九、六〇——三条，与六八、六九、七〇——三条，互相移动了一下。虽从第六偈移到七偈，而列于偈末三条，地位还是一样。说一切有部本，与《僧祇戒本》、《优波离问经》，这三条的次第是相同的，所以这是《解脱戒经》的移动。饮光部属于分别说部系统，而思想折衷于说一切有部。"戒经"同于说一切有部，难怪传说为说一切有部的支派了①。

2.《僧祇戒本》，大众部的"戒经"。《优波离问经》虽为九十二波逸提，但与说一切有部的诸"戒经"，次第非常相合，可能为分别说部分离以后的上座部"戒经"原型。试分九偈来考察：《优波离问经》第一偈（一——一一），应为十一事。说一切有部各本，有"同（意）羯磨后悔"戒，没有"回僧物与人"戒；《解脱戒经》有"回僧物与人"戒，却没有"同羯磨后悔"戒，所以都为十事。《僧祇戒本》移"回僧物与人"于第九偈（九一），其余相同，所以也是十事。第二偈（一二——二一），与说一切有部本，《僧祇戒本》，《解脱戒经》——（一一——二〇）相同。第三偈（二二——三二）也应为十一事。在这一偈中，说一切有部本没有"往尼住处教诫"戒（合于"非选而教诫尼"中），《解脱戒经》没有"独与尼屏处坐"戒（合于"独与女人坐"中），所以都为十事。

----

① 《异部宗轮论》（大正四九·一五中）。《岛史》（南传六〇·三五）。

《僧祇戒本》将"独与女人坐"戒移到第七偈（七〇），所以也还是十事。《铜鍱戒本》与《四分戒本》，第三偈也相同，但将"独与女人坐"戒移到第五偈去。《僧祇戒本》等都是十事，显然是依《优波离问经》为底本，而或减或移，成为不同的诵本。四、五、六——三偈（三三——六二），与《僧祇戒本》、《解脱戒经》，说一切有部各本，可说都是相合的。只是《僧祇戒本》以五偈为六偈，以六偈为五偈，次第颠倒了一下。第七偈（六三——七二）小有出入。《优波离问经》先出"与贼期行"戒，而后"与女人期行"戒；"与女人期行"，属于下一偈。而《僧祇戒本》、《解脱戒经》，说一切有部诸本，相反的"与女人期行"戒在前，而"与贼期行"戒属于下一偈（《铜鍱戒经》与《五分戒本》，这二条戒的次第与《优波离问经》相同）。此外，《僧祇戒本》，从前第三偈移来的"独与女人坐"戒，为第七〇戒；因而将本偈的"无根僧残谤"戒移到第九偈去，仍为十事。第八偈（七三——八二）除"与女人期行"戒，列于偈初（不同处如上说）外，一切都相合。第九偈（八三——九二），《僧祇戒本》不同，因为从上面移来的"回僧物与人"戒，及"无根僧残谤"戒，增入第九偈中，所以《僧祇戒本》的九偈，共有十二事。从上来的比对说明，《优波离问经》，显然的更为古老（波逸提部分）！如第一偈与第三偈，都是十一事。而《解脱戒经》及说一切有部本，虽所减略的不同，而同样的略去一戒。《僧祇戒本》没有减略，却各移一戒到后面去。于是《僧祇戒本》等，这二偈都是十事（《铜鍱戒本》的第三偈，也是这样）。如不以《优波离问经》为底本，那么移动或减略，都不可能如此的巧合。又如五、六——两偈，《僧祇戒本》移动了，而《优波离问经》、《解脱戒经》与说一切有部本相合。《优波离问经》九十二波逸提为古本;《僧祇戒本》虽同列九十二,而已有移动。《解脱戒经》与说一切有部诸本,已减略为九十波逸提。虽有九十二与九十的差别,但在次第先后的意义上,这都是维持古传的同一系统。

3.《铜鍱戒本》九十二波逸提,《四分戒本》九十波逸提,但在次第先后中,这是属于同一系统的。二本的主要不同为:《铜鍱戒本》第三偈(二一——三〇),《四分戒本》省略"往尼住处教诫"戒,而移第七偈的"与女人期行"戒来补足第三偈,又移第八偈的"疑恼比丘"戒来补足第七偈。《铜鍱戒本》第八偈,凡十二事(七一——八二)。《四分戒本》既移去了"疑恼比丘"戒,又省略了"回僧物与人"戒。这样,《四分戒本》的第八偈,除去二事,仍为十事。《铜鍱戒本》与《四分戒本》,在次第先后的整理上,比《优波离问经》、《僧祇戒本》等一大系统,确有长处! 如以"掘地"戒及"坏生"戒为次第;"拒劝学"戒、"毁毗尼"戒、"无知毗尼"戒——三戒自为次第,都事义相类,便于记忆。尤其是以"女人共宿"戒,与"与女人说法过限"戒为次第,比起《优波离问经》等,以"与女人共宿"戒,列于"水中戏"戒、"怖比丘"戒的中间,要合理得多!《优波离问经》等,代表较古型的编次;早期的编次,还不免带点杂乱。这一系统,是大众部、分别说部的饮光部、说一切有部所同用的。重律的铜鍱部、法藏部,更作合理的编次。这虽是稍迟的,但无关于内容的是非。在次第先后上,这是较为完善的。

4.《五分戒本》的次第,出入于《优波离问经》、《僧祇戒本》、

《铜鍱戒本》，而又有独立的编次部分。分别说部是重律的学派，《铜鍱戒本》、《五分戒本》、《四分戒本》，于波逸提的次第先后，都是下过一番功力的！

第四节　戒经的集成与分流

"波罗提木叉经"——"戒经"的结集完成，到部派不同诵本的分化，经上面的分别论证，已可从开展的过程中，作进一步的明确的推定。

"戒经"的集成，是与佛的制立"布萨"，"说波罗提木叉"有关。起初，佛为比丘众制立布萨，是以略说教诫为布萨的，也就是"偈布萨"。后来，出家弟子而有所违犯的，佛随犯而制立学处，传布学习。等到制立的学处多了，布萨制渐发展为大众和合清净，诵说以学处为内容的波罗提木叉。声闻弟子，和合清净，一心诵出这样的波罗提木叉，也就有"波罗提木叉经"的成立。据"五修多罗"或"五缄经"，"五种说波罗提木叉"的古说，推知"波罗提木叉经"的最初集成，是分为五部（经）的：波罗夷法、僧伽婆尸沙法、波逸提法、波罗提提舍尼法、学法。学法是僧伽的威仪部分，早已形成一定的威仪法式，为比丘众应学的一部分。学处的制立，还在进行中。最初集成的"戒经"共有多少条款，是无法确定的。但分为五部；戒分五篇，永为律家的定论（与律有关的法数，也都是以"五"为数的）。

一项古老的传说，受到近代学界注意的，是"一百五十余学处"说。如《瑜伽师地论》卷八五（大正三〇·七七二下）说：

　　"别解脱契经者,谓于是中,依五犯聚及出五犯聚,说过一百五十学处,为令自爱诸善男子精勤修学。"

　　这一古说,也见于《阿毗达磨大毗婆沙论》,如卷四六(大正二七·二三八上)说:

　　"佛栗氏子,如来在世,于佛法出家,是时已制过二百五十学处,于半月夜,说别解脱经。"

　　《大正藏》依《丽藏》本,作"过二百五十学处";然宋、元、明本,都作"过百五十学处"①,与同为玄奘所译的《瑜伽师地论》相合。与佛栗子有关的经文,见于《增支部·三集》,作"百五十余学处"②。另外还有说到"百五十余学处"的三则经文③。与《增支部》经说相当的汉译,是《杂阿含经》,但作"过二百五十戒"④。《阿毗达磨大毗婆沙论》,属说一切有部。《瑜伽师地论》所说,是五分中的"摄事分",是声闻经律的"摩呾理迦"。所依的契经,与说一切有部所传的《杂阿含经》相同⑤。所依的《别解脱经》,也应属说一切有部。汉译《杂阿含经》是说一切有部的诵本,应与《瑜伽师地论》说一样,同为"过百五十戒"。而现存经本作"过二百五十戒",可断为依熟习的"二百五十戒"说而改定的。

---

　　①　《阿毗达磨大毗婆沙论》卷四六(大正二七·二三八注①)。
　　②　《增支部·三集》(南传一七·三七七)。
　　③　《增支部·三集》(南传一七·三七九——三八四)。
　　④　《杂阿含经》卷二九(大正二·二一〇中——二一一上、二一二下)。
　　⑤　吕澂《杂阿含经刊定记》之"附论杂阿含经本母"所说(《内学》第一辑二三三——二四一)。

南北共传的，"百五十余学处"的《别解脱经》——"戒经"，为古代某一时期的历史事实，是不容怀疑的。然而"百五十余学处"，到底是什么意义？现存各部不同诵本的"戒经"，虽条数多少不一，而主要为"学法"的多少不同。如将"学法"除去，就是一五二，或一五一，或一五〇学处，相差仅二条而已。因此，B. C. Law 以为：第一结集所结集的"戒经"，是没有众学法的，恰好为"百五十二学处"；这当然是继承"铜鍱部"学者的解说①。W. Pachow 以为："百五十余学处"的余，是"百五十学处"以外的，指众学法而说。这二项解说，可代表一般的意见②。然从上来的论证中，对于这种解说，觉得有考虑的余地。以 B. C. Law 的意见来说，"戒经"曾有"百五十余学处"时期，但这并不能证明为第一结集。"波罗提木叉经"——"戒经"的类集，源于佛陀时代，说波罗提木叉制的确立。结集是佛灭以后，佛弟子的共同审定编次。而结集以前，学处是成文法；佛弟子中的持律者，编类以供说波罗提木叉的实用。"过百五十学处"，为什么不说是佛陀时代呢！而且，"戒经"的最初编类，是五部，已有学法在内。《瑜伽师地论》说："依五犯聚及出五犯聚，说过一百五十学处。""学法"（约犯，名突吉罗或越毗尼）为五聚之一，为什么"百五十余学处"的原始"戒经"，没有学法呢？上面曾说到：不定法是补充条款，灭净法是附录的处事法规。这二部都是附录性质，一直到部派时代，还有不计算在戒条以内的。所以，以现存的"戒经"八篇为据，除"学法"而取以外的（不定法及灭净法

---

① 平川彰《律藏之研究》引觉音所说（四七九）。
② 平川彰《律藏之研究》所引（四七九——四八一）。

在内的)"百五十余学处",是不大妥当的! 至于 W. Pachow 的解说,也是以学法以外的七篇为"过百五十戒",同样难以采信。

说波罗提木叉,"过百五十学处",有学法而没有不定法与灭净法,分为五部,这是佛陀晚年,"波罗提木叉戒经"的实际情形。学处的制立还在进行中。波逸提法,甚至僧伽婆尸沙法,也都还没有完成(其实无所谓完成,只是以佛的涅槃为止而已)。这是佛陀在世的时代。

佛灭后,举行第一次结集。"波罗提木叉经"的结集论定,当然是首要部分。在组织方面,仍以五部(波逸提内分舍堕与单堕二类,实为六部)来统摄。二不定法与七灭净法,从部派时代,大都认为"戒经"的组成部分来说,应已附录于"戒经"。最迟到七百结集时代,"戒经"八篇的组织已为多数所承认了。这就是未来一切部派"戒经"的原本,全经约二〇〇戒左右。这一古本,现在并没有存在,但从仅有的古说中可以理解出来。如《佛说苾刍五法经》(大正二四·九五五下)说:

> "四波罗夷法……十三僧伽婆尸沙法……三十舍堕波逸提法……九十二波逸提法……各四说……五十戒法。"

《佛说苾刍五法经》是赵宋法贤(Dharmabhadra)所译。译出的时代虽迟(法贤于西元九七三———一〇〇一年在中国),而传说却是古老的。九二波逸提说;没有不定法与灭净法,都与《优波离问经》相同。所说的"各四说",应该是"四各说",就是"四波罗提提舍尼"。"五十戒法",是五十学法的异译。这是众多学法中,分类最少的了。六部合计,共一九三戒。如将终于成

为"戒经"组成部分的二不定法、七灭诤法,加入计算,那就共有
二〇二戒。这一古说,又可从《律二十二明了论》得到证明。
《律二十二明了论》是正量部的律论。正量部从犊子部分出,为
犊子部的大系;与说一切有部,同从(先)上座部分出,被称为四
大根本部派之一,教势极为隆盛。《论》中明五部罪(大正二
四·六六六中)说:

> "律中说罪有五部:第一波罗夷部,有十六罪。第二僧
> 伽胝施沙部,有五十二罪。第三波罗逸尼柯部,有三百六十
> 罪。第四波胝提舍尼部,有十二罪。非四部所摄所余诸罪,
> 共学对(学法的异译),及婆薮斗律所说罪,一切皆是第五
> 独柯多部摄。"

律论所说第五独柯多部(突吉罗的别译),戒数多少不明。
其他四部,西本龙山氏在《国译律二十二明了论》注,解说为:四
波罗夷,十三僧伽胝施沙,三十及九十——一百二十波逸尼柯,
四波胝提舍尼,所有根本罪及方便罪的分别,所说极为正确[1]!
《论》中曾分明说到"二不定"、"九十波罗逸尼柯"[2];"七种依寂
静所灭",就是七灭诤法[3]。所以在全经八篇中,《律二十二明了
论》所没有明说的,只是"学对"——学法而已。《论》(大正二
四·六六六上)又说到:

> "如来所立戒,有四百二十。于婆薮斗律,有二百戒。

---

[1]　西本龙山所说,见平川彰《原始佛教之研究》(二三四)。
[2]　《律二十二明了论》(大正二四·六六六下)。
[3]　《律二十二明了论》(大正二四·六七一中)。

于优波提舍律,有一百二十一戒。于比丘尼律,有九十九戒。"

《论》分如来制戒为三类,共"四百二十戒"。论文简略,意义不明。经审细研究,才知道这三大类,为律藏的早期组织分类(如第六章说)。1."比丘尼律",是比丘尼的不共戒。除与比丘戒共同的而外,比丘尼有九十九不共戒;比现存各部的"比丘尼戒经",戒条要少得多。现存的"比丘尼戒经",最少为《僧祇律》,比丘尼不共戒,也有一〇七条。《五分比丘尼戒本》,不共戒多达一九五戒。正量部所传的九十九戒,显然是最简的、更古的传承了。2.婆薮斗律:婆薮斗,是 Vastu 的音译,意译为"事"。《铜鍱律》的"犍度"部分,在根本说一切有部中,是称为"事"的,共有十七事。正量部的婆薮斗律,虽不知分为多少事,但与犍度部分相当,是决定无疑的。3.优波提舍律:优波提舍(upadeśa),译为"广说"、"广演之教",这是"十二部经"中的"论议"。然优波提舍的本义,是共同论议。各部派的经与律①,都说到四优波提舍。这是对于自称从佛所传,从某寺院所传,多数大德所传,某一知名大德所传的法与毗尼,不能轻率地信受或拒斥,而应集多数人来共同论究,决定它是否佛法。说一切有部分为二类,就是"摩诃优波提舍"、"迦卢优波提舍",或译为"大白说"、"黑

① 《增支部·四集》(南传一八·二九三——二九七)。《长部·大般涅槃经》(南传七·九九——一〇二)。《长阿含经》卷三"游行经"(大正一·一七中——一八上)。《十诵律》卷五六(大正二三·四一四上——中)。《根本说一切有部毗奈耶杂事》卷三七(大正二四·三八九中——三九〇中)。《毗尼母经》卷四(大正二四·八一九下——八二〇上)。

说”。优波提舍，实为古代对于所传的法与毗尼，所有共同审定的结集论义（论定是否佛说，为结集的主要工作之一）。所以优波提舍律，是结集所出的律，就是"波罗提木叉经"——"戒经"；"戒经"是被称为"佛说"的①。佛所制立的戒法，略有二类：一、成文法，就是学处（集成"波罗提木叉经"，以比丘为主，别出比丘尼的不共戒）。这在佛世，就有一定的文句，经共同审定编次，展转传诵下来的。二、不成文法，如出家受具足（pravrajyā-upasaṃpadā）、布萨（poṣadha）、安居（varṣā）等种种规定，都习惯地实行于僧伽内部，后来才渐次编集，集为犍度等。所以《律二十二明了论》的三类律，就是"波罗提木叉经"（及"经分别"）、事律、比丘尼律。对于这三大律，《论》说："于婆薮斗律，有二百戒；于优波提舍律，有一百二十一戒。"我认为译文（或所传）有错失，应改正为：

> "于优波提舍律，有二百戒。于婆薮斗律，有一百二十一戒。"

这是依义改定，并无古本及其他传说为据。这样改正的理由是：婆薮斗律有多少戒，并没有知道，也无可考证，当然不能说不是"二百戒"。然经优波提舍——共同论决而来的戒——"波罗提木叉经"，是不可能为"一百二十一戒"的。同时，如以优波提舍律为"二百戒"，比对《佛说苾刍五法经》的古说，恰好相合。

---

① "佛说广释并诸事，尼陀那及目得迦"等颂，出《根本萨婆多部律摄》（大正二四·五二五上）。"佛说"，指"波罗提木叉经"。"广释"是"波罗提木叉分别"——"广毗奈耶"。"诸事"是十七事。

"二百戒"为：

四波罗夷

十三僧伽胝施沙

二不定

三十尼萨耆波罗逸尼柯

九十波罗逸尼柯

四波胝提舍尼

五十学对（比定）

七依寂静毗尼

《佛说苾刍五法经》为一九三戒。如加上二不定与七灭净，共二〇二戒。正量部用九十波逸提说，除去二戒，就恰好为"二百戒"。以比丘尼九十九不共戒而说，正量部传承的律学是古型的。推定"学对"为五十，与《佛说苾刍五法经》相同，共为二〇〇戒。我相信，"二百戒"应为优波提舍律，而非婆薮斗律；这应是"二百戒"的最好说明了。

佛灭后的最初结集，"波罗提木叉经"为一九三戒；二不定与七灭净，是附录而非主体。传诵久了，被认为"戒经"的组成部分，就是二〇二戒。这一古传的"戒经"，就是僧伽和合时代，被称为原始佛教的古"戒经"，为未来一切部派不同诵本的根源。

到阿育王时代（西元前二七〇年顷登位），佛教已有三大部的存在：大众部；从上座部分出的分别说部；分别说部分离以后的（先）上座部（说一切有部与犊子部，从此分流而出）。现存的《僧祇戒本》、《铜鍱戒本》、《优波离问经》，可代表这三大部的

"波罗提木叉"。《僧祇戒本》是大众部。《铜鍱戒本》为铜鍱部,是分别说部中最能保存古义的一派,所以每自称分别说部。《优波离问经》,如上文所说,波逸提法的第一偈(——一一)、第三偈(二一——三二),为《僧祇戒本》、《解脱戒经》,说一切有部"戒本"所依据,而各各自为改定(《铜鍱戒本》第三偈,也依之而有所移动)。在次第方面,与三本都相近。尤其是尼萨耆波逸提的次第,与《十诵戒本》完全相合;《解脱戒经》也相近;《僧祇戒本》要远一些:所以这是古本而属于上座部的。大众部与上座部初分,依据原始的"戒经",次第当然差不多。所以《铜鍱戒本》,一定是重为厘定次第,成一次第更完善的诵本。《优波离问经》,没有二不定与七灭诤,更近于古型。这是着重波罗提木叉的实体;在实用的布萨仪轨中,应有这二篇在内。这三部,都是九十二波逸提;众学法虽分别渐详,但都没有"上树观望"一条。这三部,还是部派初分,大体从同的阶段。《优波离问经》,众学法七十二,总共为二一五戒。如将终于成为"戒经"组成部分——二不定与七灭诤,加入计算,就有二二四戒。《僧祇戒本》众学法六十六,共二一八戒。《铜鍱戒本》的学法,凡七十五,共二二七戒。那一时代的"波罗提木叉经"——"戒经",全部约为二二〇戒左右。

传说佛灭三百年初,到三百年末,部派一再分化[①]。从先上座部,分出说一切有部及犊子部。属于分别说部系的化地部、法藏部、饮光部,也先后成立。现存不同部派的不同诵本,除上三

---

① 《异部宗轮论》(大正四九·一五中)。

本外,都应成立于这一时代,随部派的成立而成立。这是依佛"百十六年",阿育王登位而计算的;如据此而换算年代,约为西元前二○○——一○○年。这一时代的"戒经",一般的特色是:波逸提法,自九十二而倾向简化,成九十一或九十。九十波逸提,更为普遍,为说一切有部、法藏部、饮光部、正量部等所通用。众学法的分别,更为详细。惟一例外的,是犊子部系的正量部,虽采用当代流行的九十波逸提说,而众学法部分,维持古传的"五十学法"。当时的"戒经",《四分戒本》的众学法一○○,全部共二五○戒。《五分戒本》,众学法也是一○○,共二五一戒。《解脱戒经》的学法,凡九十六,全部共二四六戒。说一切有部,"戒本"众多,但本是一部。姑取《根有戒经》众学法九十九说,全部共二四九戒。一般传说的"二百五十戒",只是略举大数,为这一时代(西元前一五○年前后)"波罗提木叉经"条数的公论。

说一切有部,源出于摩偷罗。最初的"戒经",当然只有一部。如以尼萨耆波逸提、波逸提的次第更近于《优波离问经》来说,原本是更近于《十诵》的。后来发展于北印度、西域,教区最广,所以众学法的数目更多,而又极不一致。这都是以后的滋衍、分化,不能据此而论断为说一切有部的"戒经"为后出。实际上,众学法的条目,是从来没有一致的。

"波罗提木叉经",到部派一再分化时,在"二百五十戒"左右。《四分戒本》依《铜鍱戒本》而改组,增列塔事而大异。说一切有部的"戒本",是依《优波离问经》而改定的;《解脱戒经》也属于这一系。《五分戒本》,折衷于《优波离问经》、《僧祇戒本》、《铜鍱戒本》，自成体系。波逸提法的九十二与九十，为先后的不同阶段，切勿看作不同部派的不同系统。

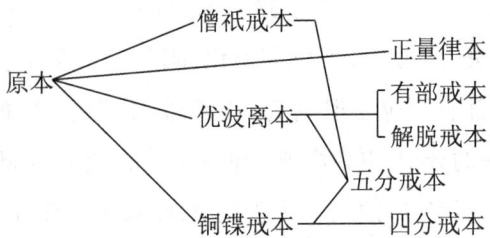

```
                  僧祇戒本
                              正量律本
原本                          有部戒本
                  优波离本      解脱戒本
                              五分戒本
                  铜鍱戒本      四分戒本
```

　　总结地说：佛陀在世，"波罗提木叉"集为五部。学处还在制立的过程中，传有"百五十余学处"的古说。僧伽和合一味时代，"戒经"结集为五部（内实六部），附录二部，凡一九三戒。最后形成八部，二〇二戒。部派分立以后，"戒经"也分化，初约二二〇戒左右，后以二五〇戒左右为准。部派分立，戒条的数目增多。其实，只是波逸提法有两条之差，而且是简略，不是增多。学法也只增上树（或加塔像事）一条而已。实质的变化，可说是极少的。这是"波罗提木叉经"——"戒经"的结集完成，部派分化的情况。

第四章　波罗提木叉分别

第一节　波罗提木叉分别与毗尼

《铜鍱律》的"经分别",是"波罗提木叉经"——"戒经"的分别广说,为"律藏"的重要部分。"戒经"的结集完成,分化为不同诵本,已如上一章所说;现在进一步的,对"戒经"的分别广说部分,论究其集成的过程。

《铜鍱律》的"经分别",有二大部分:一、比丘"戒经"的分别广说;二、比丘尼"戒经"的分别广说。这二大部分,现存的各部广律,标题极不一致,如:

1.《铜鍱律》的二部分,名"大分别","比丘尼分别"。古代的律藏,以比丘律为主;比丘尼律本为附属的部分。所以比丘部分,每不加简别。如比丘的"波罗提木叉经",直称为"波罗提木叉";比丘的"经分别",直称为"大分别",或"波罗提木叉分别"。比丘尼部分,才加以简别,称为"比丘尼波罗提木叉"、"比丘尼分别",或"比丘尼波罗提木叉分别"(这些名称,如下文所引述)。《铜鍱律》的"经分别",在日译的《南传大藏经》中,"大分别”为卷一及卷二（一——一三六），“比丘尼分别”为卷二（一三七——五六五）。

2.《五分律》的二部，即第一分与第二分。比丘部分，从卷一到卷一〇（大正二二·一上——七七中）。有波罗夷等别题，没有总题。比丘尼部分，总标“尼律”①，从卷一一到一四（大正二二·七七中——一〇一上）。

3.《四分律》的二部，即第一分与第二分，都没有总题。比丘部分，从卷一到二一（大正二二·五六八上——七一三下）。比丘尼部分，从卷二二到三〇（大正二二·七一四上——七七八中）。

4.《僧祇律》的二部，前后不相连续。比丘部分，没有总标，从卷一到二二（大正二二·二二七上——四一二中），末作“波罗提木叉分别竟”②。比丘尼部分，总标“比丘尼毗尼”，从卷三六到四〇（大正二二·五一四上——五四八上），末作“比丘尼毗尼竟”③。“波罗提木叉分别”与“比丘尼毗尼”，为这二部分的名称。

5.《十诵律》的二部，也是间隔而不相连续的。比丘部分（前三诵），没有总题，从卷一到卷二〇（大正二三·一上——一四七中）。比丘尼部分（第七诵），卷初总标“尼律”④，与《五分律》、《僧祇律》相同，从卷四二到四七（大正二三·三〇二

---

① 《弥沙塞部和醯五分律》卷一一（大正二二·七七中）。
② 《摩诃僧祇律》卷二二（大正二二·四一二中）。
③ 《摩诃僧祇律》卷四〇（大正二二·五四八上）。
④ 《十诵律》卷四二（大正二三·三〇二下）。

下——三四六上）。

6.《根有律》，分译为二部。比丘部分，名《根本说一切有部毗奈耶》，共五〇卷（大正二三·六二七上——九〇五上）。比丘尼部分，名《根本说一切有部苾刍尼毗奈耶》，共二〇卷（大正二三·九〇七上——一〇二〇中）。西藏的译本，作Ḥdul-ba-rnam-par-ḥbyed-pa（Vinaya-vibhaṅga），Dge-sloṅ-maḥi ḥdul-ba rnam-par-ḥbyed-pa（Bhikṣuṇī-vinaya-vibhaṅga），就是"毗尼分别"、"比丘尼毗尼分别"。

《铜鍱律》的"经分别"，在其他的五部广律中，是称为"波罗提木叉分别"，或"毗尼（毗奈耶）分别"，也有但称为"毗尼"（律）的。"经分别"是"波罗提木叉经"的分别广释。"波罗提木叉经"，《铜鍱律》直称为（比丘）"波罗提木叉"；所以《铜鍱律》称"经分别"，《僧祇律》称为"波罗提木叉分别"，原是一样的。在"律藏"中，惟有"波罗提木叉"被称为经；顾名思义，不会引起误解。但在一切佛典中，经是通称，所以称为"波罗提木叉分别"，应该更精确些。"波罗提木叉分别"一名，也见于《十诵律》，如说"二部波罗提木叉分别"①。这一名词，与"经分别"同样的古老。

"经分别"或"波罗提木叉分别"部分，汉、藏所译的广律，每称之为毗尼，或译毗奈耶。如《僧祇律》，称比丘部分为"波罗提木叉分别"，而比丘尼部分，就称为"比丘尼毗尼"。《五分律》与《四分律》，都说到（比丘）"尼律"（律是毗尼的意译）。《根有

---

① 《十诵律》卷二四（大正二三·一七六中——下）。

律》就称为"毗奈耶"、"苾刍尼毗奈耶"。在"五百结集"中,《四分律》说:"集比丘一切事,并在一处,为比丘律;比丘尼事并在一处,为比丘尼律。"①《五分律》说:"此是比丘毗尼,此是比丘尼毗尼,合为毗尼藏。"②称"经分别"为"毗尼",在部派的广律,是极一般的。

《铜鍱律·小品》"五百犍度",也说到"二部毗尼"、"结集毗尼"。但所说的二部毗尼,本指"二部波罗提木叉"说的,这可以在其他的广律中得到证明。《铜鍱律》说到教诫比丘尼的资格,有"善诵二部波罗提木叉,能随条文、分别、说示、决断"③。与此相当的,《十诵律》作:"多闻者,二部大戒合义读诵。"④《根本说一切有部毗奈耶》作:"云何多闻?谓能善诵二部戒经。"⑤《五分律》作:"三者,善能诵解二部戒律;四者,善能言说,畅理分明。"⑥《四分律》作:"诵二部戒利,决断无疑,善能说法。"⑦《僧祇律》但作"毗尼"⑧。二部大戒、二部戒经、二部戒律,都是"二部波罗提木叉"的异译;但《僧祇律》就称为"毗尼"。

《铜鍱律》说到摄受弟子的资格,有"二波罗提木叉善知、善分别、善转,于经文善决择"一项⑨。与此相当的,《五分律》作

---

①　《四分律》卷五四(大正二二·九六八中)。

②　《弥沙塞部和醯五分律》卷三〇(大正二二·一九一上)。

③　《铜鍱律·大分别》(南传二·八二)。

④　《十诵律》卷一一(大正二三·八一下)。

⑤　《根本说一切有部毗奈耶》卷三一(大正二四·七九四下)。

⑥　《弥沙塞部和醯五分律》卷六(大正二二·四五中)。

⑦　《四分律》卷一二(大正二二·六四八下)。

⑧　《摩诃僧祇律》卷一五(大正二二·三四六中)。

⑨　《铜鍱律·大品》"大犍度"(南传三·一一四)。

"善诵二部律（毗尼），分别其义"①。《四分律》作"广诵二部毗尼"②。《僧祇律》作"多闻毗尼"，又作"知二部律"③。《十诵律》作"知诵波罗提木叉，学利广说"④。《根有律出家事》作"知波罗底木叉，广解演说"⑤。说一切有部的广律，与《铜鍱律》相同，称为"波罗提木叉"，而其他的律部都称为二部毗尼。

《铜鍱律》说到断事人的资格，有"广解二波罗提木叉经、善分别、善通晓、善决断，于律善巧不动"一项⑥。与此相当的，《四分律》作"三、若诵二部毗尼极利；四、若广解其义"⑦；《五分律》作"解波罗提木叉"⑧；《十诵律》作"通利毗尼，能分别相似句义"⑨。

依上来的文证，可见《铜鍱律》的二部波罗提木叉，各部广律都曾称之为二部毗尼。《铜鍱律·小品》也曾这样称呼的⑩。称二部波罗提木叉为二部毗尼，那时还没有说到经分别。虽说善分别或广解其义，也只分别广解而已；经分别还没有集成部类。其后，经分别逐渐形成部类（不一定与现在的全部相当），《铜鍱律·小品》"七百犍度"就说到"经分别"⑪，"灭诤犍度"说

①　《弥沙塞部和醯五分律》卷一七（大正二二·一一四下）。

②　《四分律》卷五九（大正二二·一〇二下——一〇三上）。

③　《摩诃僧祇律》卷二八（大正二二·四五七下）。

④　《十诵律》卷二一（大正二三·一四九中）。

⑤　《根本说一切有部毗奈耶出家事》卷三（大正二三·一〇三一下）。

⑥　《铜鍱律·小品》"灭诤犍度"（南传四·一四九）。

⑦　《四分律》卷四七（大正二二·九一七下）。

⑧　《弥沙塞部和醯五分律》卷二二（大正二二·一五四中）。

⑨　《十诵律》卷四九（大正二三·三六一上）。

⑩　《铜鍱律·小品》"五百犍度"（南传四·四三〇）。

⑪　《铜鍱律·小品》"七百犍度"（南传四·四五七）。

到"持经、持经分别者"①。《四分律》与之相当的,作"诵戒、诵
毗尼",或"诵戒、诵戒毗尼"②。戒是波罗提木叉(经),(戒之)
毗尼指经分别。毗尼并非毗崩伽(vibhaṅga)——分别的异译。
对"波罗提木叉经",而称波罗提木叉分别为毗尼,实为佛教界
的一般用语,如《顺正理论》卷一(大正二八·三二九下)说:

> "若不说依,非佛语者,毗奈耶藏应非佛说!……若言亦
> 劝苾刍当依别解脱经无斯过者,是则应许广毗奈耶非佛所
> 说,便非定量! 若毗奈耶即是广释戒经本故是佛说者……"

别解脱经,是"波罗提木叉经";广释戒经的,名"毗奈耶"。
毗奈耶作为波罗提木叉分别的别名,在汉译律部中,是诸部通用
的。但这是经分别成立以后的用法;二部毗尼的本义,指二部波
罗提木叉说。

佛陀随犯而制学处,将学处集为部类,半月半月说的,名为
波罗提木叉。二部波罗提木叉,被称为毗尼。依"波罗提木叉
经"分别广说,集成波罗提木叉分别;波罗提木叉分别,也被称
为毗尼。进而一切僧伽行法,统名为毗尼。如《善见律毗婆沙》
卷一(大正二四·六七五下)说:

> "二波罗提木叉(二分别)、二十三寒陀、波利婆罗,是
> 名毗尼藏。"

毗尼与法相对称,"是法是毗尼","非法非毗尼",本为佛法

---

① 《铜鍱律·小品》"灭诤犍度"(南传四·一五〇——一五一)。
② 《四分律》卷四七(大正二二·九一八上)。

的通称，为什么专称僧伽的规制为毗尼呢？我以为，这与对五犯聚而立"五毗尼"，及七灭诤的编入波罗提木叉有关。毗尼以息灭诤事，实现僧伽的和合清净为理想，于是波罗提木叉（及分别），所制僧伽行法、威仪，都被称为毗尼。佛法分化为二类，结集时就称为"法藏"（经藏）与"毗尼藏"。毗尼是遮非的，所以《毗尼母经》说："毗尼者名灭，灭诸恶法，故名毗尼。"①古人从毗尼（藏）的实际内容，归纳为五义，如《毗尼母经》卷七（大正二四·八四二上）说：

"毗尼者，凡有五义：一、忏悔；二、随顺；三、灭；四、断；五、舍。云何名为忏悔？如七篇中所犯，应忏悔除；忏悔能灭，名为毗尼。云何名为随顺？随顺者，七部众随如来所制所教，受用而行，无有违逆，名为随顺毗尼。云何名灭？能灭七诤，名灭毗尼。云何名断？能令烦恼灭不起，名断毗尼。云何名舍？舍有二种：一者舍所作（法），二者舍（恶）见事。……此二种名舍毗尼。"

随所犯而能如法出罪的，不为恶所障，能向圣道，名为忏悔毗尼。依佛所制而不犯，就是毗尼（随顺毗尼，可通于一切行法）。这二者，或称为犯毗尼。灭毗尼，是七灭诤法，也名净毗尼。断毗尼，也叫断烦恼毗尼，如《十诵律》等说②。总之，以种种不同方法制度，使比丘在僧伽中能调伏身语，纳于正轨的，都

————————

① 《毗尼母经》卷一（大正二四·八〇一上）。
② "犯毗尼"、"净毗尼"、"断烦恼毗尼"，见《十诵律》卷五七（大正二三·四二三中——下）。《毗尼母经》卷八（大正二四·八四八上——八五〇上）。

名为毗尼①。所以古人或意译为"律"。毗尼有法律的特性,运用僧伽的集体力量,发挥平等的制裁作用。毗尼虽是法治的,但运用起来,一定要出于善意的和平精神,融入了德化的、善诱的教育作用,使比丘众乐于为善,不敢为恶,这就是毗尼藏的实际意义。梵语 vinaya,是有"离"义、"分"义的 vi,与含有"导"义的 nī,接合为 vinī,而转化为名词的。这一含义(玄奘译为调伏),与使比丘众乐于为善,不敢为恶的僧伽制度,极为适合。所以有关僧伽法制的一切,都被称为毗尼。这是最恰当的名词!

第二节 波罗提木叉——毗尼的论究

第一项 波罗提木叉原理的阐明

波罗提木叉成立于佛陀时代。佛所制立的学处,经最初类集而成立的,被称为经,为僧伽所尊重。传如来入灭前,曾这样说:"我令汝等每于半月说波罗底木叉,当知此则是汝大师,是汝依处,若我住世,无有异也。"②波罗提木叉的集成,展转传诵;第一结集以来,已大体凝定。而被称为毗尼的波罗提木叉分别,性质就大为不同。这不是当时结集所成立的;是对于"波罗提木叉经",经律师们的长期论究而逐渐形成,发展分化,而成为现存形态的。半月半月诵说的波罗提木叉经,不只是诵说的。这是僧伽的行为轨范,比丘们日常生活的一切;这是需要深刻了

① 《善见律毗婆沙》卷一(大正二四·六七六上)。
② 《根本说一切有部毗奈耶杂事》卷三八(大正二四·三九九上)。

解，而能付之实行的。每一学处的文句，需要明确的解说。制立学处的因缘，需要研究；惟有从制戒的因缘中，才能明了制立每一学处的真正意趣。人事是复杂的，环境是因时因地而变化的，新的事物不断发生，所以要对波罗提木叉作深入的分别抉择，才能适应繁多的事件，予以确当的处理，处理得符合佛陀的意思。这一工作，佛灭以来的持律者（律师），禀承于传承的示导而不断努力。如《铜鍱律·小品》"灭诤犍度"（南传四·一四九）说：

"广解二波罗提木叉戒经，善分别、善通晓、善决断，于律善巧不动。"

如上项所说，凡是摄受弟子，为人师长的；被差教诫比丘尼的；作断事人，裁决一切诤事的：波罗提木叉的分别抉择，为一不可缺少的必备资格。当时对波罗提木叉研究的重要，也可以想见了。经律师长期间的分别抉择，终于渐渐集成波罗提木叉分别。七百结集时代，波罗提木叉分别，或称"经分别"部分，已经集成，成为未来各部派律藏的主要部分。当然，现存各部广律，与波罗提木叉分别相当的部分，都曾在部派分化过程中，有过程度不等的补充、改组或修正。

佛为什么制立学处？为什么制说波罗提木叉？在波罗提木叉的分别探究中，原则与根本问题被显发出来，而为僧众所传诵。制学处与说波罗提木叉的真正意义，被编集于"波罗提木叉分别"，这就是：一大理想，十种利益。

1. 一大理想：舍利弗这样的思念：过去的诸佛世尊，谁的"梵行久住"，谁的"梵行不久住"？佛告诉他：毗婆尸、尸弃、毗舍浮——三佛的梵行不久住。拘楼孙、拘那含牟尼、迦叶——三佛的梵行久住。原因在:专心于厌离,专心于现证,没有广为弟子说法(九部经或十二部经);不为弟子制立学处,不立说波罗提木叉。这样,佛与大弟子涅槃了,不同族类、不同种姓的弟子们,梵行就会速灭,不能久住。反之,如能广为弟子说法,为弟子制立学处,立说波罗提木叉,那么佛与大弟子虽然涅槃了,不同族类、不同种姓的弟子们,梵行不会速灭,能长久存在。于是舍利弗请佛制立学处,立说波罗提木叉法。《僧祇律》、《铜鍱律》、《五分律》、《四分律》,都有同样的传说①。所不同的,《铜鍱律》、《五分律》、《四分律》,作"梵行久住";《僧祇律》为"(正)法得久住"。正法久住或梵行久住,为释迦牟尼说法度生的崇高理想。要实现这一大理想,就非制立学处,说波罗提木叉不可! 这是如来制立学处,立说波罗提木叉的最深彻的意义了!

2. 十种利益:制立学处与说波罗提木叉,有十大利益,如《僧祇律》卷一(大正二二·二二八下)说:

> "有十事利益,诸佛如来为诸弟子制戒(学处),立说波罗提木叉法。何等十? 一者,摄僧故;二者,极摄僧故;三者,令僧安乐故;四者,折伏无羞人故;五者,有惭愧人得安隐住故;六者,不信者令得信故;七者,已信者增益信故;八者,于现法中得漏尽故;九者,未生诸漏令不生故;十者,正法得久住,为诸天人开甘露施门故。"

---

① 《铜鍱律·经分别·大分别》(南传一·一一——一四)。《弥沙塞部和醯五分律》卷一(大正二二·一中——下)。《四分律》卷一(大正二二·五六九上——下)。《摩诃僧祇律》卷一(大正二二·二二七中)。

《僧祇律》的"十事利益"，各部广律都曾说到。《五分律》、《十诵律》、《根有律》，作"十利"；《四分律》作"十句义"；《铜鍱律》原语作 dasa atthavasa①。attha，梵语为 artha，译为义，就是义利。十种义利，虽开合不同，而大意终归是一致的。《毗尼母经》说："初十人（？）制戒因缘，增一中义。"②检铜鍱部《增支部·二集》，有十类——实为六类（第三类为：制现世漏，灭未来漏。此下别出：怨；罪；怖；制现在不善，灭未来不善——四类）的"二利"，为如来制立学处、制说波罗提木叉等的因缘③。《铜鍱律·附随·五品》，所说完全相同④。除"哀愍在家者，断绝恶党——二利外，其他的五类二利，就与《铜鍱律》的十利相同。又《四分律》"毗尼增一"中，从"以一义故为诸比丘结戒"⑤，到"以十义故为诸比丘结戒"⑥。从一一别说，到二二相合，到十义结戒。似乎这是从不同的观点，发见如来制立学处、说波罗提木叉等意义，并不限于十事。其后条理综合为十事利益，作为如来制立学处、说波罗提木叉等的理由。"十利"，取其圆满而已（律学极重"五"数，十是五的倍数）。以十利而制立学处及说波罗提木叉，是各部律所同的。由于条理综合而来，各部的意趣不

---

① 《铜鍱律·经分别·大分别》（南传一·三二）。《弥沙塞部和醯五分律》卷一（大正二二·三中——下）。《四分律》卷一（大正二二·五七〇下）。《摩诃僧祇律》卷一（大正二二·二二八下）。《十诵律》卷一（大正二三·一下）。《根本说一切有部毗奈耶》卷一（大正二三·六二九中）。

② 《毗尼母经》卷一（大正二四·八〇一上）。

③ 《增支部·二集》（南传一七·一六〇——一六一）。

④ 《铜鍱律·附随》（南传五·三八一——三八三）。

⑤ 《四分律》卷五七（大正二二·九九〇下）。

⑥ 《四分律》卷五九（大正二二·一〇一二上）。

同,所以也有二三事的差异。然只是开合不同,如归纳起来,不外乎六事,试对列如下:

	《僧祇律》	《十诵律》	《根有律》	《铜鍱律》	《四分律》	《五分律》
1 和合	1 摄僧	1 摄僧	1 摄取僧	1 摄僧	1 摄取僧	2 摄僧
	2 极摄僧	2 极好摄				1 僧和合
2 安乐			2 令僧欢喜		2 令僧欢喜	
	3 令僧安乐	3 僧安乐住	3 令僧安乐住	2 僧安乐	3 令僧安乐住	
3 清净	4 折伏无羞人	4 折伏高心人	4 降伏破戒	3 调伏恶人	4 难调者令调	3 调伏恶人
	5 有惭愧人得安乐住	5 有惭愧者得安乐	5 惭者得安	4 善比丘得安乐住	7 惭愧者得安乐	4 惭愧者得安乐
4 外化	6 不信者令信	6 不信者得净信	6 不信者信	7 未信者令信	4 未信者信	7 令未信者信
	7 已信者得增长	7 已信者增长信	7 信者增长	8 已信者令增长	5 已信者令增长	8 已信者令增长
5 内证	8 现法尽诸漏	8 遮今世烦恼	8 断现在有漏	5 断现在世漏	8 断现在有漏	5 断现世漏
	9 未生漏不生	9 断后世恶	9 断未来有漏	6 灭后世漏	9 断未来有漏	6 灭后世漏
6 究极理想	10 正法久住为诸天人开甘露施门			9 正法久住	10 正法得久住	9 法久住
		10 梵行久住	10 梵行得久住故显扬正法广利人天	10 爱重毗尼		10 分别毗尼梵行久住故

"十利"或"十义"的开合不一,而归纳起来,可以分为六项来说的。一、和合义:《僧祇律》与《十诵律》,立"摄僧"、"极摄僧"二句;《四分律》等唯一句。和合僧伽,成为僧伽和集凝合的中心力量,就是学处与说波罗提木叉。正如国家的团结,成为亿万民众向心力的,是国家的根本宪法一样。二、安乐义:《僧祇律》立"僧安乐"一句,《四分律》等别立"喜"与"乐"为二句;惟《五分律》缺。依学处而住,僧伽和合,就能身心喜乐。《根本说一切有部毗奈耶杂事》说:"令他欢喜,爱念敬重,共相亲附,和合摄受,无诸违净,一心同事,如水乳合。"①充分说明了和合才能安乐,安乐才能和合的意义;这都是依学处及说波罗提木叉而达到的。三、清净义:僧伽内部,如大海的鱼龙共处一样。在和乐的僧伽中,如有不知惭愧而违犯的,以僧伽的力量,依学处所制而予以处分,使其出罪而还复清净,不敢有所违犯。有惭愧而向道精进的,在圣道——戒定慧的修学中,身心安乐。僧伽如大冶洪炉,废铁也好,铁砂也好,都逐渐冶炼而成为纯净的精钢。所以僧伽大海,"不宿死尸",能始终保持和乐清净的美德! 四、外化义:这样和乐清净的僧伽,自能引生信心,增长信心,佛法更普及地深入社会。五、内证义:在这样和乐清净的僧伽中,比丘们精进修行,能得离烦恼而解脱的圣证。六、究极理想义:如来依法摄僧的究极理想,就是"正法久住"、"梵行久住"。和乐清净的僧伽在世,能做到外化、内证。外化的信仰普遍,内证而贤圣不绝,那么"正法久住"的大理想,也就能实现出来。十事利

---

① 《根本说一切有部毗奈耶杂事》卷三五(大正二四·三八四上)。

益的究极理想,就是前面所说的一大理想,但各部广律的文句出入不一。

	（一大理想）	（十事的究极理想）
《僧祇律》	正法久住	正法久住
《十诵律》		梵行久住
《根有律》		梵行久住
《四分律》	梵行久住	正法久住
《铜鍱律》	梵行久住	正法久住·爱重毗尼
《五分律》	梵行久住	正法久住·梵行久住

《僧祇律》所说,始终一贯,以"正法久住"为制立学处,说波罗提木叉的究极理想。其他的律部,都不能一致。《铜鍱律》说"梵行久住",又说"正法久住,爱重毗尼"。"爱重毗尼"(vinayānuggahāya)一句,应为重律学派特有的说明。《五分律》所说,显为折衷的综合说。《僧祇律》所说"正法得久住,为诸人天开甘露施门故",与《根本说一切有部毗奈耶》所说,意义是相通的。《萨婆多部律摄》卷一（大正二四·五三二上）解说得最好:

> "我之净行（梵行）当得久住者,谓如法宣说,广利人天,展转相教,令我正法久住世故。"

从僧众修证说,是"梵行久住";从佛陀的证觉施化说,是"正法久住"。二者是相互关联的,在佛教的大理想中,这是同一内容的不同说明。当佛陀初成正觉,在赴波罗捺（Vārāṇasī）的途中,曾宣告自己的理想,如《四分律》卷三二（大正二二·七八七下）说:

"世间唯一佛,澹然常安隐。我是世无著,我为世间最;诸天及世人,无有与我等。欲于波罗捺,转无上法轮。世间皆盲冥,当击甘露鼓。"①

"转无上法轮"、"击甘露鼓",说法并不容易,但还是容易的。修行解脱是不容易的,但还不是最难的。佛的正法,能展转无穷地延续,常在世间,不致如古佛那样的人去法灭(近于人亡政息),才是佛陀心中的重要课题。释迦佛的悲智中,确定地认为:惟有为众生广说经法;更重要的是制立学处,立说波罗提木叉法。依和乐清净的僧伽——有组织的集体力量,外化内证,才能从梵行久住中,达成正法久住、广利人天的大理想。古德在波罗提木叉的分别探究中,圆满地窥见了佛陀的深意! 不但阐明了制立学处、说波罗提木叉的真实意趣;法与毗尼的统一,更圆满地表达了佛的精神!

波罗提木叉的分别论究,从种种的观点,得来制立学处的不同意义(如《增一》中说)。然后综合为"十事利益",是各部毗尼(波罗提木叉分别)所共说的。至于一大理想,分别说部系Vibhajyavādin 的《铜鍱律》、《五分律》、《四分律》是这样说的②:

A. 佛在毗兰若邑安居,三月食马麦。

B. 舍利弗起问,佛为分别古佛的教化情形,以说明"梵

---

①　《铜鍱律·大品》"大犍度"(南传三·一五)。《弥沙塞部和醯五分律》卷一五(大正二二·一〇四上)等,都有此说。

②　《铜鍱律·经分别·大分别》(南传一·一〇——三〇)。《弥沙塞部和醯五分律》卷一(大正二二·一上——三中)。《四分律》卷一(大正二二·五六八下——五七〇中)。

行久住"，是由于制立学处，说波罗提木叉（这可说是波罗提木叉分别的序说，以阐明制立学处的理想所在）。

　　C.佛到毗舍离，须提那迦兰陀子出家。后因荒歉，乞食难得，回故乡去。为生母与故二所诱惑，陷于重大的恶行；佛陀因此开始制立学处。

　　《僧祇律》，有B、C而没有A。说一切有部的广律，直从C迦兰陀子出家说起，没有A与B部分。《律藏之研究》，讨论律藏序分的新古，以为：《铜鍱律》与《五分律》最古，其次是《四分律》。《摩诃僧祇律》比上三律为新，因为插入了舍利弗的"前生因缘"。说一切有部律削除了序分，是新的；而《根本说一切有部毗奈耶》最新①。新与古，我在上面说过：有结构（组织形式）的新与古；有材料（内容）的新与古；在材料中，有主体部分或附属部分的新与古；有一般形式——语文的新与古。新与古的论究，原是并不太容易的！《律藏之研究》，似乎没有从律序的主体去体会！对于这一问题，我持有恰好相反的意见。佛以"十事利益"，制立学处，是一切部派所公认的。十事利益，为制立学处的一般利益，多方面的意义，应为部派未分、一味和合时代的公论。在波罗提木叉的论究中，条理十事利益，渐显发了梵行久住或正法久住，为制立学处、说波罗提木叉的究极理想。这一大理想，是存在于十事利益的终了。在部派的三大系中，（分别说部离出以后的）上座部所展开的部派——说一切有部，没有说到，表示了古型的波罗提木叉分别还没有这一部分。大众部

_____

　　① 平川彰《律藏之研究》（三七六——三七九）。

与分别说部的波罗提木叉分别,都有这一(B)传说,可以从阿育王时代,大众部与分别说部合作,而说一切有部被拒北移的事实中得到说明。佛在毗兰若(Verañjā)安居,吃了三月的马麦,《僧祇律》没有说到。三月食马麦,《十诵律》与《根本说一切有部毗奈耶》都是说到过的;这是佛教界公认的事实。但食马麦是一回事,舍利弗起问,阐明制立学处的大理由——梵行久住,又是一回事,并没有什么必然的关系。至少,在说一切有部中,是没有关系的。不能因为说一切有部知道食马麦的故事,而论证A、B部分为说一切有部所有意削除的。以文学的新古而论,说一切有部律关于三月食马麦的叙述,即使文学的形式,比分别说部律为新;但说一切有部所没有的,分别说部律所独有的部分,决不能证明为古型所应有的,而只是削除了。其实,以三月食马麦为律序的部分,只是《铜鍱律》、《五分律》、《四分律》——分别说部律所独有的传说而已。

三月食马麦,与制立学处,有什么关联呢?须提那迦兰陀子,为了年岁荒歉,乞食难得,贪求生活的丰裕,还归故乡,因而陷于恶行。佛陀遇到荒歉,三月食马麦,也恬澹地坚忍过去。分别说部的律师们,应该是重视这二事的对比意义。将三月食马麦故事与舍利弗问梵行久住相联合,接着说到迦兰陀子须提那的犯戒。这暗示了:出家受持学处,应有少欲知足、精苦坚忍的精神,不为生活丰裕所诱惑的意义。本来无关的事理,约某一意义而联结起来,甚至集成长篇;在佛教的传说中,这并不是少有的,这应该是能为现代佛学研究者所同意的!

在波罗提木叉的分别论究过程中,充分阐明了制立学处,说波罗提木叉的大利益、大理想。说一切有部——一切学派共传的"十事利益",是古型的。《摩诃僧祇律》与分别说部的广律,揭示制立学处的究极理想——梵行或正法久住,要迟一些。与三月食马麦的传说相结合,以暗示出家学道,要能恬澹精苦,那是分别说部的新编了。但我不是说,三月食马麦的传说是新的。

第二项　毗尼的五事分别

"波罗提木叉分别",或"经分别",是"波罗提木叉经"的分别广说。在组织上,当然依着"戒经"的组织次第。但所依的"戒经",是波罗提木叉的实体,而不是布萨所用的说波罗提木叉的布萨仪轨。所以作为布萨仪轨的"序说"、"结说",以及"结问清净"等部分,在各部广律中,虽有附录或不完全的附录,而都是不加解说的。在"波罗提木叉经"八篇中,也没有解说"灭诤法"。"波罗提木叉分别",是依波罗提木叉经的前七篇,一篇一篇地、一条一条地分别广说。

"波罗提木叉分别"的集成,是古代的持律者分别论究波罗提木叉的结晶。各部广律,虽名称不一致,而都有大体相同的部分(波罗提木叉的多少与次第不同,"波罗提木叉分别"当然也就不同)。所以在部派未分化以前,波罗提木叉分别的原型应该已经存在。其后随部派的分化,各有多少的补充与修正,形成现有各部广律中,与"波罗提木叉分别"相当的部分。

古代持律者分别波罗提木叉,着重于五项的论究,如《四分律》卷五九(大正二二·一〇〇四中)说:

"毗尼有五事答:一、序;二、制;三、重制;四、修多罗;

五、随顺修多罗：是为五。"

《僧祇律》有类似的五事记，如卷三二（大正二二·四九二中）说：

> "毗尼有五事记：何等五？一、修多罗；二、毗尼；三、义；四、教；五、轻重。修多罗者，五修多罗。毗尼者，二部毗尼略广。义者，句句有义。教者，如世尊……说四大教法。轻重者，盗满五，重；减五，偷兰遮。是名五事记。"

"五事答"与"五事记"，应该是同一原文的异译。vyākaraṇa，译为记。如一向等四记，或译四种答。vyākaraṇa 有分别、解说、解答、决了疑问的意思。毗尼——二部毗尼，指波罗提木叉。毗尼有五事答（记），就是对波罗提木叉，有五事的分别解说。这是《僧祇律》与《四分律》共传的古说。《四分律》的五答，是依所制的每一学处说的。"序"、"制"、"重制"——三事，又如《四分律》说："平断犯罪，一、戒序；二、制；三、重制。有三法平断不犯，戒序、制、重制。"[1]犯与不犯，如要加以平断，要从三事去分别学处。一、制立学处的序——因缘。二、依犯戒因缘而制立学处。三、重制是补充或修正。这三事，是对于制立学处因缘的分别。从这三项去分别论究，才能了解这一学处，确定现在发生的事情是否违犯了这一学处。依三事而分别犯与不犯，也见于《十诵律》："三事决定知（决定知就是'记'）毗尼相：

---

① 《四分律》卷五八（大正二二·九九八中）。

一、本起；二、结戒；三、随结。"①又见于《毗尼母经》："犯罪凡有三种：一者，初犯罪缘；二者，因犯故制；三者，重制。……是故三处得决（决就是'记'）所犯事。复有三处决了非犯。"②《四分律》所说的（第四）"修多罗"，是波罗提木叉经，也就是经文（学处）的分别决了。"随顺修多罗"，是依修多罗所说，而分别决了。《四分律》所说的"毗尼有五事答"，实为上座部各部律的共同意见。

《摩诃僧祇律》的"毗尼有五事记"，是约波罗提木叉全体而说。"修多罗"，是五篇，是被称为"五部经"的。"毗尼"，是二部波罗提木叉。前二者，就是佛世的初编，与最初结集的再编（这是制与重制的另一解说）。"义"，是每一学处的文义分别。"教"，是四大教法。当时传诵的五经与二部，文义已有传说的不同。所以要经共同的论决，审定佛制的本义。"轻重"，就是判决犯与不犯，轻犯与重犯了。大众部所传的"毗尼有五事记"，与上座系不完全相同，而古人分别论究波罗提木叉的方法，仍然大体相同。

现存的各部"波罗提木叉分别"是这样的：一、依犯戒因缘而制立学处；二、学处文句的分别解说；三、犯与不犯，轻犯与重犯的分别决了。"波罗提木叉分别"的内容，不就是"毗尼有五事记（答）"吗！《善见律毗婆沙》有类似的四毗尼，如卷六（大正二四·七一六中）说：

---

① 《十诵律》卷五七（大正二三·四二三中）。
② 《毗尼母经》卷七（大正二四·八三九上）。

　　"于戒句中,于戒本中,于问难中,若欲知者,有四毗
尼。……何谓为四? 一者,本;二者,随本;三者,法师语;四
者,自意。问曰:何谓为本? 一切律藏是名本。何谓随本?
四大处名为随本。……佛先说本,五百罗汉分别流通,是名
法师语。"

　　四毗尼与毗尼五事,虽不完全相同,而对"戒经"文句的分
别问答,有这四事,却是很相近的。尤其是"本"与"随本",与
《四分律》的"修多罗"、"随顺修多罗",完全相合。本,是"戒
经";随本,《善见律毗婆沙》解说为四大处。四大处的原语为
cattāro mahāpadesā,实与《僧祇律》的"四大教法"一致。四大教
法,就是四大优波提舍,见《长部·大般涅槃经》、《增支部·四
集》等①。所以,"本"是最初结集的经;"随本"是四大教法,随
顺经本,而论决所传的是否合于佛法,也就是论决净与不净。
"法师语"是从上律师传来的师承家法;"自意"才是后代律师的
意见。毗尼——经分别,是含有这些不同的成分;也是综合这些
成分,经长期的分别论究而成的。

　　制立学处的因缘,文句的分别解说,犯相的分别决了,是
"波罗提木叉分别"的主体,为诸部广律所共同的,也就是"波罗
提木叉分别"的原型。在犯相的分别决了中,共同的必要部分,
是初编;不同的部分——扩编、整编,或精密的广分别,是部派分
立以后的再编(在再编时,初编也有一定关系的修正)。还有,

─────────

　　①　《长部·大般涅槃经》(南传七·九九──一〇二)。《增支部·四集》(南
传一八·二九三──二九七)。

与"波罗提木叉分别"相结合的附属部分,那就是各部广律,或
有或没有,或多或少的部分,都是属于"波罗提木叉分别"的后
起部分。

第三项　因缘与文句的分别

在"波罗提木叉分别"的组织中,无论哪一条戒,都是先举
制立学处的因缘,次分别学处的文句,然后分别所犯的轻重。佛
的制立学处,是"随犯随制"的。凡是有所制立,一定因当时的
某种事实,或是遮止罪恶,或是为了避免社会的讥嫌,而有遮止
的必要。所以学处与制立学处的因缘,在学处的传诵解说中,就
结合而有不可分的关系。制立学处的因缘,古来传有五事:
"一、犯缘起处(地点);二、能犯过人;三、所犯之罪;四、所犯境
事;五、所因烦恼。"①除"所因烦恼"属于内心的因缘而外,其余
四事,就是人、地、事的因缘。每一学处的制立,不一定是一次制
定的。有些学处,经多次的补充修正,才成为定制,所以古称为
"制"与"重制"。说一切有部律分别极细密,如说"此是初制,此
是随制,此是定制,此是随听"②。试以不净行学处为例:以须提
那迦兰陀子与故二行淫为因缘,佛初立学处说:"若比丘行淫
法,得波罗夷,不共住。"这是"初制"③。其后,毗舍离大林比丘
与猕猴行淫,再制为:"若比丘行淫法,乃至共畜生,是波罗夷,
不共住。"这是"随制"。后来因为众多的跋耆比丘不乐梵行,不

① 《根本萨婆多部律摄》卷二(大正二四・五三〇下)。
② 《根本说一切有部毗奈耶杂事》卷四〇(大正二四・四〇八上)。
③ 《铜鍱律・经分别・大分别》(南传一・三三)。

知舍戒，以比丘身行淫事，所以又制为："若比丘，共诸比丘同学戒法、戒羸、不舍、行淫法，乃至共畜生，是比丘得波罗夷，不共住。"经这一次重制，准予自由舍戒，而不许以比丘身行不净行，成为"定制"。"随听"，也称为"开"，是在某种特殊情形下，不受某一学处的约束，也就是不犯。每一学处的制立，一制、再制，或者随听，都以某种事实为因缘，作为制立或修正的依据。

传说中的制立因缘，多数是共同的。虽或者人名不同，如不净行者须提那迦兰陀子，《僧祇律》作迦兰陀子耶舍①。或者地名不同，如毗舍离比丘与猕猴行淫，《十诵律》与《五分律》，作侨萨罗舍卫林中②；《根有律》作羯阑铎迦池竹林园附近林中③；《僧祇律》作王舍城附近的猿猴精舍④。但所传的事实，还是一致的。这可以想见初期的原始传说，由久久流传而有所变化。不过，有关因缘的人名与地名，不免有"众恶归焉"的形迹。原始佛教的律学传统，是优波离的律学传统，已不免杂有人事的因素，这里姑且不谈。

佛陀所制的学处，为了忆持诵习的便利，应用极简练的文体，当时流行的修多罗体。要理解简练文句的意义，就需要分别解说。这些文句的逐项解说，各部广律每有多少不同。这或是定义的分别：如说"比丘"，在一般语言中，比丘一词的意义并不一致。波罗提木叉中的比丘，必须确定其界说，也就是确定波罗

① 《摩诃僧祇律》卷一（大正二二·二二九上）。
② 《弥沙塞部和醯五分律》卷一（大正二二·三下）。《十诵律》卷一（大正二三·二上）。
③ 《根本说一切有部毗奈耶》卷一（大正二三·六二九下）。
④ 《摩诃僧祇律》卷一（大正二二·二三三中）。

提木叉所制约的比丘,才能依之而予以制裁。如法律中所说的"人",也要确定其界说一样。关于"比丘"的分别解说,《僧祇律》但举"受具足善受具足"——正义①。《十诵律》举四种比丘②,《根有律》举五义③。《四分律》举八义④,《五分律》举十一义⑤,《铜鍱律》举十二义⑥。虽列举四义、五义到十二义,但都结示这里所说的,是以一白三羯磨,如法受具足的比丘(谁是原始的? 谁是后起的呢)。

或是含义的阐明:学处的文句,依当时的因缘而制立,是极简略的。但在实际的情况下,必须引申阐明其意义,否则就会不足应用,或引起误解。如第二学处,《僧祇律》作:"不与取、随盗物,王或捉、或杀、或缚、或摈出。""不与取",解说为"无有与者盗心取"⑦。不与取的本义,当然指盗心取;如不是盗心取,也就不犯这一学处了。但在文字上,不与而取,是可通于盗心及非盗心的。所以分别说部系各律,说一切有部律,戒经的本文就明说为"盗心不与取"。又如"王",《僧祇律》解说为:"王者,王名刹利、婆罗门、长者、居士受职为王。"⑧王是通称一切职司治理的人,不但指国家的元首。《铜鍱律》作"诸王",定义也是一样⑨。

---

① 《摩诃僧祇律》卷一(大正二二·二三五下)。
② 《十诵律》卷一(大正二三·二中)。
③ 《根本说一切有部毗奈耶》卷一(大正二三·六二九下——六三〇上)。
④ 《四分律》卷一(大正二二·五七一上)。
⑤ 《弥沙塞部和醯五分律》卷一(大正二二·四中)。
⑥ 《铜鍱律·经分别·大分别》(南传一·三七)。
⑦ 《摩诃僧祇律》卷三(大正二二·二四四上)。
⑧ 《摩诃僧祇律》卷三(大正二二·二四四中)。
⑨ 《铜鍱律·经分别·大分别》(南传一·七四)。

《四分律》、《五分律》、《十诵律》、《根有律》，就都明白地改定为"若王若大臣"①。又如第三学处，《僧祇律》作"自手夺人命"，解说为："人者，有命人趣所摄。"②《四分律》与《铜鍱律》大意相同，解说"人"为：从最初（结生）心识，延续到命终③。《五分律》解说为"若人若似人"④，"似人"指七七日内的胎儿。说一切有部的波罗提木叉中，就直作"若人若人类"⑤，"若人若人胎"了⑥。各部波罗提木叉经文句有出入的，一部分从阐明引申而来。正如本文的夹注，日子久了，有时会成为本文一样。

或是本文的意义含蓄，因而引起歧义：如不坏色学处，《僧祇律》作："得新衣……若不作三种，一一坏色受用者。"坏色的意义是："三种坏色……持是等作点净。"下文又以"点净"、"染净"、"截缕净"——三种净对论⑦。可见"坏色"是约"点净"说的，就是在新得的衣服上，以三种颜色的一种，点染作标记，以免与外道等混杂不分。《铜鍱律》与《五分律》、《十诵律》，也是约点净说的⑧。《四分律》作："得新衣……不以三种

① 《弥沙塞部和醯五分律》卷一（大正二二·六上）。《四分律》卷一（大正二二·五七三中）。《十诵律》卷一（大正二三·四中）。《根本说一切有部毗奈耶》卷二（大正二三·六三七上）。

② 《摩诃僧祇律》卷四（大正二二·二五五上）。

③ 《铜鍱律·经分别·大分别》（南传一·一二〇）。《四分律》卷二（大正二二·五七六下）。

④ 《弥沙塞部和醯五分律》卷二（大正二二·八中）。

⑤ 《十诵律》卷二（大正二三·八中）。

⑥ 《根本说一切有部毗奈耶》卷七（大正二三·六六〇上）。

⑦ 《摩诃僧祇律》卷一八（大正二二·三六九中——下）。

⑧ 《铜鍱律·经分别·大分别》（南传二·一九〇——一九一）。《弥沙塞部和醯五分律》卷九（大正二二·六八上）。《十诵律》卷一五（大正二三·一〇九中）。

坏色"①,约染色说。《根有律》也约"染净"说②。律本的"坏色",含意不明,于是或解说为"点净",或解说为"染净"。《五分律》作:"新得衣,应三种色作帜。"③明说为"作帜",当然是点净派的确定其意义。如本来就有这"作帜"字样,也就不会纷歧为二大流了。

文句与因缘,是互相结合的。但文句是佛所制,经结集的公论审定,口口相传,极为严格,所以出入并不太大。因缘只是口头传说,传说是富于流动性的。所以文句略有解说不同,因缘也就随着变异了。以不坏色学处来说:主张"点净"的《铜鍱律》、《五分律》,都说起因于比丘的衣服,被贼劫去了,无法辨认取回来④。《十诵律》也有这一说⑤。《僧祇律》着重于衣色不分⑥。就因缘而论,这是可通于"点净"、"染净"的。主张"染净"的《四分律》,专说比丘着新的白色衣,与俗人没有分别⑦;《根有律》说比丘着俗人的衣服,去作乐演伎⑧:这就都是在服色的差别上说。文句的解说有了差别,不但因缘也随着变化,就是判罪轻重,也就不同了。如以坏色为"点净"而不是"染净"的,《僧祇律》说:"作截缕净,作染净,不作青(点)净,得一波逸提。作青

---

① 《四分律》卷一六(大正二二·六七六下)。
② 《根本说一切有部毗奈耶》卷三九(大正二三·八四五上)。
③ 《弥沙塞部和醯五分律》卷九(大正二二·六八上)。
④ 《铜鍱律·经分别·大分别》(南传二·一八九)。《弥沙塞部和醯五分律》卷九(大正二二·六八上)。
⑤ 《十诵律》卷一五(大正二三·一〇九上)。
⑥ 《摩诃僧祇律》卷一八(大正二二·三六九上——中)。
⑦ 《四分律》卷一六(大正二二·六七六上)。
⑧ 《根本说一切有部毗奈耶》卷三九(大正二三·八四四下)。

净,不作截缕净,不作染净,得二越毗尼罪。"①这可见,不作点净的,犯波逸提;不作染净的,只是等于恶作的越毗尼罪。但在以"染净"为坏色的,如《四分律》就说:"不染作三种色:青、黑、木兰,更着余新衣者,波逸提。"②而点与不点,反而看作不关重要的了!

第四项　犯与不犯的分别

"波罗提木叉"的诵说,主意在用来处理实际发生的非法事项,以维护僧伽的和乐清净。所以波罗提木叉的分别解说,每一学处的分别解说,也就是犯与不犯,轻犯与重犯等分别。这是持律者(律师)所应有的知识,如《四分律》卷五八(大正二二·一〇〇〇中)说:

> "有四法名为持律:知犯、知不犯、知轻、知重。复有四法:知犯、知不犯、知有余、知无余。复有四法:知犯、知不犯、知粗恶、知不粗恶。复有四法:知可忏罪、知不可忏罪、知忏悔清净、知忏悔不清净。"

如上所列,持律者应有的知识,《僧祇律》等都有说到③。说到所犯罪的分类,是五罪聚,是依波罗提木叉的五篇而分的。如《僧祇律》卷二〇(大正二二·三八六中)说:

> "五众罪者,波罗夷、僧伽婆尸沙、波夜提、波罗提提舍

---

① 《摩诃僧祇律》卷一八(大正二二·三六九下)。
② 《四分律》卷一六(大正二二·六七六下)。
③ 《摩诃僧祇律》卷二五(大正二二·四二八下——四二九上)。

尼、越毗尼罪。"

五众(聚)罪,又称为五篇罪①。《铜鍱律》、《四分律》、《律二十二明了论》②等,一致说到这一分类,实为佛教初期对于罪犯的分类法。以此五类罪而分别轻重等不同的,如《十诵律》卷五六(大正二三·四一二中)说:

"阿跋提者,五种罪名阿跋提。何等五?谓波罗夷、僧伽婆尸沙、波逸提、波罗提提舍尼、突吉罗。于此五种罪,比丘若作,若覆障不远离,是名阿跋提。无阿跋提者,……是五种罪,不作、不覆障远离、净身口业、净命;若狂人、病坏心人、散乱心人作罪,若(未制以)先作,是名无阿跋提罪。轻阿跋提罪者,可忏悔即觉心悔,是名轻阿跋提罪。重阿跋提罪者,若罪可以羯磨得出者,是名重阿跋提罪。残阿跋提罪者,五种罪中,后四种罪可除灭,是名残阿跋提罪。无残阿跋提罪者,五种罪中初种,是名无残阿跋提。恶罪者,谓波罗夷、僧伽婆尸沙。虽一切罪皆名恶,此是恶中之恶,故名恶罪。非恶罪者,波逸提、波罗提提舍尼、突吉罗,是非恶罪。可治罪者,可出可除灭,是名可治罪。不可治罪者,不可出不可除灭,是名不可治罪。"

阿跋提(āpatti),译为犯。与法不相应,与毗尼不相应;凡一

---

① 《摩诃僧祇律》卷一二(大正二二·三二八下)。《萨婆多部毗尼摩得勒伽》卷一(大正二三·五六八上)。

② 《铜鍱律·附随》(南传五·一五六)。《四分律》卷五九(大正二二·一〇〇四下)。《律二十二明了论》(大正二四·六六六中)。

切有所违犯的,就是过失,所以也译为罪。然在犯(罪)的分别判决中,波罗提木叉的五篇罪,显然是过于简略,不足以适应佛教开展中的僧事实况。如佛制立的受具足、布萨、安居等,如有所违犯,也就有罪,但有些不是波罗提木叉学处所能含摄的。所以《律二十二明了论》,于"优波提舍律"以外,别立"婆薮斗律"①。《四分律》等,于"波罗提木叉学"外,别立"毗尼学"、"威仪学"②。"破戒"以外,有"破威仪"等。总之,波罗提木叉五篇(八篇)以外,还有为僧伽——每一比丘所应受持的律行。还有,佛因犯而制立学处,都是针对既成的罪事而立制。所以每一学处,都是既遂罪,且有一定的标准。但在罪的分别决断中,知道是并不如此简单的。以波罗夷的不与取学处(盗戒)来说:是有主物,有盗心,将物品取离原处,价值五钱:这才构成这一重罪。假如,把无主物看作有主物,起盗心去盗取,当然也是有所违犯的,但所犯的不是波罗夷罪。又如于有主物而起了盗心,作盗取的种种准备,一直到用手拿着物件;在没有将物品取离原处时,还是不与取的方便罪。即使将物品取离原处,如物品不值五钱,也不犯这一学处。像上面所说的,或轻或重,在固有的五部罪中,应属于哪一类呢?

　　大众部与说一切有部,维持固有的"五罪聚"说,而将第五聚的越毗尼,或突吉罗,给以弹性的解说,以容纳其余四部所不能容摄的一切过失。如《僧祇律》卷二五(大正二二·四二九

---

① 《律二十二明了论》(大正二四·六六六上)。
② 《萨婆多部毗尼摩得勒伽》卷五(大正二三·五九四下)。《四分律》卷五八(大正二二·九九六中),立三学,但以净行学代毗尼学。

上——下）说：

> "越毗尼者，有十三事：阿遮与、偷兰遮、丑偷兰、不作、
> 不语、突吉罗、恶声、威仪、非威仪、恶威仪、恶邪命、恶见、心
> 生悔毗尼。"

阿遮与，是面向佛陀悔谢的。偷兰遮与丑偷兰，是前二聚中
不具分所起的重罪。不作与不语，是不受和尚、阿阇黎的教命，
不去作或不理睬。突吉罗，指"波罗提木叉经"中的众学法。威
仪、非威仪、恶威仪，都是有关威仪的。心生悔毗尼，也作越毗尼
心悔，是心生悔意就能除灭的过失。这些不同的过失，说一切有
部都称之为突吉罗，如《十诵律》卷五一（大正二三·三七二
上）说：

> "有九犯：犯波罗夷，犯僧伽婆尸沙，犯波逸提，犯波罗
> 提提舍尼，犯突吉罗，犯恶口突吉罗，犯偷兰遮突吉罗，犯毗
> 尼突吉罗，犯威仪突吉罗：是名九犯。"

《十诵律》虽分为九犯，其实还是五犯聚，只是将突吉罗开
为五类而已。突吉罗是恶作，恶口突吉罗是恶说。偷兰遮也是
突吉罗所摄。犯毗尼与犯威仪，是属于违犯犍度规定的过失。
总之，大众部与说一切有部，虽因分别抉择而成立不同的罪类，
但仍汇集于固有的五犯（罪）聚的形式之内。

某些部派，觉得五犯聚不足以概罗一切，于是在五犯聚的基
础上，扩大而成立七犯聚，如《四分律》卷五（大正二二·五九九
下）说：

　　"七犯聚:波罗夷、僧伽婆尸沙、波逸提、波罗提提舍尼、偷兰遮、突吉罗、恶说。"

　　《铜鍱律》也同样的立七犯聚①,但以偷兰遮为第三聚,列于僧伽婆尸沙以下。《五分律》虽没有明说,也应有七犯聚,次第与《铜鍱律》相同,如卷一九(大正二二・一三二下)说:

　　"犯突吉罗罪,向余比丘说,半云是突吉罗,半云是恶说。……犯波罗提提舍尼,乃至偷罗遮亦如是。若犯僧伽婆尸沙,若犯波罗夷……。"

　　《毗尼母经》,立有多少不同的七种犯戒,如卷三(大正二四・八一三中)说:

　　"犯戒有七种:一、波罗夷;二、僧伽婆尸沙;三、尼萨耆波逸提;四、波逸提;五、偷兰遮;六、波罗提提舍尼;七、突吉罗。"

　　《律二十二明了论》,也于五犯聚外,别立七犯聚②。名数与《毗尼母经》相同,但以偷兰遮为第三聚。这二类的七罪聚,都是别立偷兰遮为一聚。而不同的是:或开波逸提为二,于波逸提外,立尼萨耆波逸提。或开突吉罗为二,于突吉罗外,别立恶说。重律的学派,对于不同类的罪犯,作严密的整理,成立七罪聚,约为部派开始再分化的时代。这虽是后起的新说,但更为完善!

---

　　① 《铜鍱律・附随》(南传五・一五六)。
　　② 《律二十二明了论》(大正二四・六六六下)。

七罪聚,应与波罗提木叉的七篇有关。起初,波罗提木叉集为五部;依五部而罪分五聚(第五聚容纳四部以外的一切罪),是完全一致的。其后,波罗提木叉集为八篇,而第八"灭诤法",不是"波罗提木叉分别"的对象,始终存有附属的意味。如《铜鍱律·附随》,明"三百五十戒",也是除"灭诤法"而论的①。以五罪聚过于简略,于是比拟七篇②而成立七犯聚。七篇中的"不定法",没有特定的罪性,所以《律二十二明了论》及《毗尼母经》,都除去不定法而代以偷兰遮,立为七聚。但七篇的尼萨耆波逸提,在处理问题上,虽然是物应舍,罪应悔,与波逸提不同。而所犯的罪,还是波逸提,没有什么不同。于是分别说部分出的部派,如《铜鍱律》、《四分律》、《五分律》,进一步地略去尼萨耆波逸提,而于突吉罗外,别立恶说。这样的七犯聚,约罪类的不同来说,最为完善!但与波罗提木叉的七篇,再也不能相合了。

"波罗提木叉分别",是对于每一学处,分别犯与不犯、轻犯与重犯。也就是持律者对犯聚作分别抉择,而应用于每一学处。一味和合时代,律师们分别论究的成果,成为"波罗提木叉分别"的重要部门。汉译有《优波离问经》,就是每一学处分别犯与不犯、轻犯与重犯的简论。所以,犯不犯的分别抉择,起初可能是独立成部的。

---

① 《铜鍱律·附随》(南传五·二四七)。
② 道安传"外国云戒有七篇",见《出三藏记集》卷一一(大正五五·八○中)。

第三节　波罗提木叉分别的先后集成

第一项　因缘·文句与犯相分别（主体部分）

部派未分以前的"波罗提木叉分别"，因部派分化，形成各部广律中的"波罗提木叉分别"部分。名称也不一致，或名"经分别"，或名"毗奈耶"，或名"毗奈耶分别"。研究从原型而成不同部类的先后，要将主体部分、附属部分，分别来处理。制立学处的因缘，学处文句的分别解说，犯不犯相的分别：这是波罗提木叉分别不可缺少的核心问题。"本生"（Jātaka）、"譬喻"（avadāna），与"波罗提木叉分别"相结合，是可以有而不必有的附属部分。

现存的各部广律，都是属于部派的。部派的分裂，并不是突然的，是经长期的酝酿而到达明显的分裂。波罗提木叉分别也是这样，虽可说一切部派共同的原型，其实在分裂以前，或因"戒经"文句的诵本不同，或因师承的解说不同，不同的因素早已潜滋暗长。所以不同部派的，不尽相同的"波罗提木叉分别"，是根源于同一古型，因不同的师承，及部派的一再增编改编而成。现存的各部广律，依师承不同、学风不同，形成不同的部系。同一部系的，相近；不同部系的，差别就较多。然而有些部分，与不同部系相近，与同一部系的反而不合。原因可能并不单纯，教区共同的影响而外，应该还有源于古老的共同传说。如《根有律》与《十诵律》，为同一部的二系。如同于分别说部，反而不同于自部别系，那就可推论到上座部共同时期。如不同于自部自系，反而同于《僧祇律》，就可以推论到部派未分的时期。现存的各部广律，完成虽有先后，而都包含有古老的传承、新起的分别与改编。

"波罗提木叉分别"的原型虽没有传诵保存下来，但"制戒因缘"、"文句分别"、"犯相分别"——三部分，确已规模粗具，相互结合而成立。以四波罗夷为例：迦兰陀子、猕猴①；檀尼迦②、鹿杖③、安居比丘④，为制立四波罗夷的主要因缘。盗满五钱犯重罪，是参照当时摩竭陀的国法⑤。比丘的自杀或他杀，由于不

---

① 《弥沙塞部和醯五分律》卷一（大正二二·三上——下）。《摩诃僧祇律》卷一（大正二二·二二九上——中、二三三上——中）。《四分律》卷一（大正二二·五七〇上——中、五七一上）。《十诵律》卷一（大正二三·一上——中、三上）。《根本说一切有部毗奈耶》（大正二三·六二八上——下、六二九）。《铜鍱律·经分别》（南传一·二二——二八、三三——三四）。

② 《弥沙塞部和醯五分律》卷一（大正二二·五中——下）。《摩诃僧祇律》卷二（大正二二·二三八上——二三九中）。《四分律》卷一（大正二二·五七二中——五七三上）。《十诵律》卷一（大正二三·三中——四上）。《根本说一切有部毗奈耶》卷二（大正二三·六三五下——六三六下）。《铜鍱律·经分别》（南传一·六六——七〇）。

③ 《弥沙塞部和醯五分律》卷二（大正二二·七中）。《摩诃僧祇律》卷四（大正二二·二五四上——中）。《四分律》卷二（大正二二·五七五下——五七六上）。《十诵律》卷二（大正二三·七中——八上）。《根本说一切有部毗奈耶》卷七（大正二三·六五九下——六六〇上）。《铜鍱律·经分别》（南传一·一一三——一一五）。

④ 《弥沙塞部和醯五分律》卷二（大正二二·九上——中）。《摩诃僧祇律》卷四（大正二二·二五八下——二五九上）。《四分律》卷二（大正二二·五七七中——下）。《十诵律》卷二（大正二三·一一上——中）。《根本说一切有部毗奈耶》卷一〇（大正二三·六七五上——下）。《铜鍱律·经分别》（南传一·一四四——一四七）。

⑤ 《弥沙塞部和醯五分律》卷一（大正二二·六上）。《摩诃僧祇律》卷三（大正二二·二四二下——二四三上）。《四分律》卷一（大正二二·五七三中）。《十诵律》卷一（大正二三·四上）。《根本说一切有部毗奈耶》卷二（大正二三·六三七上）。《铜鍱律·经分别》（南传一·七二）。

净观的厌离心过切,佛因而为大众说安那般那①。这种事缘与"制戒因缘"相结合,是各部派不同广律所同的。"文句分别",以依据"戒经"的共同(小异),解说也相近。如"戒赢"与"舍戒"的分别,各部都是相同的②。"犯相分别",虽形式与内容各部极不统一,而也有共同的内容。如"不净行"戒,分为人、非人、畜生;男、女、黄门(或增为四·五);大便道、小便道、口中③。各部的"犯相分别"极不统一,可见原型的"犯相分别"部分还没有后代那样的严密。这三部分构成的"波罗提木叉分别"的原型,在部派未分以前,是确实存在了的。

　　"文句分别",依口口传诵的"戒经"。对文句的意解不同,阐述内容的不同,引起文句的补充;分别解说也就增多了。如"不与取"戒,《僧祇律》作"王";《铜鍱律》作"诸王";《四分律》等,都分为王与大臣④。对不与取者的处罚,《僧祇律》作"或捉、

---

① 《弥沙塞部和醯五分律》卷二(大正二二·七下)。《摩诃僧祇律》卷四(大正二二·二五四下)。《四分律》卷二(大正二二·五七六中)。《十诵律》卷二(大正二三·八上——中)。《铜鍱律·经分别》(南传一·一一六——一一七)。

② 《弥沙塞部和醯五分律》卷一(大正二二·四中)。《摩诃僧祇律》卷二(大正二三·二二六上——二三七中)。《四分律》卷一(大正二二·五七一中——下)。《十诵律》卷一(大正二三·二中——下)。《根本说一切有部毗奈耶》卷一(大正二三·六三〇中)。《铜鍱律·经分别》(南传一·三七——四三)。

③ 《弥沙塞部和醯五分律》卷一(大正二二·五上)。《摩诃僧祇律》卷二(大正二二·二三八上)。《四分律》卷一(大正二二·五七一下)。《十诵律》卷一(大正二三·二下)。《根本说一切有部毗奈耶》卷一(大正二三·六三〇下)。《铜鍱律·经分别》(南传一·四四)。

④ 《摩诃僧祇律》卷三(大正二二·二四四中)。《铜鍱律·经分别》(南传一·七四)。《四分律》卷一(大正二二·五七三中)。《弥沙塞部和醯五分律》卷一(大正二二·六上)。《十诵律》卷一(大正二三·四中)。《根本说一切有部毗奈耶》卷二(大正二三·六三七上)。

或杀、或缚、或摈出"，各律都相同①；惟《十诵律》作"若捉系缚、若杀、若摈，若输金罪"②。输金赎罪，是适应当时的法律，而为《十诵律》特有的增制。"夺人命"戒，《僧祇律》、《铜鍱律》、《四分律》，都说"人"；而《五分律》等，都分为人与人类（胎儿）③。论到杀，《僧祇律》："自手断人命、求持刀与杀者、教死誉死"（三类）；《十诵律》同④。《铜鍱律》与《四分律》作四类，是分"赞死"与"劝死"为二的⑤。《五分律》作："若自杀，若与刀药杀，若教人杀，若教自杀（劝死），誉死赞死。"⑥这是将"求持刀与杀者"，分为让他自己杀，及求人去杀他——二类。《根有律》为："故自手断其命，持刀授与，自持刀，求持刀者，劝死赞死。"⑦这是分析文句，而为更详备的解说。由此而增改"戒经"的文句，"戒经"的分别也就增广了。在"文句分别"上，《僧祇律》与《铜鍱律》是接近原型的，《五分律》与《根有律》出入较大。

─────────────

①　《摩诃僧祇律》卷三（大正二二·二四四上）。《弥沙塞部和醯五分律》卷一（大正二二·六上）。《四分律》卷一（大正二二·五七三中）。《根本说一切有部毗奈耶》卷二（大正二三·六三七上）。《铜鍱律·经分别》（南传一·七四）。

②　《十诵律》卷一（大正二三·四中）。

③　《摩诃僧祇律》卷四（大正二二·二五五上）。《铜鍱律·经分别》（南传一·一二〇）。《四分律》卷二（大正二二·五七六下）。《弥沙塞部和醯五分律》卷二（大正二二·八中）。《十诵律》卷二（大正二三·八中）。《根本说一切有部毗奈耶》卷七（大正二三·六六〇上）。

④　《摩诃僧祇律》卷四（大正二二·二五四中）。《十诵律》卷二（大正二三·八中）。

⑤　《铜鍱律·经分别》（南传一·一二一）。《四分律》卷二（大正二二·五七六中）。

⑥　《弥沙塞部和醯五分律》卷二（大正二二·八中）。

⑦　《根本说一切有部毗奈耶》卷七·（大正二三·六六〇中）。

　　四波罗夷的"制戒因缘",在"波罗提木叉分别"中,虽地名
与人名不完全相同,而事缘是一致的(其他学处也大致相同,除
对文句的意解不同)。但由于两点意义,各部律的制戒因缘不
免有些出入。一、古代律师的见解,佛是"随犯随制"的。一部
分学处,不是一次制定的,所以有一种以上的制戒因缘;这是从
文句的分别而来的。如"不净行"戒,有"戒羸不自出"一句,《僧
祇律》与《五分律》就别出戒羸因缘一则①。"不与取"戒,有"若
聚落,若空地"二句,所以《僧祇律》、《铜鍱律》、《五分律》于达
尼迦因缘外,别出取空闲处衣物因缘②。"夺人命"戒,鹿杖因缘
外,《铜鍱律》举赞死因缘③;《僧祇律》别出二(三)缘④;《五分
律》别出四缘⑤。这是与"戒经"文句的分别有关。二、与"制戒
因缘"相类,或有关的事缘,佛教界的传说是众多而普遍的。制
戒的因缘,并不限于一事,所以重法的大众部、说一切有部的持
经譬喻师,将类似或有关的事缘,编入波罗提木叉的"制戒因
缘"中。如《僧祇律》的"不净行"戒,列举"非道"、"死尸"等一
四缘⑥。僧伽婆尸沙"摩触"戒,前出支离尼等三缘⑦。说一切
有部的《根有律》,于"夺人命"戒前,列驮索迦等六缘,而说"此

　　① 《摩诃僧祇律》卷一(大正二二·二三一下——二三二上)。《弥沙塞部和
醯五分律》卷一(大正二二·四上)。
　　② 《摩诃僧祇律》卷二(大正二二·二四下)。《铜鍱律·经分别》(南传
一·七三)。《弥沙塞部和醯五分律》卷一(大正二二·六上)。
　　③ 《铜鍱律·经分别》(南传一·一一八——一一九)。
　　④ 《摩诃僧祇律》卷四(大正二二·二五三下——二五四中)。
　　⑤ 《弥沙塞部和醯五分律》卷二(大正二二·七下——八上)。
　　⑥ 《摩诃僧祇律》卷一·二(大正二二·二三三下——二三五下)。
　　⑦ 《摩诃僧祇律》卷五(大正二二·二六四上——中)。

是缘起,未制学处"①。在学处的因缘中,列举事缘而说"未制学处",《根有律》是非常多的。《根有律》与《僧祇律》,与其余的律部不同。这一类的编集,当然比原型要迟一些。

"犯相分别",为各部广律所最不一致的部分,试从《铜鍱律》说起。《铜鍱律》的"大分别",依"波罗提木叉经"而作逐条的解说。每一学处(戒),作三部分:"制戒因缘"、"文句分别"、"犯相分别";体例极为分明,可说是各部广律所同的。"犯相分别"中,四波罗夷,及十三僧伽婆尸沙的前五学处——"故出精"、"摩触"、"粗恶语"、"赞淫欲"、"媒"——九戒。每戒都分二部分:先"约义分别",依对象、方法、意志(有意或无意、自主或被迫等)、结果,而分别犯相的轻重。末了,以不犯相作结,如说:"不犯者,不知、不觉乐、狂、失心、痛恼,最初犯者。"②次"就事分别",这本是当时发生的实际事件,是特殊的、疑难的判决实例。《铜鍱律·就事分别》部分,列举章节如下③:

　　1. 第一波罗夷:一〇·一———一〇·二七

　　2. 第二波罗夷:七·一——七·四九

　　3. 第三波罗夷:五·一———五·三三

　　4. 第四波罗夷:七——九·六

　　5. 第一僧伽婆尸沙:五·一———五·一七

----

　　①　《根本说一切有部毗奈耶》卷六·七(大正二三·六五二下——六五九下)。

　　②　《铜鍱律·经分别》(南传一·五二)。

　　③　上列章节,并见《南传大藏经》卷一,其页数为:1. 五三———六三。2. 九〇——一一。3. 一三〇———一四二。4. 一六七———一八二。5. 一九五——一九九。6. 二一一——二一三。7. 二一八——二二〇。8. 二二五——二二六。9. 二四二——二四三。

6.第二僧伽婆尸沙:四·一——四·一一

7.第三僧伽婆尸沙:四·一——四·一〇

8.第四僧伽婆尸沙:四·一——四·六

9.第五僧伽婆尸沙:五·一——五·四

"犯相分别"的"约义分别"部分,属于分别说部系的《铜鍱律》、《五分律》、《四分律》,是非常接近的。如"不净行"戒,初分人等三类、女等四(或五)类、大便等三处。次就自意作淫、被迫作淫,而论不眠、眠、死等①。"不与取"戒,《铜鍱律》分地中、地上等三十类;《五分律》也是三十类,《四分律》二十六类②。"夺人命"戒,《铜鍱律》分自(己动手)杀、教杀等三十类;《五分律》也是三十类;《四分律》为二十类③。这三部律的分类,数目与内容都非常接近;《四分律》简略一些。这显然地出于同一根源,分别说部的原本,是可以推见的。

同出于上座部的说一切有部,"不净行"戒,《十诵律》仅列人等、女等、大便等三类④;《根有律》举颂说:"于三处行淫,三疮、隔不隔、坏不坏、死活、半择迦女男、见他睡行淫,或与酒药等,被逼乐不乐,犯不犯应知。"⑤长行的解说虽极为简略,但内

---

①　《铜鍱律·经分别》(南传一·四四——五二)。《弥沙塞部和醯五分律》卷一(大正二二·五上)。《四分律》卷一(大正二二·五七一下——五七二上)。

②　《铜鍱律·经分别》(南传一·七七——八六)。《弥沙塞部和醯五分律》卷一(大正二二·六中——七上)。《四分律》卷一(大正二二·五七三下——五七五上)。

③　《铜鍱律·经分别》(南传一·一二三——一三〇)。《弥沙塞部和醯五分律》卷一(大正二二·八中——九上)。《四分律》卷二(大正二二·五七六下——五七七上)。

④　《十诵律》卷一(大正二三·二下)。

⑤　《根本说一切有部毗奈耶》卷一(大正二三·六三〇下)。

容分类,与分别说部各本是相近的。"不与取"戒,《十诵律》分地处、上处等十六类;《根有律》分地上、器中等二十六类①。内容也与分别说部相同,只是简要些。分别说部律与说一切有部律的类同,可以推论到上座部的共同时期,所有"波罗提木叉分别"的原型。"夺人命"戒,《根有律》先分内身、外物、内外合——三类,次分毒药、毒祩等一五类②;《十诵律》大致相同,而在前面有自杀、教杀、遣使杀——三类;末了有赞叹杀三类③。说一切有部律对于"夺人命"戒的分类,是略于自杀等分别,而详于杀具、杀法的分类。分别说部律重于自杀、教杀、使杀、赞叹杀,也就是依"戒经"而作细密的分类,杀具仅列坑陷、倚发、毒、安杀具——四类而已。这一分类的不同,是很难说谁先谁后的。

《僧祇律》自成统系,与上座部律的最大差别,是叙述的纷乱。但某些部分,可以窥见古老的成分。简略(而不完备),杂乱(而有待整理),应该是初起的、古老的特色。如"不净行"戒,《僧祇律》分人、非人、畜生,女、男、黄门,上、中、下道,觉、眠、死、被强等④,与《铜鍱律》等大意相合。女、男、黄门的三类,与《根有律》、《十诵律》相合⑤,这是可直溯于部派未分以前的分

---

① 《十诵律》卷二(大正二三·五上——六下)。《根本说一切有部毗奈耶》卷三·四(大正二三·六三八中——六四六下)。

② 《根本说一切有部毗奈耶》卷七(大正二三·六六一上——六六三上)。

③ 《十诵律》卷二(大正二三·八中——一〇中)。

④ 《摩诃僧祇律》卷二(大正二二·二三八上)。

⑤ 《根本说一切有部毗奈耶》卷一(大正二三·六三〇下)。《十诵律》卷一(大正二三·二下)。

类。《铜鍱律》加二根为四类①，《五分律》再加无根为五类②，《四分律》作"人妇、童女、二形、黄门、男子"五类③。四类与五类的分别，也许是更详备的，但却是后起的。又如"觉、眠、死"的三类，比起上座部的，尤其是分别说部的"不眠、眠、醉、狂、颠倒、死"，死又分"（鸟兽）未餐、少分餐、多分餐"，要简略得多。"不与取"戒，《僧祇律》先出八种物④，次出地、地中物等十六种物⑤，又出物分齐等十三种分齐物⑥。十六种物的分类，与分别说部及说一切有部相通。"分齐物"中，有"寄分齐"、"贼分齐"、"税分齐"，这也是其他二系律部所有，而且也是列于末后的。这似乎说明了：初期的分类，先是地、地上物等，而持寄、贼、税等，是较后集成的。说一切有部与分别说部，条理结合而为统一的分类；而大众部承受传说，先后杂出。这一情形，也见于"夺人命"戒的分类：初举刀杀等八类⑦，次出行杀等十三类⑧。重于杀具等分类，与说一切有部相同。在十三类中，如毗陀罗凶杀、示道杀等，说一切有部律也是列于后面的。《僧祇律》的一再分类，而没有统一组合，可据以推论古代分类的渐次形成。当然，现存《僧祇律》的分类，有后起的部分。如"不净行"中，有

---

① 《铜鍱律·经分别》（南传一·四四）。
② 《弥沙塞部和醯五分律》卷一（大正二二·五上）。
③ 《四分律》卷一（大正二二·五七一下）。
④ 《摩诃僧祇律》卷三（大正二二·二四四上）。
⑤ 《摩诃僧祇律》卷三（大正二二·二四五上——中）。
⑥ 《摩诃僧祇律》卷三（大正二二·二四七下）。
⑦ 《摩诃僧祇律》卷四（大正二二·二五五中）。
⑧ 《摩诃僧祇律》卷四（大正二二·二五六上）。

"入定"而被强迫行淫①;"不与取"中,有"幡分齐"、"杙分齐",是寺塔的庄严物;"夺人命"中,"僧坊杀"、"大臣杀"等,都是其他律部所没有的。大众部是重法(经)的,与重律、重论的上座部比起来,缺乏严密分析、条理综合的治学方法。以"波罗提木叉分别"来说,承袭简略的、杂出的古风,而杂乱的类集,又附入新的成分。

再说"犯相分别"的"就事分别"部分:说一切有部律,也是有的,但比起《铜鍱律》来,极为简略,并限于四波罗夷②。《十诵律》中,1."不净行"一事:难提。2."不与取"三事:施越尼、东方尼、耕作衣。3."夺人命"六事:坐杀小儿、疾走、空地宿、避贼堕杀织师、失鐾杀木师、跳堕杀木师。4."妄说过人法"七事:定中闻声、温泉、战胜、生男、天雨、娑伽陀、毗输多③。《根有律》中,1."不净行"五事:弱脊、长根、孙陀罗难陀、开户睡、四禅比丘。2."不与取"八事:取衣、取钵、取自衣、东方尼、世罗尼、目连、毕陵陀婆蹉取儿、护物。3."断人命"九事:浴室、温堂、坐杀小儿、施醋二事、击擿死、兰若杀贼、老比丘疾走。4."妄说过人法"五事:战胜、天雨、生男、温泉、定中闻声④。分别说部系的《四分律》《五分律》,在"波罗提木叉分别"的"犯相分别"中,没有

---

① 《摩诃僧祇律》卷二(大正二二·二三八上)。
② 《根本说一切有部毗奈耶》,于波逸底迦中,也偶有"就事分别"的事缘,如"恼他"戒,见卷二九(大正二三·七八七上——七八八中)。
③ 《十诵律》:1.大正二三·二下——三上。2.大正二二·七上——中。3.大正二二·一〇下——一一上。4.大正二二·一二下——一三下。
④ 《根本说一切有部毗奈耶》:1.大正二三·六三一中——六三五上。2.大正二三·六四七上——六五二中。3.大正二三·六六三上——六六八下。4.大正二三·六七七下——六八〇中。

"就事分别"的判决实例。但不是没有,而是在"波罗提木叉分别"以外,成为另一独立的部类。

在现存各部广律中,不属于"波罗提木叉分别",而有"判决实例"意义的,类似内容的,汉译的共有五部。1.《五分律》"调伏法":所举的判例,除与四波罗夷相关的而外,属于僧伽婆尸沙的,有"故出精"、"摩触"、"粗恶语"、"媒"——四戒的判例①。2.《四分律》"调部":内容极广,有关四波罗夷而外,属于僧伽婆尸沙的,有"故出精"、"摩触"、"粗恶语"、"赞淫法"、"媒"、"无根谤"——六戒的判例②。3.《十诵律》"毗尼诵"(的一部分):除四波罗夷以外,属于僧伽婆尸沙的,仅"故出精"、"摩触"、"媒"——三戒的判例③。此外,于不定法、尼萨耆波逸提、波逸提、波罗提提舍尼,有最简略的几则,这多半是出于"优波离问诵"的。4.《萨婆多部毗尼摩得勒伽》(一部分):这是《十诵律》的别译。除四波罗夷以外,属于僧伽婆尸沙的,仅"故出精"、"摩触"、"粗恶语"、"媒"——四戒的判例④,与《五分律》相同。这可见现存的《十诵律》本,已有所增补了。5.《僧祇律》"杂诵",有"毗尼断当事",共三十五则。除有关四波罗夷而外,属于僧伽婆尸沙的,仅"故出精"二则、"粗恶语"二则⑤。《四分律》与《五分律》,是分别说部系;《十诵律》与《萨婆多毗尼摩得

---

① 《弥沙塞部和醯五分律》卷二八(大正二二·一八二上——一八五上)。
② 《四分律》卷五五——五七(大正二二·九七一下——九九〇中)。
③ 《十诵律》卷五七——五九(大正二三·四二四中——四四五下)。
④ 《萨婆多部毗尼摩得勒伽》卷三——五(大正二三·五八二中——五九三中)。
⑤ 《摩诃僧祇律》卷二九——三〇(大正二二·四六四下——四七〇下)。

勒伽》，是说一切有部；《僧祇律》是大众部。三大系的律典，都有这一（不属于"波罗提木叉分别"的）部类，名为"毗尼"（调或调伏）的判决事例。虽然内容或多或少，或开或合，人名与地名也不完全一致，但于"波罗提木叉分别"——"经分别"以外，成为另一部类，却是相同的，这不能看作偶然的相合。从一切律部来观察，"就事分别"判决的部分，都是有的，只是部类的组合不同。《铜鍱律》全部编入"经分别"中。《四分律》与《五分律》，全部编成另一部类——"毗尼"（调伏）。《十诵律》与《根有律》，少分编入"波罗提木叉分别"，又别编为"毗尼诵"（《根有律》没有译出）；与《僧祇律》相近，《僧祇律》也是编为二部分的。

现在以"不净行"——第一波罗夷为例，来究明各部成立的先后，从古型而分化为不同类型的过程。《僧祇律》近于古型，分为二部分。一、"制戒因缘"中，列叙十九事缘。二、"杂诵""毗尼断当事"中，与"不净行"有关的，共八缘。"制戒因缘"叙列的十九缘，是：1.迦兰陀子，2.离车子，3.戒嬴，4.禅难提，5.猿猴，6.非道，7.男子，8.黄门，9.男裹女露，10.女裹男露，11.长根，12.柔支，13.内行外出，14.外行内出，15.坏形，16.口中，17.兀女，18.狂眠，19.死尸。这些事缘，前五缘与一般传说的制戒因缘相合。如3.戒嬴，《五分律》也是有的[①]。4.禅难提，见于《五分律》"调伏法"、《四分律》"调部"、《十诵律》"毗尼诵"等[②]。十

---

① 《弥沙塞部和醯五分律》卷一（大正二二·四上）。

② 《弥沙塞部和醯五分律》卷二八（大正二二·一八二下）。《四分律》卷五五（大正二二·九七二中）。《十诵律》卷五七（大正二三·四二五上——中）。《萨婆多部毗尼摩得勒伽》卷三（大正二三·五八二下）。

九事缘,是从制戒到依戒实施,从不同的分类,"约义分别"而叙述有关的事缘。如约人、非人、畜生;道、非道;女、男、黄门;裹与露(或译为有隔无隔);口、小便道、大便道;内行外出、外行内出;觉、眠、死。其中 15. 坏形、16. 口中,是假设问答,而不是当时的事实。这些事缘,编集在文句分别以前,而实为从制戒到实施,"约义分别"而组合的,属于"犯相分别"(不只是制戒的因缘)。"毗尼断当事"的八缘,是:1. 孙陀罗难陀(罗汉昼眠,蹴打女人),4. (依毗尼断当事次第)开眼林,5. 外道出家,6. 共期,7. 淫女(与制戒因缘的 9.、10. 相同),25. 蹴女人,28. 舍妇,29. 隔壁。前五则是佛世的事,后三则是佛后"长老比丘"判决的事。"毗尼断当事",都是特出的,不容易判决的;集为一类,是不属于"波罗提木叉分别"的判决实例。

分别说部是重律的部派,对于"戒经"的次第、"波罗提木叉分别",以及僧伽轨则,都曾整理过,而作成新的完善的组织。所有犯与不犯的判决,古型是分为二类的。但到分别说部,或全部编入"波罗提木叉分别"的"犯相分别",是《铜鍱律》;或全部编为"波罗提木叉分别"以外的"毗尼",是《五分律》与《四分律》。无论是《铜鍱律》、《五分律》、《四分律》,都是将古型的二部分综合为一,从制戒到实施,与"约义分别"有关的。古代律师坚持"随犯随制"的原则,所以对"约义分别犯相",也就认为应有违犯的事缘。传说久了,假设问答的,约义分别的,都被看作是"随犯而制"的,而违犯的事缘就渐渐多起来了(《僧祇律》已有这种倾向)。以"不净行"为例:《僧祇律》二部分,除假设的与重出的,实为二十三事。而《五分律》就有二十七事,《铜鍱律》五四事,《四分律》更多到七十二事①。从逐渐增多中,可以了解先后成立的意义。

《五分律》"调伏法",共二十七事:1. 迦兰陀子,2. 阿练若比丘,3. 狂病(散乱心,病坏心,例),4. 孙陀罗难陀跋耆子,5. 二根,6. 二道合,7. 黄门,8. 小儿,9. 小女,10. 木女,11. 泥画女,12. 象,13. 立行,14. 坐行,15. 股脐等,16. 露地熟眠,17. 开户睡,18. 露地熟眠,19. 罗汉,20. 男根刺口,21. 共浴,22. 梦与本二,23. 狗衔,24. 根长,25. 弱体,26. 禅比丘,27. 共天龙等。这些事缘,部分是从"约义分别"来的。如 1. 迦兰陀子(《僧祇律》同),2. 阿练若比丘(与《僧祇律》的猿猴同),4. 孙陀罗难陀(与《僧祇律》的离车子同),这三事,是各律相同的"制戒因缘"。3. 狂病,与"不犯者,狂心、散乱心、病坏心、初作"有关(约"不净行"说,就是迦兰陀子)。这是一切戒的"不犯"总相②,而《五分律》却作为事缘了。二根、二道合、黄门、小儿,从女、男、黄门、二根、无根——五类的分别而来。10. 木女,11. 泥画女,12. 象,《五分律》的"约义分别"中是没有的,却见于《僧祇律》:"畜生者,从象马乃至鸡"③;"石木女人、画女人、越毗尼罪"④。《僧祇律》是"约义分别",而《五分律》却作为实事而叙有事缘了。13. 立行,14. 坐行,《五分律》与《铜鍱律》相合,而《四分律》与《僧祇律》,是内行外出与外行内出。19. 罗汉(与《僧祇律》的孙陀罗难陀

----

① 各部事缘的项目,开合不一,计算不易,这只是举大数以表示不断增多而已。

② 分别说系的三部律,每戒都以狂、散乱心、病坏心、初作,结说不犯。

③ 《摩诃僧祇律》卷二(大正二二·二三七中)。

④ 《摩诃僧祇律》卷二(大正二二·二三七下)。

相同），24. 长根，25. 弱体（上二都与《僧祇律》相同），26. 禅比
丘，与《僧祇律》的禅难提相合。总之，《五分律》是综合《僧祇
律》（应该是上座部律古型，与《僧祇律》相近）的二部分；部分的
"约义分别"，已传说为事缘。不同于《僧祇律》的，只有共浴、开
户睡、露地眠、梦与本二、狗衔——五事而已。

　　《铜鍱律》与《四分律》，这一部分的集成应该是迟一些，只
要略举几点，就足以说明了。"犯相分别"的"约义分别"，有死
而未餐、多分未餐、多分餐、骨出等。《僧祇律》与《五分律》，都
是分别而没有事缘。《铜鍱律》就有"五墓处、骨"——六事①。
又"约义分别"，有被迫与展转行淫；《僧祇律》与《五分律》，也
没有事缘的叙述。《铜鍱律》分别为七事②。《四分律》更详细
分别，成为比丘与比丘，到沙弥强沙弥——八事。又从比丘与眠
女，到恶比丘、恶沙弥、恶兰若与比丘尼等——二十事③。这都
是依原型的"约义分别"而传说为事实的。《五分律》有露地熟
眠（二则）、开户睡、罗汉——四缘，《四分律》也仅有罗汉、开户
睡、取薪女、担草女——四缘，而《铜鍱律》竟演化为罗汉、舍卫
安陀林四事、毗舍离大林三事、重阁讲堂一事，共为九缘④。大
同小异的事缘，是这样的增多了。然《铜鍱律》的增多，主要从
"约义分别"而来，而新增的并不多，仅莲华色、女口衔生支、败
根者、故二强坐等数则（传说的事实，不一定是后起的，但编集

----

① 《铜鍱律·经分别》（南传一·五七——五八）。
② 《铜鍱律·经分别》（南传一·六二——六三）。
③ 《四分律》卷五五（大正二二·九七三上——九七四上）。
④ 《铜鍱律·经分别》（南传一·五九——六一）。

要迟一点）。《四分律》有更多的新事缘，自难陀尼到母子，共十三事①。其中为《五分律》与《铜鍱律》所有的，仅狗衔、股脐等二则。这些新集录的事缘，也见于《萨婆多部毗尼摩得勒伽》②。

说一切有部二系——《十诵律》、《根有律》，这一部分的组织，是古型的，与《僧祇律》一样，分为二类："波罗提木叉分别"的"犯相分别"，及"毗尼诵"。《根有律》的"毗尼诵"（应名为"毗尼得迦"），没有译成汉文，但一定是有的。如《根本萨婆多部律摄》解说"不净行"的犯不犯相，历举种种犯缘，都与"毗尼诵"，《萨婆多部毗尼摩得勒伽》相合③。《十诵律》"毗尼诵"，与《十诵律》部分别译的《萨婆多部毗尼摩得勒伽》，内容增多了，与《四分律》相近。比对起来，有更多的新事缘，如《十诵律》与《萨婆多毗尼摩得勒伽》，自非人持著王夫人边，到守园尼，共十二事④；都是其他律部所没有的，而且是集录于末后的。这是说一切有部特有的，集录完成最迟的部分。

"波罗提木叉分别"的主要部分——"制戒因缘"、"文句分别"、"犯相分别"，从原型而成现存的各部律，无论是内容或组织形式，古传或新成立的，都是错综复杂的，应分别观察，不可一概而论。从原型而分为大众部与上座部，就有二部不同的初形。从上座部而分化为分别说、说一切有，就各有自部的特有原型。依共同的而再分部派，就又各为编集，而成大致同于现存部派的

① 《四分律》卷五五（大正二二·九七四上——下）。
② 前后杂出，可检《萨婆多部毗尼摩得勒伽》卷三——四。
③ 《根本萨婆多部律摄》卷一（大正二四·五三三下——五三四上）。
④ 《十诵律》卷五七（大正二三·四二五中——四二七上）。《萨婆多部毗尼摩得勒伽》卷四（大正二三·五八四中——五八五中）。

律典(集成后,也还有多少演变,但大致相同)。这里,也只是略举一例,以说明大概而已。

第二项　本生与譬喻（附属部分）

"本生"、"譬喻",为"十二分教"的二分;存在于"波罗提木叉分别"及"律藏"的其他部分,也存在于"经藏"。这二分,在佛法的开展中,因时因地,被称为"本生"与"譬喻"的体裁与意义,都不免有些演变。这一切,留在(本论第八章)"九分教与十二分教"中去研究。

"本生"与"譬喻",在"律藏"中,被称为"眷属"①,也就是附属部分。佛法不外乎"法"与"律";法是义理与修证的开示,律是学处与轨则的制立。在法与律的流传(实行)中,次第结集出来,就与人(畜、非人等)事相结合。经律传说的人事,可归纳为三类:一、佛与弟子的事迹:在传说集出中,佛与弟子的事迹,片段的,局部的,与某一法义,某一规制相结合。又逐渐的联合起来,成为佛及弟子的传记。二、古人的德行:古代印度的名王、名臣、婆罗门、出家仙人,所有的良法美德,透过佛教的观念而传述出来。这表示了世间的真正善法,以遮破传统宗教的迷妄;又表示了世间善法的不彻底,而引向出世解脱。三、举世间事为例证:这有点近于"比况"(aupamya),但不是假设的,也不是一般事物的譬喻。在说明某一善行或恶行时,引述世间(民间)共传的故事,以表达所要表达的意义。这种举为例证的故事,含有教

---

① 《大乘阿毗达磨杂集论》卷一一(大正三一·七四四上)。

训的意味。佛教传说的"因缘"（依制戒因缘而显著起来）、"本生"、"譬喻"等，都由于这些——不同的体裁、不同的目的而成立。

"本生"可分为二：经师所传的"本生"，在传述先贤的盛德时，以"即是我也"作结；这就成为释尊的"本生"，也就是菩萨的大行。律师所传的"本生"，是在说明某人某事时，进一步说：不但现在这样，过去已就是这样了。叙述了过去生中的故事，末了说：当时的某某，就是现在的某某。这一类型的"本生"，《僧祇律》最多，共存五十三则。《十诵律》与《根有律》，也有这一类型的"本生"。然《僧祇律》的"本生"，都在二部"波罗提木叉分别"中，而《根有律》特重于"破僧事"。传说佛为了提婆达多破僧，"广说五百本生"①，这是说一切有部律的特色。

这一类型的"本生"，分别说部系也是有的。与偷罗难陀（Sthūlanandā）比丘尼有关的，《铜鍱律》有"黄金鸟"，显然为"本生"的体裁②。《四分律》也有"黄金鸟""本生"；《根有律》说有"宝珠鹅"（黄金鸟的传说不同）、"贪贼"、"丑婆罗门"、"不贞妻"——四"本生"。但是，《僧祇律》、《五分律》、《十诵律》，却都是没有的。与提婆达多有关的，《铜鍱律》有"小象学大象"事③。虽没有具备"本生"的文学形式，而确是释尊与提婆达多的前生。"小象学大象"事，《四分律》与《五分律》，都明确的是"本生"体裁。《僧祇律》的"本生"很多，但有关提婆达多的，仅

---

① 《十诵律》卷三六（大正二三·二六四中）。
② 《铜鍱律·经分别》（南传二·四一九）。
③ 《铜鍱律·小品》（南传四·三〇八）。

有一则——"野干主"。关于提婆达多的,《铜鍱律》一则,《四分律》三则,《五分律》四则,《十诵律》一则,而《根有律》多达三十六则。在这一比较下,明确地可以看出:上座部系统律部的"本生",有集中的倾向。重视佛教的问题人物,以提婆达多、偷罗难陀比丘尼的恶行为主,而广泛地传说、集录出来。这与《僧祇律》的本生,对一般的比丘、比丘尼而说,没有集中在少数人身上,是非常不同的。这到底谁古谁今呢!

依律部所传的"本生",而论究成立的先后,是不能以有无、多少为准量的。1.先应确认"本生"所表达的意义,这是关联于前生后世,善恶因果的具体化。善恶因果,是佛法的重要论题。然在佛法的开展中,一般的要求,不是抽象的原理、法则,而要有具体的因果事实可以指证。于是,传述的古人善行,指证为"即是我也"。对现在的释尊说,这是前生的善行、高德,而形成前后的因果事实;这是经师所传的"本生"。律部中,举为例证的世间事——过去的人(畜生及非人)物,对现在的佛弟子,在传说中也成为前生后世的因果系;这是律师所传的"本生"。

2.经师与律师所传的"本生",是同类的善恶因果;这是佛法中,善恶因果具体化的早期形态。我们知道,浑括而简要的佛法根本思想,是但说善恶因果,没有做进一步的分类。但立善恶二性的大众部,就是这一思想的继承者。上座部的特色,是三性论,于善、恶外,别立无记性。分别说部,及从先上座部分出的,说一切有部中的"持经者",都立三性说。说一切有部论师及犊子部,成立四性说:善性、不善性,有覆无记性、无覆无记性。"因通善恶,果唯无记";"异类而熟"的异熟因,在上座部系,

尤其是说一切有部论师中,发扬广大起来。如认清佛法思想的
开展历程,那么律部本生所表现的具体的因果事实,正是初期的
善因善果、不善因不善果的说明;与大众部的思想,最为契合。
同类的善恶因果说,在上座部中,渐为异熟因果所取而代之
("譬喻"),但仍或多或少地,留存于上座系统的律部。

3.在部派中,学风是不尽相同的。从上座部而流出的阿毗
达磨(abhidharma)论师,是究理派。对于"本生"、"譬喻"等,取
审慎的抉择态度。如《阿毗达磨大毗婆沙论》说:"诸传所说,或
然不然。"①属于《十诵律》系统的《萨婆多毗尼毗婆沙》卷一(大
正二三·五〇九中)说:

> "凡是本生、因缘,不可依也。此中说者,非是修多罗,
> 非是毗尼,不可以定义。"

"本生"、"因缘"、"譬喻"等,与经律相结合,而不是经律的
实体;这是不可以作为定量的。所以重阿毗达磨的学派,对于本
生、譬喻,不予重视。为罽宾论师所重的,"除却本生、阿波陀
那,但取要用作十部"②的《十诵律》,真正的意义在此。铜鍱部
重律,也有发达的阿毗达磨论。《铜鍱律》仅有"黄金鸟"本生,
及"小象学大象",可与《十诵律》作同样的理解。反之,大众部
是重于修证,重于通俗,重经法而没有阿毗达磨论的(晚期也
有)。《僧祇律》保持了简略的、杂乱的古型(律藏的全部组织,
《僧祇律》是古型的,下文当加以证实),却富有同类因果的"本

---

① 《阿毗达磨大毗婆沙论》卷一八三(大正二七·九一六中)。
② 《大智度论》卷一〇〇(大正二五·七五六下)。

生"。在说一切有部中,本为持经者(上座部本重经)所用的《根有律》,有非常丰富的"本生"与"譬喻"。所以论究律中的"本生",有无与多少不一,有关学风的不同,是不能忽视的一环。

可以简略地总结了。《铜鍱律》仅"黄金鸟"为"本生",还有近于"本生"的"小象学大象"。《铜鍱律》编集完成时,当时的佛教界,就只有这二种"本生"吗? 还是学风不同,简略而不多采录呢? 仅有二项,而与上座部的其他律部,特重提婆达多与偷罗难陀,恰好相合,这是不能不引为希奇的! 上座律与大众律,对于风行古代的"本生",态度是显然不同的。同类因果的"本生"传说,是古老的,与大众部的思想及学风相合。所以在《僧祇律》的编集中,保存得最多。铜鍱部是重论的,与某人其事相结合的"本生"传说,在《铜鍱律》的编集中,仅保留了上座部系所特重的,有关提婆达多与偷罗难陀的"本生"。律部的集成,与部派成立的时期,相去不能太远(集成定本,以后只能有多少修正与补充,不能有太大的变动)。说一切有部——经师与论师分化时期,比化地部、法藏部、铜鍱部要迟一些。那时的说一切有部律,提婆达多的"本生",已经不少。论师系加以删略,重为编定,成为《十诵律》。持经的譬喻者,继承旧有的学风,扩充("譬喻"部分更多)改编,成为《根有律》。

经、律所传的"譬喻",也是多少不同的。经师所传的"譬喻",只是先贤的善行,光辉的事迹。而律师所传的"譬喻",通于善恶。从(制戒)"因缘"而化为"譬喻"——佛与弟子的事迹;又从"譬喻"而化为(业报)因缘。"本生"与"譬喻",有一共同的倾向:从现事而倾向于过去的"同类因果",是"本生";从现在而倾向于过去的"异类因果",是"譬喻"。这都是因果原理的具体说明,使人可证可信。依"譬喻"的发展情形,而论现存的各部律,说一切有部的《十诵律》,尤其是《根有律》,详于业报"譬喻",最为后起。其次,是《僧祇律》、《五分律》、《四分律》(有伊罗钵龙王宿缘等)①。《铜鍱律》为古。如以"波罗提木叉分别"——部派未分,已大体形成来说,那就还没有什么(业报)"譬喻",惟《根有律》是例外。

①《弥沙塞部和醯五分律》卷一五(大正二二·一〇六上——一〇七上)。《四分律》卷三二(大正二二·七九一上——七九二下)。

第五章　摩得勒伽与犍度

第一节　摩得勒伽

第一项　犍度部的母体

《铜鍱律》的第二部分,名为"犍度",内容为受"具足"、"布萨"、"安居",以及衣、食等规制。这是以僧伽的和乐清净为理想,而制定有关僧团与个人的所有规制。在中国律师的解说中,"波罗提木叉"及其"分别",称为"止持";"犍度"部分,称为"作持"。"止持"与"作持",为毗奈耶——毗尼的两大部分。"作持"部分,在不同部派的"广律"中,不一定称为犍度。以部派的传承不同,适应不同,解说不同,不免有些出入,但主要的项目与内容还是大致相同的。所以"犍度"部分,应有各部派共同依据的母体。犍度部的母体,在汉译的律典中,称为"摩得勒伽",也就是犍度之母。

摩得勒伽,梵语 Mātṛkā,巴利语作 Mātikā。古来音译为摩呾理迦、摩窒里迦、摩呾履迦、摩帝利伽、摩夷等。意译为母、本母,或意译为智母、戒母等。摩得勒伽，与经、律并称。"持法、持律、持摩夷"，出于《增支部》①。《中阿含》（一九六）《周那经》，作"持经、持律、持母者"②。《中阿含经》与《增支部》说到"持母者"，可见《中阿含经》与《增支部》集成的时代，与经、律鼎足而三的摩得勒伽早已存在；这是佛教的古典之一。

占有佛典重要地位的"摩得勒伽"，略有二类：一、属于达磨——法的摩得勒伽；二、属于毗尼——律的摩得勒伽。属于毗尼的摩得勒伽，铜鍱部学者觉音解说为："摩夷者，是二部波罗提木叉。"③依据这一解说，所以《善见律》意译为"戒母"④。日译的《南传大藏经》在本文与注释中，也就意译为"戒母"、"戒本"。这是铜鍱部的新说；至于古义，无论为法的摩得勒伽，律的摩得勒伽，到觉音的时代（西元五世纪），铜鍱部学者似乎已完全忘失了！在《铜鍱律》"附随"第三章，说到："附随"是依"两部毗崩伽（分别）"、"犍度"及"摩夷"为根据的⑤。在两部波罗提木叉分别、犍度以后，提到"摩夷"；摩夷的古义，是"波罗提木叉经"吗？这是值得考虑的！依汉译而为精审的研究，知道"波罗提木叉（经）分别"，是依"波罗提木叉经"而成立的；诸"犍度"，是依"摩得勒伽"而渐次集成的。毗尼的摩得勒伽，不是波罗提木叉，而是犍度部所依的母体。毗尼的摩得勒伽，汉译

① 《增支部·四集》（南传一八·二五九），又《五集》（南传一九·二五〇——二五二），又《六集》（南传二〇·一一一——一一二）。
② 《中阿含经》卷五二（大正一·七五五上）。
③ 《善见律毗婆沙》卷一八（大正二四·七九六下）。
④ 《善见律毗婆沙》卷一（大正二四·六七六上）。
⑤ 《铜鍱律》"附随"（南传五·一四六）。

有不同部派的不同诵本。今先比对抉出摩得勒伽的组织与内容,以为犍度部集成研究的前提。

第二项 说一切有部的毗尼摩得勒伽

《萨婆多部毗尼摩得勒伽》(简称《毗尼摩得勒伽》),一〇卷,宋元嘉十二年(西元四三五),僧伽跋摩所译。顾名思义,这是萨婆多部——说一切有部的毗尼摩得勒伽(Vinaya-mātṛkā)。上面曾说到,这部"摩得勒伽",古人是作为律论的,而其实是《十诵律》的"增一法"、"优波离问法"、"毗尼诵"——后三诵的别译。比对起来,二本的次第,是前后参差的;标题残缺不全,而都有错误。《毗尼摩得勒伽》,有重复的,也有翻译不完全的。虽然名为"摩得勒伽",而真正的"摩得勒伽",仅是其中的一部分。所以先要比对《毗尼摩得勒伽》与《十诵律》的后三诵,以抉出真正的"摩得勒伽"部分。

《十诵律》	《毗尼摩得勒伽》
"第八诵增一法"	
Ⅰ.问七法八法	(缺)
Ⅱ.增一法 ………………	七、增一法
Ⅲ.众事分 ————	一、众事分
"第九诵优波离问法"	
Ⅳ.问波罗提木叉 ————	二、优波离问波罗提木叉
Ⅴ.问七法八法 ————	三、优波离问事
Ⅵ.问杂事 ————	六、优波离问杂事
"第十诵毗尼诵(善诵)"	
Ⅶ.摩得勒伽 ————	五、摩得勒伽

Ⅷ. 毗尼相　　　　　　　　　　　（缺）

Ⅸ. 毗尼杂 ————————————— 四、毗尼杂

Ⅹ. 五百比丘结集品　　　　　　　（缺）

Ⅺ. 七百比丘结集品　　　　　　　（缺）

Ⅻ. 杂品·因缘品　　　　　　　　（缺）

　　　　　　　　　　　　　　　　八、毗尼三处摄

　　　　　　　　　　　　　　　　九、优波离问（重出）

　　约内容来分别,《十诵律》的后三诵,可分为十二大段。《毗尼摩得勒伽》,可分为九段。如上文的对列,可见二部的同异了。《十诵律》Ⅰ,原题"增一法之一";今依内容,题为"问七法八法"①。这部分,与义净所译的《根本说一切有部毗奈耶尼陀那》相合。《毗尼摩得勒伽》,缺。《十诵律》Ⅱ"增一法",从一法到十法,前后二段②,实为第八诵的主体。《毗尼摩得勒伽》七,也有增一法③,与《十诵律》的后十法相近,略为增广。《十诵律》Ⅲ,原题"增十一相初",性质与增一法不合;为阿毗达磨体裁,作种种的问答分别④。与此相合的,为《毗尼摩得勒伽》一、初标"毗尼众事分",末结"佛所说毗尼众事分竟"⑤;所以今改题为"众事分"。《十诵律》Ⅳ,从"问淫第一"起,"问七灭诤法"止⑥,为"优波离问波罗提木叉"。《毗尼摩得勒伽》二,与此相

----

① 《十诵律》卷四八（大正二三·三四六上——三五二中）。

② 《十诵律》卷四八——五一（大正二三·三五二中——三七三下）。

③ 《萨婆多部毗尼摩得勒伽》卷七（大正二三·六〇七上——六一〇下）。

④ 《十诵律》卷五一（大正二三·三七三下——三七八下）。

⑤ 《萨婆多部毗尼摩得勒伽》卷一（大正二三·五六四下——五六九中）。

⑥ 《十诵律》卷五二——五三（大正二三·三七九上——三九七上）。

合,末结"优波离问分别波罗提木叉竟"①。《十诵律》Ⅴ,标"问上第四诵七法","问上第五诵中八法"②,为"优波离问"问七法、八法部分。《十诵律》虽但标问七法、八法,末后已论到(不属八法的)破僧。与此相合的,为《毗尼摩得勒伽》三,从"问受戒事"起,"问覆钵事"止,末结"优波离问事竟"③。称为"问事",与根本说一切有部,称为(十六或)"十七事"相合。《十诵律》Ⅵ,标"问杂事"④。与此相当的,为《毗尼摩得勒伽》六,没有标题,也是问受戒等事⑤,文义略为简洁。"杂事",是受戒等种种事。《十诵律》的第十诵,名"毗尼诵";鸠摩罗什译为"善诵";《大正藏》本标为"比丘诵",是错的。"毗尼诵"可分为六段(后三段,或名"毗尼序")。《十诵律》Ⅶ,初结"具足戒竟";次结"法部竟";又标"行法",末结"行法竟"。这部分,今改题为"摩得勒伽"⑥。与此相合的,为《毗尼摩得勒伽》五,末作"佛说摩得勒伽善诵竟"⑦,是"善诵"中的"摩得勒伽"。《十诵律》Ⅷ,标"二种毗尼及杂诵",宋、元等藏本,都作"毗尼相"。广明种种毗尼,而结以"如是事应筹量轻重本末已应用"⑧。这是"毗尼"的解说,与《毗尼母经》后二卷相当;《毗尼摩得勒伽》,缺。

---

① 《萨婆多部毗尼摩得勒伽》卷一——二(大正二三·五六九下——五七九中)。

② 《十诵律》卷五四——五五(大正二三·三九七上——四〇五上)。

③ 《萨婆多部毗尼摩得勒伽》卷三(大正二三·五七九中——五八二中)。

④ 《十诵律》卷五五(大正二三·四〇五上——四〇九下)。

⑤ 《萨婆多部毗尼摩得勒伽》卷七(大正二三·六〇五上——六〇七上)。

⑥ 《十诵律》卷五六——五七(大正二三·四一〇上——四二三中)。

⑦ 《萨婆多部毗尼摩得勒伽》卷五——六(大正二三·五九三中——六〇五上)。

⑧ 《十诵律》卷五七(大正二三·四二三中——四二四中)。

《十诵律》IX,标"波罗夷法","僧伽婆尸沙"①。《毗尼摩得勒伽》四,与此相合(广一些)②,标名"毗尼摩得勒伽杂事",也就是毗尼摩得勒伽的杂事。《十诵律》的VIII、IX——二段,合标"二种毗尼及杂诵"。可解说为:VIII为毗尼相,IX为毗尼杂(事或杂诵)。"毗尼杂诵"部分,实与《五分律》的"调伏法"、《四分律》的"调部"相当,是毗尼的种种判例。《十诵律》X"五百比丘结集"③,XI"七百比丘结集"④,《毗尼摩得勒伽》,缺。《十诵律》XII"杂品"、"因缘品"⑤,与义净所译的《根本说一切有部毗奈耶目得迦》相合。《毗尼摩得勒伽》,缺。《毗尼摩得勒伽》八"毗尼三处所摄"⑥,是《十诵律》所没有的。《毗尼摩得勒伽》九,从卷八到卷一〇⑦,实为前"优波离问波罗提木叉"的重出。

　　经上来的比对,可见《毗尼摩得勒伽》虽在传诵中有少些出入,而为《十诵律》后三诵的别译本,是无可疑惑的。《毗尼摩得勒伽》的后三卷,是重复的,实际只存七卷。从次第参差,还有些没有译出而论,这是一部残本。似乎早就有所残脱,于是或者将"优波离问波罗提木叉"的初稿及治定稿,合并凑成传说中"十卷"的数目。虽然全部名为《毗尼摩得勒伽》,而唯有结为

①　《十诵律》卷五七——五九(大正二三·四二四中——四四五下)。
②　《萨婆多部毗尼摩得勒伽》卷三——五(大正二三·五八二中——五九三中)。
③　《十诵律》卷六〇(大正二三·四四五下——四五〇上)。
④　《十诵律》卷六〇——六一(大正二三·四五〇上——四五六中)。
⑤　《十诵律》卷六一(大正二三·四五六中——四七〇中)。
⑥　《萨婆多部毗尼摩得勒伽》卷七(大正二三·六一〇下——六一一中)。
⑦　《萨婆多部毗尼摩得勒伽》卷八——一〇(大正二三·六一一中——六二六中)。

"佛说摩得勒伽善诵竟",与《十诵律》"毗尼诵"初相同的部分,才是真正的、古传的"毗尼摩得勒伽",而为现在要加以论究的部分。

《十诵律》"毗尼诵"初(Ⅶ),《毗尼摩得勒伽》的"摩得勒伽",为说一切有部所传的,毗尼的"摩得勒伽"的不同译本。这一部分,《毗尼摩得勒伽》先这样说:"受具戒,应与受戒,不应与受具足,……威仪不威仪,三聚。"①这是总标一切论题(母),然后一一地牒标解说。《十诵律》没有总标,只是别别地标举,一一解说。这种先标后释,正合于"摩得勒伽"的体裁。今列举二本的论题,比对同异如下:

《十诵律》	《毗尼摩得勒伽》
(大正二三·四一〇上——四二三中)	(大正二三·五九三中——六〇五上)
1.受具足戒 2.应与受具足戒 3.不应与受具足戒	1.受具足戒 2.应与受具足戒 3.不应与受具足戒
4.得具足戒 5.不得具足戒	4.得具足戒 5.不得具足戒
6.二种羯磨 7.羯磨事	6.羯磨 7.羯磨事
8.遮羯磨 9.不遮羯磨	9.非处羯磨 8.羯磨处
10.出羯磨 11.舍羯磨	10.摈羯磨 11.舍羯磨
12.苦切事 13.出罪事	12.苦切羯磨 13.出罪羯磨事
14.因缘事	16.所作事
15.语治事 16.除灭事	14.不止羯磨 15.止羯磨
17.学 18.还戒 19.不舍戒	17.学 19.舍戒 18.非戒
20.戒羸 21.戒羸不出	20.戒羸 21.戒羸非舍戒

① 《萨婆多部毗尼摩得勒伽》卷五(大正二三·五九三中——五九四上)。

22. 诤事	22. 诤
23. 正取事	
24. 灭事	23. 摄诤事（灭诤）
	24. 诤事不灭
25. 除灭事	25. 诤灭事
26. 说 27. 不说 28. 独住法	26. 说 27. 不说 28. 受
29. 痴羯磨 30. 不痴羯磨	29. 狂人羯磨 30. 不狂羯磨
31. 不消供养	31. 堕信施
32. 不现前羯磨 33. 非羯磨	32. 不现前羯磨 33.（非）羯磨
34. 善	
35. 如法出罪	34. 忏罪
36. 白 37. 白羯磨 38. 白二羯磨 　　39. 白四羯磨	35. 白 36. 白羯磨 37. 白二羯磨 　　38. 白四羯磨
40. 苦切羯磨	39. 苦切羯磨
41. 依止羯磨	
42. 驱出羯磨 43. 下意羯磨 　　44. 不见摈羯磨 45. 不作摈羯磨 　　46. 恶邪不除摈羯磨	40. 驱出羯磨 41. 折伏羯磨 　　42. 不见摈羯磨 43. 舍摈羯磨 　　44. 恶邪不除摈羯磨
47. 别住羯磨 48. 摩那埵羯磨 　　49. 本日治羯磨 50. 出罪羯磨 　　51. 别住等四功德	45. 别住 47. 摩那埵 　　46. 本日治 48. 阿浮呵那 　　49. 别住等四功德
52. 觅罪相羯磨	50. 觅罪
	51. 戒聚
53. 阿跋提 54. 无阿跋提 　　55. 轻阿跋提 56. 重阿跋提 　　57. 残阿跋提 58. 无残阿跋提	52. 犯聚 53. 不犯聚 　　54. 轻罪 55. 重罪 　　56. 有余罪 57. 无余罪
59. 恶罪	59. 粗罪
60. 非恶罪 61. 可治罪	
62. 不可治罪	58. 边罪

63. 摄罪	60. 罪聚
64. 摄无罪	
65. 语 66. 忆念	61. 出罪 62. 忆罪
67. 说事羯磨 68. 萨耶罗羯磨	
69. 诬谤	63. 斗净
70. 诬谤发	
71. 诬谤灭	64. 止斗净
72. 求听	65. 求出罪
73. 与听 74. 用听	
75. 遮波罗提木叉 76. 遮自恣	66. 遮布萨 67. 遮自恣
77. 内宿 78. 内熟 79. 自熟	68. 内宿食 69. 内熟 70. 自熟
80. 恶捉 81. 不受 82. 恶捉受	71. 捉食 72. (不)受食 73. 恶捉
83. 初日受 84. 从是出	74. 受　 75. 不受
85. 食木果	(义有)
	76. 不舍
86. 池物	77. 水食
	78. 舍
87. 受 88. 不受	79. 受迦绨那 80. 不受迦绨那
89. 舍 90. 不舍	81. 舍迦绨那 82. 不舍迦绨那
91. 可分物 92. 不可分物 93. 轻	85. 可分物 86. 不可分物 84. 重物
94. 重物 95. 属物 96. 不属物	83. 轻物 89. 摄物 90. 不摄物
97. 手受物	
98. 不手受物	91. 不从他受
99. 人物 100. 非人物	87. 人物 88. 非人物
101. 因缘衣 102. 死衣 103. 粪扫衣	93. 成衣 92. 死比丘衣 94. 粪扫衣
104. 灌鼻 105. 刀治 106. 活帝治	95. 灌鼻 97. 刀 96. 灌下部
107. 剃毛 108. 剃发	98. 剃毛 99. 剃发
109. 故用	100. 唻 101. 净 102. 食 103. 作衣
110. 果窳	104. 果食

111. 人用物 112. 非人用物

113. 五百人集毗尼
　114. 七百人集毗尼
115. 毗尼摄
116. 黑印
　117. 大印
118. 合药 119. 和合法
120. 僧坊净法 121. 林净法
　122. 房舍净
123. 时净
124. 方净法
125. 国土净法
126. 衣净法
（"具足戒竟"）
127. 自恣法 128. 与自恣法
　129. 受自恣法 130. 说自恣法
131. 布萨法 132. 与清净法
　133. 受清净法 134. 说清净法
135. 欲法
136. 与欲法 137. 受欲法
　138. 说欲法 139. 清净法
140. 与清净法
141. 欲清净法 142. 与欲清净法
　143. 受欲清净法
　144. 说欲清净法
145. 起塔法 146. 塔地 147. 龛塔法
　148. 塔物无尽
149. 供养塔法 150. 庄严塔法

105. 非人食
106. 五百集毗尼
　107. 七百集灭毗尼
108. 毗尼因缘
110. 迦卢沤波提舍
　109. 摩诃沤波提舍
111. 等因 112. 时杂
113. 园林中净 114. 山林中净
　115. 堂净

116. 国土净
117. 边方净 118. 方净
119. 衣净
120. 酢浆净
121. 自恣 122. 与自恣欲
　123. 取自恣欲 124. 说自恣欲
125. 布萨 126. 与清净
　127. 受清净 128. 说清净

129. 布萨与欲 130. 受欲
　131. 说欲 132. 清净

133. 欲清净 134. 与欲清净
　135. 受欲清净
　136. 说欲清净
137. 偷婆 138. 偷婆物 139. 偷婆舍
　140. 偷婆无尽功德
141. 供养偷婆 142. 庄严偷婆

151. 华香璎珞法	143. 偷婆香华璎珞
152. 坚法	144. 有食
153. 坚坚法	
154. 粥法 155. 啖法 156. 含消法	145. 粥 146. 佉陀尼 147. 含消
157. 食法	148. 蒲阇尼
158. 钵法 159. 衣法 160. 尼师坛法	149. 钵 150. 衣 151. 尼师坛
161. 针法 162. 针筒法	152. 针 153. 针筒
163. 水瓶法 164. 常用水瓶法	
165. 和上法 166. 共行弟子法	158. 和上 159. 弟子
	160. 供养和上
167. 阿阇黎法 168. 近行弟子法	161. 阿阇黎 162. 近住弟子
169. 和上阿阇黎共行弟子近行弟子法	163. 和上阿阇黎共行弟子近住弟子
170. 沙弥法	164. 沙弥
171. 依止法 172. 与依止法	154. 依止 156. 与依止
173. 受依止法 174. 舍依止法	155. 受依止 157. 舍依止
175. 地法 176. 僧坊法	165. 筹量
177. 卧具法	166. 卧具
178. 治塔僧坊法	167. 营知事
179. 治塔僧坊人法	
180. 恭敬法	168. 次第
181. 澡豆法 182. 浆法 183. 药法	170. 屑 172. 浆 171. 药
184. 苏毗罗浆法	169. 苏毗罗浆
185. 皮革法 186. 革屣法	173. 皮 174. 革屣
	175. 揩脚物
187. 支足法 188. 机法	
189. 杖法 190. 杖囊法	176. 杖 177. 络囊
191. 啖蒜法	178. 蒜
192. 剃刀法 193. 剃刀鞘法	179. 剃刀 180. 剃刀房

194. 户钩法	181. 户钥 182. 户锁
195. 乘法	185. 乘
196. 盖法 197. 扇法	183. 扇柄 184. 伞 186. 扇
198. 拂法 199. 镜法	187. 拂 188. 镜
200. 治眼法	191. 眼安膳那
201. 治眼筹法 202. 盛眼筹物法	192. 著安膳那物
203. 华香璎珞法 204. 歌舞伎乐法	189. 香华璎珞 190. 歌舞倡伎
205. 卧法 206. 坐法	193. 卧 194. 坐卧经行
207. 禅杖法	
208. 禅带法	195. 禅带
209. 带法 210. 衣鞅带法	197. 腰绳 196. 纽
211. 抄系衣法 212. 跳掷法	199. 反抄著衣 198. 弹
213. 地法 214. 林	200. 地 201. 树
	202. 地物 203. 林树
215. 事	204. 净
216. 破僧	205. 净坏僧
217. 上中下座相看("法部竟")	206. 恭敬
218. 摈比丘行法	207. 下意
219. 种种不共住行法	208. 种种不共住
220. 阇赖吒比丘行法	209. 阇赖吒
221. 实觅罪相比丘行法	210. 实觅罪
222. 波罗夷与学沙弥行法	211. 波罗夷学戒
223. 僧上座法 224. 僧坊上座法	212. 众僧上座 213. 林上座
225. 别房上座法(衍文:阿蓝法)	
226. 林法 227. (阿蓝)别房法	214. 树界 215. 堂前
228. 房舍法 229. 卧具法 230. 户法	216. 房 217. 卧具 218. 户扂
231. 扃法 232. 空僧坊法	210. 户撢 220. 空坊
233. 钵法 234. 衣法 235. 尼师坛法	221. 钵 222. 衣 223. 尼师坛
236. 针法 237. 针筒法	224. 针 225. 针房

238. 净水瓶法 239. 常用水瓶法 ｜ 227. 水瓶 228. 澡罐 229. 瓶盖

230. 水 231. 饮水器

240. 粥法 241. 食法 242. 食处法 ｜ 226. 粥 232. 食蒲阇尼 233. 食时

243. 与食法 ｜ 234. 食

235. 受食

244. 乞食法 ｜ 236. 乞食

237. 请食

245. 乞食人法 246. 乞食持来法

247. 阿兰若法 248. 阿兰若上座法 ｜ 238. 阿练若比丘 239. 阿练若上座

249. 近聚落住法 ｜ 240. 聚落

250. 近聚落住上座法 ｜ 241. 聚落中上座

251. 洗足盆法 252. 洗足上座法 ｜ 246. 洗足 247. 洗足上座

253. 客比丘法 254. 客比丘上座法 ｜ 242. 客比丘 243. 客上座

255. 欲行比丘法 ｜ 244. 行

256. 欲行比丘上座法 ｜ 245. 行上座

257. 非时(行)法 258. 非时会法 ｜ 252. 非时 253. 非时僧集

259. 非时会上座法 ｜ 254. 非时僧集上座

260. 会坐法 261. 会坐上座法 ｜ 248. 集 249. 集上座

262. 说法人法 263. 说法人上座法 ｜ 250. 说法 251. 说法上座

264. 说法法 265. 不说法法 ｜ 255. 呗 256. 不呗

266. 安居法 267. 安居中法 ｜ 257. 求安居 258. 安居

268. 安居上座法 ｜ 259. 安居上座

269. 安居竟法 ｜ 260. 安居竟

270. 受众法 271. 往众会法 ｜ 261. 众 262. 入众

272. 受众法 273. 受众上座法 ｜ 263. 安居中 264. 安居中上座

274. 说波罗提木叉法 ｜ 265. 布萨 266. 说戒

275. 说波罗提木叉人法 ｜ 267. 说戒者

276. 僧会法 ｜ 268. 说戒上座

277. 上座法 278. 中座法 ｜ 269. 上座 270. 中座

279. 下座法	271. 下座
280. 上中下座法	
281. 浴室法 282. 浴室洗法	272. 浴室 273. 洗浴
283. 浴室上座法	274. 浴室上座
284. 和上法 285. 共行弟子法	275. 和上 276. 共行弟子
286. 阿阇黎法 287. 近行弟子法	277. 阿阇黎 278. 近住弟子
288. 沙弥法	279. 沙弥
289. 出力法	280. 治罪
290. 随后比丘法	281. 后行比丘
291. 常入出家比丘法	282. 入家
292. 至家法 293. 住家法	283. 入白衣舍 284. 入家坐
294. 住家上座法	285. 白衣家上座
294. 共语言法 295. 息法	286. 共语 287. 消息
296. 漉水囊法 297. 经行法	291. 漉水囊 290. 经行
298. 虚空法	288. 空中
	289. 迦缔那 292. 下风
299. 便利法 300. 近厕法	293. 入厕 294. 厕边
301. 厕板法 302. 厕上座法	295. 厕屣 296. 厕上座
303. 拭法 304. 洗处法	304. 筹草 297. 洗
305. 近洗处法 306. 洗处板法	298. 大行已洗手处 299. 洗处
307. 洗处上座法	
308. 小便处法 309. 近小便处法	300. 小便 301. 小便处
310. 小便处板法	302. 小便屣
311. 小便处上座法	303. 小便上座
312. 唾法	305. 唾
313. 唾器法 314. 钵支法	306. 器
315. 齿木法 316. 擿齿法	307. 齿木 308. 擿齿
317. 刮舌法	309. 刮舌
318. 擿耳法	310. 挑耳

（"行法竟"） 311. 威仪（不威仪）
312. 三聚

说一切有部"摩得勒伽"的两种译本,如上所列,论题(律母)虽偶有增减,解说或小有出入,但大体上,可说是完全一致的。说一切有部的毗尼的摩得勒伽,是分为三部分的。如《十诵律》本 126 项下,注"具足戒竟"①。217 项下,注"法部竟"②。318 项下,注"行法竟"③。毗尼的摩得勒伽,分为三部分,也如《毗尼摩得勒伽》卷六(大正二三·六〇五上)说:

"云何三聚? 谓受戒聚、相应聚、威仪聚。"

"三聚",是摩得勒伽末了的总结。一、"受戒聚"(upasampadā-khandha),如上说"具足戒竟",从最初的"受具戒"得名。这一聚,《十诵律》本为一二六项目;《毗尼摩得勒伽》本为一二〇项目。二、"相应聚"(Saṃyukta-khandhaka):随义类而编为一类一类的,称为相应,为古代集经、集律分类的通称。《十诵律》本为九十一项目(注名"法部");《毗尼摩得勒伽》本为八十六项目。三、"威仪聚"(Ācāra-khandha):威仪就是"行法"。《十诵律》本为一〇一项目;《毗尼摩得勒伽》本为一〇〇项目。末附"威仪"与"三聚"——两目,是这一部分及全部的总结,是《十诵律》本所没有的。说一切有部本的"摩得勒伽"大概是:初聚为一二〇项目,次聚为八〇项目,后聚为一〇〇项目。前二聚

① 《十诵律》卷五六(大正二三·四一四下)。
② 《十诵律》卷五六(大正二三·四一七下)。
③ 《十诵律》卷五七(大正二三·四二三中)。

的总和(二○○),为第三聚(一○○)的一倍。在传诵中略有增减,成为现存译本的形态。

第三项　先上座部的毗尼摩得勒伽

《毗尼母经》,八卷,"失译人名,今附秦录"。"毗尼母",是"毗尼摩得勒伽"的意译,为《毗尼摩得勒伽》的另一传本。这是属于雪山部也就是先上座部所传承的。先上座部为说一切有部的根源,所以这部《毗尼母经》,在解说上,虽然广略不同,意义也大有出入,但所解说的论题(律母),与说一切有部本,尤其是《毗尼摩得勒伽》本,极为接近!

《毗尼母经》的后二卷,初明"三处决断犯不犯"①;次辨毗尼的五义——忏悔、随顺、灭、断、舍②;末后别明种种的毗尼——犯毗尼、净毗尼、断烦恼毗尼、比丘毗尼、比丘尼毗尼、少分毗尼、一切处毗尼③。末了总结说:"推求所犯轻重聚,及起处缘,可灭不可灭经。"④这与《十诵律》Ⅷ.“毗尼相”相当;《十诵律》也结说为"如是事应筹量轻重本末已应用"⑤。这是依于同一原本,不同部派的不同诵本,而一向附于毗尼摩得勒伽的。真正的"毗尼母",是前六卷,也分为三分。标目与解说,译文偶有不明晰的地方。参照说一切有部本,条举其标释的论题(律母)如下:

---

① 《毗尼母经》卷七(大正二四·八三九上——八四二上)。
② 《毗尼母经》卷七(大正二四·八四二上)。
③ 《毗尼母经》卷七——八(大正二四·八四二上——八五○下)。
④ 《毗尼母经》卷八(大正二四·八五○下)。
⑤ 《十诵律》卷五七(大正二三·四二四中)。

一、第一分，一——九项目。

1. 受具足　2. 得受具　3. 不得受具　4. 可得受具　5. 不（可）得受具

6. 业（羯磨）　7. 应止羯磨　8. 不应止羯磨　9. 摈出羯磨　10. 听入僧羯磨　11. 呵责羯磨　12. 谏法　13. 缘事　14. 调伏　15. 舍摩陀（止灭）

16. 舍戒　17. 不舍戒　18. 戒羸　19. 戒羸事

20. 说戒法　21. 不说戒（此下有"说法"，应属后 29.）

22. 宿食大界内食（内宿内熟）　23. 共宿食残宿食（内熟自熟）　24. 残食法（受·不受）　25. 果　26. 池果

27. 畜钵法　28. 畜衣法

29. 应说　30. 非法说　31. 不应说

32. 失性羯磨　33. 舍

34. 施所堕　35. 羯磨　36. 非羯磨　37. 毗尼　38. 入僧法

39. 白　40. 白羯磨　41. 白二羯磨　42. 白四羯磨（呵责等）　43. 别住　44. 本事　45. 摩那埵　46. 阿浮呵那

47. 犯　48. 不犯　49. 轻犯　50. 重犯　51. 残　52. 无残　53. 粗恶　54. 浊重　55. 非粗恶浊重　56. 须羯磨　57. 不须羯磨　58. 集犯

59. 谏法　60. 忆念　61. 谏时　62. 受谏　63. 止语

64. 止说戒　65. 止自恣　66. 波罗提木叉　67. 布萨　68. 自恣

69. 内宿　70. 内熟　71. 自手作　72. 自取　73. 残食法

74. 根食

75. 受迦缔那衣　76. 不受　77. 舍迦缔那衣　78. 不舍

79. 可分物　80. 不可分物　81. 重衣物　82. 粪扫衣
83. 亡比丘衣物　84. 养生具　85. 非养生具　86. 与
得取　87. 不与不得取

88. 应畜物　89. 不应畜物

90. 剃发法

91. 净肉　92. 故作受用(食)

93. 合毗尼　94. 不合毗尼

95. 人养生具　96. 非人养生具　97. 食果(净法)

98. 五百结集　99. 七百结集　100. 毗尼缘　101. 大广说

102. 和合　103. 不和合　104. 尽形受药　105. 寺中应可
作　106. 寺中应畜物　107. 应入林　108. 有疮听
109. 大小行处　110. 房房中所作事　111. 应二指作
法　112. 共作法　113. 略问　114. 应受不应受
115. 处所　116. 方　117. 随国应作　118. 受迦缔那
衣利　119. 浆法

二、第二分,五十五项目。

120. 夏安居法　121. 自恣法　122. 与自恣欲　123. 取自
恣欲

124. 波罗提木叉法　125. 取布萨欲

126. 物　127. 谏　128. 可分不可分　129. 破僧

130. 房舍　131. 敷具　132. 敷具处所　133. 营事

134. 相恭敬法

135. 苏毗罗浆　136. 散　137. 香　138. 杂香澡豆　139. 药
　　140. 浆　141. 不中饮酒

142. 屐　143. 革屣　144. 皮　145. 应畜不应畜

146. 杖　147. 络囊　148. 食蒜　149. 剃刀　150. 藏刀处

151. 乘　152. 金扇　153. 拂　154. 扇　155. 盖　156. 镜

157. 眼药　158. 眼药筒　159. 庄饰　160. 歌舞　161. 花
　　鬘璎珞　162. 香

163. 坐　164. 卧具　165. 禅带　166. 带　167. 衣钩纽
　　168. 攀抄衣

169. 稚弩　170. 地法　171. 树

172. 斗诤言讼　173. 破（僧）　174. 和合

三、第三分，六十五项目。

175. 去　176. 去上座

177. 非时入聚落　178. 非时集　179. 非时上座集法

180. 法会　181. 法会上座　182. 说法者　183. 说者众
　　上座

184. 语法　185. 不语法

186. 养徒众法

187. 入大众法　188. 众主法　189. 众中说法上座法

190. 说戒　191. 布萨　192. 受安居时筹量法　193. 受安
　　居法　194. 安居中上座法　195. 安居竟事

196. 众　197. 入僧法　198. 入僧中坐法　199. 上座法
　　200. 中座法　201. 下座法　202. 一切僧所应行法

203. 浴室法　204. 入浴室洗法　205. 浴室上座所作法

206. 共行弟子共宿弟子奉事和尚阿阇梨法　207. 和尚阿

　　阇梨畜弟子法　208. 沙弥法

209. 前行比丘法　210. 后行比丘法　211. 为檀越师

　　212. 入檀越舍　213. 入坐法　214. 入家中上座法

215. 语言法　216. 道行中息　217. 失依止　218. 舍法

219. 经行　220. 经行舍　221. 然火　222. 小便处　223. 洗

　　足器　224. 熏钵炉

225. 虚空　226. 出气　227. 扫地法　228. 食粥法

229. 上厕法　230. 厕筹法　231. 上厕用水法

232. 嚼杨枝法　233. 涕唾法　234. 擿齿法　235. 去耳垢

　　法　236. 刮舌法　237. 小便法

238. 行法非行法

如上面列举的论题（律母），与说一切有部的摩得勒伽（二本），显然是出于同一原本，而各为不同的解说。《毗尼母经》(119)"浆法"下注"初一分竟"①，与《十诵律》本注"具足戒竟"的地位相合。《毗尼母经》第六卷末说"第三事竟"②，可见《毗尼母经》与说一切有部本相同，也是分为三分的。在三分中，第一分与说一切有部本最相近。(67)"内宿"到(74)"根食"，与二本相当；但别有(22)"宿食"到(26)"池果"，似乎是错简的重译。第二分中，《毗尼母经》较简略。以《毗尼摩得勒伽》为例：(121)"自恣"到(136)"说欲清净"，共十六项目；而《毗尼母经》从(121)"自恣法"到(125)"取布萨欲"，仅略为五项。此下，

① 《毗尼母经》卷四（大正二四·八二二中）。

② 《毗尼母经》卷六（大正二四·八三八下）。

《毗尼摩得勒伽》有"偷婆"类，"有食"类，"钵、衣"类，"依止"类，"和上、弟子"类，从（137）到（164），共二十八项目，都是《毗尼母经》所没有的。《毗尼母经》第三分中说："共行弟子、共宿弟子，奉事和尚、阿阇梨，和尚、阿阇梨畜弟子法，此皆如上文所说。"①但上文并没有说到，可见第二分中，应有和尚、弟子法，而是脱落了。第三分中，《毗尼摩得勒伽》（207）"下意"起，（243）"客上座"止，共三十六项目，而《毗尼母经》也没有。"闵赖吒"、"实觅罪"、"与学"等，《僧祇律》本也有，所以这大概是《毗尼母经》脱落了的。现存的《毗尼母经》，除译文标释不大分明，缺两大段外，原文的标题与说一切有部本是很接近的。

《毗尼母经》与说一切有部的二本比对起来，与《毗尼摩得勒伽》本更近。如（119）"浆法"，与《毗尼摩得勒伽》的（120）"酢浆净"；（226）"出气"，与《毗尼摩得勒伽》的（292）"下风"；（238）"行法非行法"，与《毗尼摩得勒伽》的（311）"威仪不威仪"，完全相合，而是《十诵律》本所没有的。又如（152）"金扇"，（154）"扇"——二事；《毗尼摩得勒伽》也立（183）"扇柄"与（185）"扇"为二，《十诵律》本但立（197）"扇法"为一事。《毗尼母经》的标目，与《毗尼摩得勒伽》无疑是更接近的。

第四项　大众部的毗尼摩得勒伽

大众部的《僧祇律》，曾说到"诵修多罗，诵毗尼，诵摩帝利伽"②。与修多罗、毗尼并立的摩帝利伽，显然为摩得勒伽的异

---

①　《毗尼母经》卷六（大正二四·八三五中）。
②　《摩诃僧祇律》卷一三（大正二二·三三四下）。

译。在《僧祇律》中，并没有说到摩帝利伽是什么。然依说一切
有部及先上座部的"毗尼摩得勒伽"去观察，确信《僧祇律》的
"杂诵跋渠法"、"威仪法"，与摩得勒伽相当；这就是大众部所传
的"毗尼摩得勒伽"。《僧祇律》先明"比丘律"（bhikṣu-vinaya），
从"明四波罗夷法第一"，到"七灭诤法第八"，而后总结说"波罗
提木叉分别竟"①。此下，"明杂诵跋渠法第九"，共十四跋渠
（varga）。次明"威仪法第十"，共七跋渠。比丘尼律（bhikṣuṇī-
vinaya）的组织，也是这样。"杂跋渠法"与"威仪法"，大抵以十
事结为一颂，也就是一跋渠（品）。但长行的标释，与结颂偶有
几处不合（偈颂分为数事，长行或综合的解说）。今依结颂次第
而条列其内容，而附注长行的不同处于下：

一、"杂诵跋渠法"，十四跋渠。

第一跋渠：

1. 受具足　2. 不名受具足　3. 支满（可受具足）　4. 不
清净（不得受其足）②

5. 羯磨　6. 羯磨事　7. 折伏羯磨　8. 不共语羯磨　9. 摈
出羯磨　10. 发喜羯磨

第二跋渠：

11. 举羯磨　12. 别住　13. 摩那埵　14. 出罪　15. 应不
应羯磨　16. 随顺行舍　17. 他逻咃　18. 异住　19. 与

①　《摩诃僧祇律》卷二二（大正二二·四一二中）。
②　长行先明"四种受具足"；次广明"不名受具足"，而以"是谓不名受具足。
是中清净如法者，名受具足"作结，这是合为"受具足"、"不名受具足"二事了。见
《摩诃僧祇律》卷二三——二四（大正二二·四一二中——四二二上）。

波罗夷学悔　20. 觅罪相羯磨

第三跋渠：

21. 举他　22. 治罪　23. 驱出　24. 异住　25. 僧断事①

26. 田地法②　27. 僧伽蓝法　28. 营事法　29. 床褥

法　30. 恭敬法

第四跋渠：

31. 布萨法　32. 羯磨法　33. 与欲法　34. 说清净法③

35. 安居法　36. 自恣法

37. 迦絺那衣法　38. 非迦絺那衣法　39. 舍迦絺那衣法

40. 衣法

第五跋渠：

41. 看病比丘法　42. 药法

43. 和上阿阇梨共住弟子依止弟子法　44. 沙弥法

45. 钵法　46. 粥法　47. 饼法　48. 菜法　49. 麨法

50. 浆法

51. 苏毗罗浆法

第六跋渠：

52. 毗尼法④　53. 障碍不障碍法

---

① 颂标"僧断事"，而长行作"羯磨法"，见《摩诃僧祇律》卷二七（大正二二·四四三中）。

② 长行别明"园田法"、"田宅法"，而总结为"是名田宅法"。见《摩诃僧祇律》卷二七（大正二二·四四三下——四四四上）。

③ 长行标"布萨法者"，而结以"是名布萨法、与欲法、受欲法"。颂中"羯磨"似即布萨羯磨。见《摩诃僧祇律》卷二七（大正二二·四四六下——四五○下）。

④ 长行初标"非羯磨者"，而以"是名毗尼法"作结。见《摩诃僧祇律》卷二九——三○（大正二二·四六四下——四七○下）。

54.比丘尼法

55.内宿内煮自煮　56.受生肉　57.受生谷　58.自取更
　　受　59.皮净　60.火净

第七跋渠：

61.重物　62.无常物　63.痴羯磨　64.见不欲　65.破
　　信施

66.革屣法　67.屐法　68.浴法（揩身石）　69.香屑法
　　70.杖络囊法

第八跋渠：

71.蒜法　72.覆钵法　73.衣纽绁结法　74.腰带法
　　75.带结法①

76.乘法　77.共床卧法　78.共坐法　79.共器食法
　　80.机法

第九跋渠：

81.为杀　82.肉（蒜）　83.皮法　84.揩脚物　85.眼药
　　86.眼药筒　87.眼药筹法　88.伞盖法　89.扇法
　　90.拂法

第十跋渠：

91.刀治　92.灌筒法　93.剃发法　94.作具（剃具等）
　　95.破僧　96.和合僧

97.五百比丘集法藏　98.七百集法藏　99.略说毗尼

第十一跋渠：

---

①　"带结法"，颂中缺，长行中有。见《摩诃僧祇律》卷三一（大正二二·四八
四下）。

100. 毁呰　101. 伎乐　102. 香　103. 华

104. 镜法　105. 担法　106. 抄系衣　107. 上树　108. 火
法　109. 铜盂法　110. 回向法

第十二跋渠：

111. 众生法　112. 树法　113. 樵木法　114. 华法　115.
果法　116. 种殖　117. 听一年①　118. 罪法　119.
非罪法　120. 治罪法

第十三跋渠：

121. 灭　122. 灭事　123. 调伏　124. 调伏事

125. 听法　126. 油法　127. 粉法　128. 刷法　129. 梳法
130. 簪法

第十四跋渠：

131. 塔法　132. 塔事　133. 塔龛法　134. 塔园法　135. 塔
池法　136. 枝提　137. 供养具　138. 收供养具法
139. 难法

二、"威仪法"，七跋渠。

第一跋渠：

1. 上座布萨　2. 第二上座布萨　3. 一切僧布萨　4. 上座
食　5. 第二上座食　6. 一切僧食

7. 和上教共行弟子　8. 共行弟子事和上　9. 阿阇梨教依
止弟子　10. 依止弟子事阿阇梨

第二跋渠：

---

① 今依颂而分"种殖"与"听一年"为二，见《摩诃僧祇律》卷三三（大正二
二·四九六中）。

11. 床敷　12. 春末月治房　13. 夏安居治房　14. 安居竟治房　15. 客比丘治房　16. 旧住比丘治房　17. 一切尽治房

18. 厕屋大便　19. 小便法　20. 齿木法

第三跋渠：

21. 衣席　22. 帘隔障　23. 房舍　24. 涕唾　25. 钵鼋　26. 粥法　27. 立住法　28. 经行法　29. 坐　30. 卧法

第四跋渠：

31. 客比丘法　32. 旧比丘法

33. 洗脚法　34. 拭脚法　35. 净水　36. 饮水　37. 温室　38. 浴法　39. 净厨　40. 衣法

第五跋渠：

41. 阿练若比丘　42. 聚落比丘　43. 礼足　44. 相问讯　45. 相唤

46. 入刹利众　47. 入婆罗门众　48. 入居士众　49. 入外道众　50. 入贤圣众

第六跋渠：

51. 着内衣法　52. 着中衣法　53. 着入聚落衣法　54. 白衣家护衣

55. 前沙门　56. 后沙门　57. 倩人迎食　58. 与人迎食　59. 乞食法　60. 食时相待

第七跋渠：

61. 然灯法　62. 行禅杖法　63. 掷丸法　64. 持革屣　65. 尼师坛　66. 謦咳法　67. 嚏法　68. 欠呿频申法

69. 把搔　70. 放下风

《僧祇律》的"杂诵跋渠法"、"威仪法"，为大众部所传，有其不同的次第与内容的增减。但就大体而论，与上座部系的摩得勒伽，一望而知为出于同一的原本。如"杂诵跋渠法"的第一、第二、第三跋渠的一部分——(24)"异住"止，与《毗尼摩得勒伽》的第一分的前五十项（除 26 到 31），内容与次第，都非常相近。又"杂诵跋渠法"的(66)"革屣法"起，(96)"和合僧"止，内容与次第，与《毗尼摩得勒伽》的(142)"屣"起，(174)"和合"止，更为一致。又如(97)"五百比丘结集"，(98)"七百结集"，(99)"略说毗尼"（《十诵律》本作"摄毗尼"，解说不同），三事是次第的，位于"杂诵跋渠法"的中间。说一切有部本、先上座部本，也都位于第一分的中间。尤其是和尚阿阇梨与弟子法，见于"杂诵跋渠法"(43)，又见于"威仪法"(7—9)。说一切有部本也是这样，见于第二分与第三分。这可见原本如此，而并不是重复的。

比较起来，《僧祇律》本简略，《毗尼母经》本较广，而说一切有部本最为详广。《僧祇律》本，于"上座"事，标列为项目的，仅(1)"上座布萨"，(2)"第二上座布萨"，(4)"上座食"，(5)"第二上座食"——四项。而《毗尼母经》本，有(176)"去上座"，(179)"非时上座集法"，(181)"法会上座"，(183)"说者众上座"，(189)"众中说法众上座"，(194)"安居中上座"，(205)"浴室上座"，(214)"入家中上座"——八项。而《毗尼摩得勒伽》本，广列(212)"众僧上座"，(213)"林上座"，(239)"阿练若比丘上座"，(241)"聚落中上座"，(243)"客上座"，(245)"行上

座",(247)"洗足上座",(249)"集上座",(251)"说法上座",
(254)"非时僧集上座",(259)"安居上座",(264)"安居中上
座",(268)"说戒上座",(274)"浴室上座",(285)"白衣家上
座",(296)"厕上座",(303)"小便上座"——十七项。上座部,
说一切有部本条列最为详备,也就可见上座地位的特别受到重
视了。又如《毗尼母经》(98)"五百结集",(99)"七百结集",
(100)"毗尼缘"是毗尼藏略说;(101)"大广说"(说一切有部本
分为"白""黑"二类)是结集经律的取舍标准。说一切有部本相
同,而《僧祇律》本却没有"大广说"。此下,《毗尼母经》自
(102)"和合"起,(108)"有疮听"止;(116)"方"起,(119)"浆"
止,共十一项目。《毗尼摩得勒伽》本,自(111)"等因"起,
(120)"酢浆净"止,共十项,都是"净法"。这部分,《僧祇律》本
没有,是值得注意的事!在七百结集时,佛教界有"十事非
法"——"十事不净"的论净。上座部系的"摩得勒伽",在"七
百结集"以下,广论"等因"、"时杂"等净法。净法,是在某种情
形下,经某种手续,认为是可行的。《僧祇律》于结集时,提出净
不净的标准,如卷三二(大正二二·四九二上)说:

> "五净法,如法如律随喜,不如法律者应遮。何等五?
> 一、制限净。二、方法净。三、戒行净。四、长老净。五、风
> 俗净。"

《僧祇律》举"净法"的原则——五净,没有分别而标列于
"摩得勒伽"("杂诵跋渠"),可见"等因"到"浆净",是上座部系
所补列的。这些,《僧祇律》近于原本,上座系本,显然有增广的

形迹。

　　然现存的《僧祇律》本，确有综合简略的地方。如"杂诵跋渠法"颂出："布萨及羯磨，与欲说清净，安居并自恣。"①而长行综合前四为一"布萨法"，结说"是名布萨法、与欲法、受欲法"②，这是综合简略的明证。与此相当的《毗尼母经》，自（120）"夏安居法"起，（125）"取布萨欲"止，共为六项。而《毗尼摩得勒伽》本，从（121）"自恣"起，（136）"说欲清净"止，共达十六项。在这些上，"摩得勒伽"的原本，相信是近于《毗尼母经》的。总之，现存各本，都是有所增减的。

第五项　摩得勒伽成立的先后

　　《十诵律》"毗尼诵"的"摩得勒伽"，《毗尼摩得勒伽》的"摩得勒伽"，《毗尼母经》的前六卷，《僧祇律》的"杂诵跋渠法"、"威仪法"：如上文所说，是出于同一母体的毗尼摩得勒伽。汉译的毗尼摩得勒伽，就是这几部。此外，分别说部系的《四分律》，也一再说到经律（毗尼）以外的摩夷（Mātikā），但实际的内容不明。根本说一切有部的"律藏"，义净的传译是不完全的。据《根本萨婆多部律摄》所说"比尼得迦及本母"③，可见《根有律》也是有"摩得勒伽"的，只是没有译出而已。

　　有关摩得勒伽的意义，我曾经有所论列④。概要地说，摩得

①　《摩诃僧祇律》卷二八（大正二二·四五五上）。
②　《摩诃僧祇律》卷二七（大正二二·四五〇下）。
③　《根本萨婆多部律摄》卷一（大正二四·五二五上）。
④　拙作《说一切有部为主的论书与论师之研究》第一章第三节第二项。

勒伽的文体,是标目作释的;文义是"决了定义"的。法的摩得勒伽,是圣道的修持项目,如《杂事》等所说①。律的摩得勒伽,也是有关实行的项目,如出家受具足、布萨、安居,以及衣、食、住等僧伽规制。律的摩得勒伽,本是僧伽内部实行的法制及惯例(不成文法)。结集时,只是列举项目,附于"波罗提木叉"。但体例与波罗提木叉(成文法)不合,所以依标作释,渐成为律的另一部分——"摩得勒伽"。

摩得勒伽,起初应只是标举项目。《毗尼摩得勒伽》,在依标作释以前,列举项目,如说:"受具戒,应与受具戒,不应与受具戒,得具戒,不得具戒;羯磨,羯磨事,羯磨处,非羯磨处……"②而《僧祇律》在依标作释以后,结为偈颂说:"具足不名受,支满不清净,羯磨及与事,折伏不共语,摈出发欢喜……"③长行,或者是偈颂;在前,或者是在后,意义都是一样的,就是列举项目的摩得勒伽。如《僧祇律》"杂诵跋渠法"的第五跋渠(品),《大正藏》依高丽本,是偈颂体;而宋、元、明各本,都是长行④。但这些僧制项目,被称为摩得勒伽的,早就成为偈颂,偈颂是更便于忆持的。

集为偈颂的"摩得勒伽",原型是附于"波罗提木叉"后面,后来才发展而成独立部类的。这一古老意义,应该加以说明。《僧祇律》的"波罗提木叉经",分为"十修多罗",从"戒序"到

---

① 《根本说一切有部毗奈耶杂事》卷四〇(大正二四·四〇八中)。《阿育王传》卷四(大正五〇·一一三下)。《阿育王经》卷六(大正五〇·一五二上)。

② 《萨婆多部毗尼摩得勒伽》卷五(大正二三·五九三中——五九四上)。

③ 《摩诃僧祇律》卷二四(大正二二·四二六中)。

④ 《摩诃僧祇律》卷二九(大正二二·四六四下,又注㉔)。

"随顺法"(或作"法随顺法")。在"七灭诤法"后,别立"(法)随
顺法"为一部,这是上座部系"戒经"所没有的。"随顺法"的内
容,在第三章——"波罗提木叉经"中,并没有解说。现在"摩得
勒伽"的性质已经明了,"随顺法"就是"摩得勒伽"的古义,也就
可以进一步地来说明了。(法)"随顺法",是汉译各部"戒经"
所一致说到的,只是《僧祇律》特别提出,作为别部罢了。如:

Ⅰ.《四分戒本》:"此是佛所说,半月半月说戒经中来。若
更有余佛法,是中皆和合应当学。"①

Ⅱ.《解脱戒经》:"此是……佛陀所说戒经,半月半月说解
脱戒经中来。若更有余佛法,皆共随顺……应当学。"②

Ⅲ.《十诵别本》:"是事入佛经中,半月半月戒经中说。若
有余学,当一心学。"③

Ⅳ.《五分戒本》:"是法入佛戒经中,半月半月波罗提木叉
中说。及余随道戒法,是中诸大德! 一心……应当学。"④

Ⅴ.《十诵戒本》:"是事入佛戒经中,半月半月波罗提木叉
中说。及余随道戒法,是中诸大德! 一心……应当学。"⑤

Ⅵ.《根有戒经》:"此是如来应正等觉戒经中所说所摄。若
更有余法之随法,与此相应者,皆当修学。"⑥

这是"戒经"的"总结劝学"。总结"波罗提木叉"的八部

---

① 《四分律比丘戒本》(大正二二·一〇二二中)。
② 《解脱戒经》(大正二四·六六五上)。
③ 《五分戒本》(大正二二·二〇六上)。
④ 《弥沙塞五分戒本》(大正二二·一九九下)。
⑤ 《十诵比丘波罗提木叉戒本》(大正二三·四七八中)。
⑥ 《根本说一切有部戒经》(大正二四·五〇七中)。

后，Ⅰ、Ⅱ、Ⅲ本又举"余佛法"或"余学"；Ⅳ、Ⅴ本举"余随道戒法"；Ⅵ本举"余法之随法"来劝学。也许解说不完全相同，但在"波罗提木叉"八部外，别有应当修学的法，这是各部"戒经"一致的意见。"随道戒法"，"法之随法"，与《僧祇律》的（法）"随顺法"，显然是原文相近而传译不同。道宣解"余佛法"为："此谓略教之别序也"①，意指七佛的略教。所以定宾解说为："若更有余佛法者，示余佛略也。"②以下是七佛略教诫，所以《四分律》是可以这样解说的。然《解脱戒经》也说"余佛法"，而七佛略教，却在"序说"中。这可见"总结劝学"中的"余佛法"，并不合于道宣的解说。《根本萨婆多部律摄》卷一四（大正二四·六一五上）说：

> "若更有余者，谓是十七事等所说学法，咸应修习。言法及随法者，法谓涅槃清净无累；正行之法八圣道等，能随顺彼圆寂之处，故名随法。"

"余"与"法之随法"，《律摄》作分别的解说。"十七事"是属于毗尼的，"八圣道等"是属于法的。依《僧祇律》的解说，这是属于毗尼的，指"杂跋渠法"、"威仪法"——摩得勒伽。如说："法随顺法者，如二部毗尼随顺者，顺行此法也。"③二部毗尼，是二部波罗提木叉与分别（vibhaṅga）。与波罗提木叉相随顺的，应随顺而行。这是波罗夷……灭净法（八部）以外的，与结集的

---

① 《四分律比丘含注戒本》卷下（大正四〇·四六二中）。
② 《四分比丘戒本疏》卷下（大正四〇·四九〇上）。
③ 《摩诃僧祇律》卷二二（大正二二·四一二中）。

波罗提木叉相契合的，随顺戒经的部分。又说："威仪者，二部
毗尼随顺行，是名威仪。"①据此，可见"威仪法"也是属于"法随
顺法"的。又如《僧祇律》卷四〇（大正二二·五四八上）说：

> "世尊分别说戒序，八波罗夷、十九僧伽婆尸沙、三十
> 尼萨耆波夜提、百四十一波夜提、八波罗提舍尼、六十四众
> 学、七止诤法，法随顺法偈在后。比丘尼毗尼竟。"

"法随顺法偈"一句，最值得注意！在古代，僧事项目的类
集——摩得勒伽，是偈颂，近于《僧祇律》中，"杂跋渠法"、"威仪
法"的结颂。"法随顺法"，就是这些，是波罗提木叉以外的，却
是随顺于二部毗尼的僧伽规制及威仪。所以在说波罗提木叉仪
轨中，终了时也举此劝学。《十诵别本》作"余学法"，《五分戒
本》与《十诵戒本》作"余随道戒法"，意义明确，与《僧祇律》相
合。《僧祇律》以此为第九部，这是与上座部系不同的地方。

《铜鍱戒经》，没有第九部，也没有"更有余法"等一句。然
在《铜鍱律》中，是有"随顺法"的，如"附随"（南传五·二六
九）说：

> "于经、律、随法、所制、随顺法，勿为无益之诤论。"

依注释②，"经"等五事的内容为：

经（Sutta）—————— 二部波罗提木叉经分别
律（vinaya）—————— 犍度

---

① 《摩诃僧祇律》卷三五（大正二二·五一四上）。
② 《铜鍱律》"附随"（南传五·二七二）。

　　　　随法(anuloma)————附随

　　　　所制(Paññatta)————一切律藏

　　　　随顺法(ānulomika)——四大处(四大说)

　　《铜鍱律》"附随",别有"经"、"随经"、"律"、"随律"①；"法"、"随法"、"律"、"随律"②。"随法"、"随经"、"随律",都解说为"四大处"③。《善见律毗婆沙》,有"本"、"随本"④。随本(Suttānuloma,即"随经")也是解说为"四大处"的。被解说为"四大处"的"随法"与"随顺法",似乎本为同一名词(所以解说也一样),而语音小有变化。在本书第四章第二节第二项中,说到"四大处"是依据原始结集的法律,对新传的法律予以审定,否决或采录。这是随顺于先结集的经、法、律,所以称为"随经(随顺修多罗)"、"随律"、"随法"或"随顺法"。"波罗提木叉经",是原始结集的根本律(也称为经、法)。僧伽规制,僧伽威仪的集成,是以波罗提木叉为审决标准,也就是随顺于法(二部毗尼)的。"摩得勒伽"的(最初)类集,是比原始结集略迟的,所以被称为"随、法"。附于"波罗提木叉"终了,劝学众应该修学,这是各部律(除《铜鍱律》)所共传的,而唯有《僧祇律》的"法随顺法偈",说得最为明确！

　　现存不同诵本的"摩得勒伽",上座系是分为三分的。《毗尼摩得勒伽》,称为"受戒聚、相应聚、威仪聚"。《十诵律》注作：

————————

　　① 《铜鍱律》"附随"(南传五・三一五)。

　　② 《铜鍱律》"附随"(南传五・三一五)。

　　③ 《铜鍱律》"附随"注(南传五・三四八)。

　　④ 《善见律毗婆沙》卷六(大正二四・七一六中)。

"具足戒"、"法部"、"行法部"。第二分与第三分，"法"与"行法"，都是称为"法"的。第一分"具足戒"，是否也称为法呢？《十诵律》本第一分，一二六项，唯（28）"独住法"，及（115）以下，有关"净法"的——"和合法"、"僧坊净法"、"林净法"、"方净法"、"土净法"、"衣净法"——称为法，其余的一一九项，都是不称为法的。第二分九十一项目，仅"塔地"、"塔物无尽"，及末后四事——"林"、"事"、"破僧"、"上中下座相看"，不称为法，其他都是称为法的。第三分，一概称为法。《毗尼母经》第一分，有八项称为法。其中（111）"应二指作法"，（112）"共作法"，（119）"浆法"，是"净法"，附于第一分的。（20）"说戒法"，（27）"畜钵法"，（28）"畜衣法"，（38）"入僧法"，《十诵律》是属于第三分的。其余的不称为法，与《十诵律》相同。《毗尼母经》的第二、第三分，标与结不大合一，或称为法，或不称为法。比对《十诵律》与《毗尼母经》，第一分除末后的"净法"外，是不称为法的。《僧祇律》的情形，也是一样。如（1）"受具足"……（24）"异住"；又（55）"内宿内煮自煮"……（65）"破信施"；又（121）"灭"……（124）"调伏事"，都没有称为法。这些，在《十诵律》是属于第一分的。（95）"破僧"……（99）"略说毗尼"，在《十诵律》中，属第一分及第二分的末后，也是不称为法的。总之，从现存的"摩得勒伽"来研究，第一分（除末后的"净法"）是不称为法的，第二分与第三分是称为法的。《僧祇律》将前二分综合简编，仍旧保持了称法不称法的固有差别。

称为"法"的第二分，"布萨"、"安居"等，都是僧伽内部有关僧伽与个人的规制；"法"只是规章制度的意思。第三分称为

"行法"，或译为"威仪法"，主要为每人在行住坐卧中，以行为主的行动轨范。acāra，译为（正）行，也可译为轨则，如说："安住具戒，善能守护别解脱律仪，轨则圆满，于微小罪见大怖畏。"这是经中最常见的"戒蕴"的文句。《瑜伽师地论》卷二二（大正三〇·四〇二中）解释说：

> "云何名为轨则圆满？谓如有一，或于威仪路，或于所作事，或于善品加行处所，成就轨则，随顺世间，不越世间，随顺毗奈耶，不越毗奈耶。"

> （中略行住坐卧）

> "谓如有一，于其所作：若衣服事，若便利事，若用水事，若杨枝事，若入聚落行乞食事，若受用事，若荡钵事，若安置事，若洗足事，若为敷设卧具等事……名所作事。如其所应，于所应作，于如所作，即于此中如是而作。由是作故，不为世间之所讥毁，不为贤良诸正善士、诸同法者、诸持律者、诸学律者之所呵责，如是名为于所作事成就轨则。"

轨则，正就是这些"行法"或"威仪"。日译本的《沙门果经》，译"轨则圆满"为"正行精勤"①。约法说，是 acāra——正行，行的轨范。约人说，是 ācārya——阿遮梨耶，人的轨范。"瑜伽行地"与"瑜伽师地"的传译不同，也由此字而来。这一部分，称为"行法"或"威仪法"的，在说一切有部中，决定为 acāra 的意译。《铜鍱律》的"仪法犍度"，以 vatta 为"威仪"，那是部派间用

---

① 《长部·沙门果经》（南传六·九五）。

语的不同了。僧伽内部的一切规制,个人的日常行动的轨范,是"法"与"行法"的意义。据此来观察不称为法的第一分,意义显然是不同了。如"羯磨"·"羯磨事"·"遮羯磨"·"不遮羯磨"·"学"·"还戒"·"不舍戒"·"戒赢"·"诤事"·"灭事"·"不消供养"·"白"·"白羯磨"·"白二羯磨"·"白四羯磨"等,主要为僧伽规制中,所有术语的解说,及内容分别。如法律中,对"人"·"自由意志"·"假释"·"假扣押"等,确定意义,或内容的分类一样。"摩得勒伽"的第一分,不是僧伽规制,是僧伽规制中,所有术语的定义与分类(这就是解说)。在僧伽制度的发展中,这部分是先集出的;但这一分的集出,意味着僧伽规制的早已存在。接着是规制——"法"的集出;又以僧伽规制,个人正行的偏重,而分为"法"与"行法",成为三分。在这称为法与不称为法的差别中,可以看出"摩得勒伽"次第集成的情形。

　　在各本的"摩得勒伽"中,"五百结集"、"七百结集",叙列在中间,这是值得注意的事!我在《印度之佛教》中,曾有所解说①,今再略为补充说明。一、"摩得勒伽",是僧事项目的类集。初集成时(比王舍城结集略迟),与第一分相当,为有关僧事术语的标目。末后以"五百结集"作结,表示为原始的结集,如书籍的"后记"一样。二、再结集时,约为七百结集时代。对于固有的标目,应有所整理、增列,成为第一分。在"五百结集"后,更附以"七百结集"及"毗尼摄"。当时,上座们传来的,完成的

――――――――――――

　　①　拙作《印度之佛教》(四二――四四,本版四四――四八)。

僧伽规制,也结集出来,称为"法"与"行法"。三、七百结集以后,佛教界以僧伽规制的项目为主,而进行类集的工作。等到二部分裂,大众部将第一分与第二分综合简化,展开其类集工作,而形成《僧祇律》的组织形态。上座部方面,对"摩得勒伽",又将"四大教法"及有诤论的"净法",附编于"七百结集"之后,成为现存三分的形态(《毗尼摩得勒伽》与《毗尼母经》的共同部分)。对于僧制类集方面,就是根据"摩得勒伽",而类集为种种"犍度"了。这是上座部律师们的业绩!

"摩得勒伽"现存的不同诵本,关于成立的先后,应从两方面说。

一、标举项目部分:《僧祇律》二一〇目;《毗尼母经》二三八目;《毗尼摩得勒伽》三一二目,《十诵律》三一八目。上座部系的逐渐增多,由简而详,正表示了成立的先后次第。然《僧祇律》的项目,也有上座部系"摩得勒伽"所没有的。如"杂诵跋渠法"的(52)"毗尼断当事",(54)"比丘尼法",(100)"毁呰",(101)"观伎儿",(107)"上树",(110)"回向物"。如"毗尼断当事",是《五分律》"调伏法"等的渊源。"比丘尼法",是《五分律》的"比丘尼法";《铜鍱律》与《四分律》的"比丘尼犍度";《十诵律》"杂诵"的"比丘尼法",《根有律》"杂事"的"比丘尼法":"犍度"的重要部分,根源于"摩得勒伽",却是上座部系本所脱落了的。"毁呰"等与"波罗提木叉"有关;而"上树"一事,更是《僧祇律》、《铜鍱律》以外的,各部律"众学法"所共有的。所以上座系的"摩得勒伽",对古型的"摩得勒伽",诚然是增列得很详密,但也是有所脱落的。

二、解说部分：由于部派的师承各别，适应不一，解说的广略也大不相同。《毗尼摩得勒伽》与《十诵律》,《毗尼母经》,《僧祇律》,解说部分的数量，约为一·三·八之比。说一切有部本，项目多而解说最简，然简略并不就是古义。如《僧祇律》明"四种受具足"①；《毗尼母经》说：比丘五种受具，比丘尼五种受具，综合而除去共同的，实为七种受具②。而《毗尼摩得勒伽》与《十诵律》,明十种受具足③。依《十诵律》而造的《萨婆多毗尼毗婆沙》,说一切有部旧义，也还是七种得戒④。这可见《毗尼摩得勒伽》及《十诵律》的十种受具，不但在部派中，就是在说一切有部中，也是后起的新说。所以说一切有部本的解说简略，只能说是维持"摩得勒伽"的古风，也就是维持体裁上的旧形，而并非内容都是古义的。

在律学的开展中，"摩得勒伽"的众多项目，逐渐结合而倾向于"犍度"的组合。在这点上，《僧祇律》保持"摩得勒伽"形态，而没有上座部系那样的，发展为各各独立的"犍度"。但在旧形式下，也逐渐形成新的结构。如结合"具足"、"不名受"、"支满"、"不清净"，而说"是中如法清净者，名受具足"⑤，与上座系的"受戒犍度"相当。结合"别住"、"摩那埵"、"阿浮呵那"，而说"是名别住摩那埵阿浮呵那比丘（尼的误写）摄竟"⑥,

---

①　《摩诃僧祇律》卷二三（大正二二·四一二中）。

②　《毗尼母经》卷一（大正二四·八〇一中）。

③　《十诵律》卷五六（大正二三·四一〇上）。《萨婆多部毗尼摩得勒伽》卷五（大正二三·五九四上）。

④　《萨婆多毗尼毗婆沙》卷二（大正二三·五一〇中——五一一中）。

⑤　《摩诃僧祇律》卷二三·二四（大正二二·四一二中——四二二上）。

⑥　《摩诃僧祇律》卷二五·二六（大正二二·四二八中——四三八中）。

与"人犍度"相当。结合"布萨"、"羯磨"、"与欲"、"说清净",而
说"是名布萨法、与欲法、受欲法"①,与"布萨犍度"相当。又如
"衣法"、"毗尼法"、"比丘尼法"、"五百比丘集法藏"等②,都近
于上座部系的"犍度"。《僧祇律》虽有类集的趋势,但始终维持
众多项目,依标作释——"摩得勒伽"的形式。从渐有类集的趋
势而论,现存《僧祇律》的"杂诵跋渠法"、"威仪法"的组成,应
为根本二部初分,"摩得勒伽"正向"犍度"发展的初阶段。在现
有律典中,《僧祇律》是这一部分的古型了。大概为阿育王的时
代,当然有后来的增编部分。

至于《毗尼母经》,如卷四(大正二四·八一九下)说:

"比丘经、比丘尼经、一切犍度、摩得勒伽、毗尼增一:
此五种总为毗尼藏。"

《毗尼母经》所说的"律藏","摩得勒伽"以外,别有"一切犍
度"。别立"犍度"而又保存"摩得勒伽",与说一切有部相同。
《毗尼母经》一再说到各种犍度③,显然这是"犍度"成立以后才完
成的解说。在《毗尼母经》中,引述"尊者萨婆多说"④,"尊者迦叶

---

① 《摩诃僧祇律》卷二七(大正二二·四四六下——四五〇下)。
② 《摩诃僧祇律》:"衣法",卷二八(大正二二·四五三中——四五五上)。
"毗尼法",卷二九——三〇(大正二二·四六四下——四七〇下)。"比丘尼法",卷
三〇(大正二二·四七一上——四七六中)。"五百比丘集法藏法",卷三二(大正二
二·四八九下——四九三上)。
③ 参考平川彰《律藏之研究》(六三六——六三七)。
④ 《毗尼母经》卷三(大正二四·八一三上),又卷三(大正二四·八一四上),
又卷四(大正二四·八二〇上),又卷四(大正二四·八二一下),又卷四(大正二
四·八二二上),又卷五(大正二四·八二五中),又卷五(大正二四·八二六下)。

维说","迦叶随比丘"①,"尊者弥沙塞说"②,"昙无德"③的意见。
《毗尼母经》的解说部分,已在律学"五部分流"以后。《毗尼母
经》说到"白业观"(净观地)、"种性地"、"第八人地"等十地④,与
《般若经》所说相合。《毗尼母经》解说部分,应迟到西元以后。

第二节　现存的诸部犍度

第一项　《铜鍱律》

上座部系的犍度部分,是依"摩得勒伽"而次第发展完成
的。要说明这一发展过程,对于名称不同,开合不同,次第不同,
详略不同,与佛及弟子的事缘结合不同——现存的各部律中,与
犍度部相当的部分,有先加叙述,明了各本内容的必要。尤其是
彼此开合不同,或详略大异的部分⑤。

《铜鍱律》的"犍度"部,分为"大品"(Mahāvagga,日译本第
三卷),"小品"(Cūlavagga,日译本第四卷)——二品。"大品"
十犍度,"小品"十二犍度,共二十二犍度。先说"大品":

———————

　　① 《毗尼母经》卷二(大正二四·八一〇下),又卷三(大正二四·八一五中),
又卷三(大正二四·八一六下),又卷四(大正二四·八二一下),又卷四(大正二
四·八二二上),又卷五(大正二四·八二五中),又卷五(大正二四·八二八中),又
卷六(大正二四·八三八中)。

　　② 《毗尼母经》卷三(大正二四·八一四上),又卷五(大正二四·八二五上)。

　　③ 《毗尼母经》卷六(大正二四·八三八中)。

　　④ 《毗尼母经》卷一(大正二四·八〇一中),又卷八(大正二四·八五〇中)。

　　⑤ 平川彰《律藏之研究》(五九一——六二六),对现存各部律的犍度部分,详
细地分别内容,可为参考。

一、"大犍度"(Mahākhandhaka):分十诵:前四诵,从佛陀成道起,度五比丘,到舍利弗、大目连出家,为佛传的一部分。第五诵起,成立和尚与弟子,师弟间的授受,白四羯磨得具足的制度,及不得受具足的种种规定。

二、"布萨犍度"(Uposatha-khandhaka):半月半月,僧伽定期集会,诵说波罗提木叉,以维护僧团的和合清净。所以说"与欲"、"与清净"的如法和合,而不许不和合、不如法的布萨。

三、"入雨安居犍度"(Vassūpanāyika-khandhaka):每年一度的三月安居,是适应雨季,而作三月定居,精进修行的制度。时间有"前安居"或"后安居",并对安居期中外出所有的规定。

四、"自恣犍度"(Pavāraṇā-khandha):"自恣"为安居终了,同住比丘互相作善意的忠告,有罪者忏悔,以得清净的仪式。

五、"皮革犍度"(Camma-khandhaka):比丘生活中,有关皮革物品的规定。以首楼那二十亿(Soṇakoḷivīsa)精进而两足出血,及首楼那亿耳(Sroṇakoṭīkarṇa)出家、见佛、请求"边地"容许"五事"为缘起。

六、"药犍度"(Bhesajja-khandhaka):总括比丘的日常饮食、病时的医药,及饥荒时期的特殊规定。共分四诵:初诵是有关医药的事。第二诵以下,叙述佛的游行,从舍卫城(Sāvatthī)——→王舍城(Rājagaha)——→舍卫城——→王舍城——→波罗奈(Vārāṇasī)——→阿那伽频头(Andhakāvinda)——→王舍城——→巴连弗邑(Pāṭaligāma)——→渡恒河(Gaṅgā)——→拘利村(Koṭigāma)——→那陀村(Nātika)——→毗舍离(Vesālī)——→跋提(Bhaddiya)——→阿牟多罗(Aṅguttarāpa)——→阿摩那(Āpaṇa)——→拘尸那(Kuśinagara）──➤阿头（Ātumā）──➤舍卫城。佛在游行中,在各处作有关饮食的规制。这一次第游行,自巴连弗邑到那陀村,与佛最后游行的路线相近,内容也有部分的共同①。

七、"迦絺那衣犍度"（Kaṭhina-khandhaka）：安居终了,限在一月以内,举行受迦絺那衣的仪式。受了迦絺那衣,比丘们在五个月以内（十二月十五日满）,可以"离衣宿"、"展转食"等五事；就是衣食方面,受到种种的优待。

八、"衣犍度"（Cīvara-khandhaka）：关于比丘衣服,如居士施衣、粪扫衣、染色、制作等规定,及安居施衣的分配,亡比丘衣的处分等。耆婆（Jīvaka）童子学医治病的故事,为衣犍度的缘起。

九、"瞻波犍度"（Campeyya-khandhaka）：佛在瞻波（Campā）。婆沙婆村（Vasabha）的执事比丘,为人非法举罪,来见佛请示。因此,佛说"非法别众羯磨"、"非法和合羯磨"、"如法别众羯磨"、"似法别众羯磨"、"似法和合羯磨"──都不成羯磨。唯有"如法和合羯磨",才是正当的羯磨。

一〇、"拘睒弥犍度"（Kosambī-khandhaka）：拘睒弥（Kosambī）比丘相诤,形成僧伽的分立。佛劝他们和合,说长生王子譬喻,众人不听,佛于是弃之而去,访婆咎（Bhagu）,及和合修行的阿那律（Anuruddha）等,回舍卫城。拘睒弥比丘心悔了,来见佛,请求息诤。对于僧伽互诤对立的比丘,衣食住等,应给以平等的待遇；而所说的法,仅可受如法的言说。──以上是"大品"。以下是"小品"：

①　对读《长部·大般涅槃经》（南传七·四六──六五）。

一、"羯磨犍度"（Kamma-khandha）：次第说明：苦切羯磨、依止羯磨、驱出羯磨、下意羯磨；不见罪举羯磨、不忏罪举羯磨、不舍恶见举羯磨——七种羯磨，予以十八事或四十三事的处分。如顺行这些处分，应予以解除。

二、"别住羯磨"（Parivāsika-khandha）：这是犯僧残罪者，受别住、本日治、摩那埵、阿浮呵那——出罪的行法。

三、"集犍度"（Samuccaya-khandhaka）：这是犯僧残罪的处分法。在处分过程中，或覆，或忆，或再犯，或犯其他罪，所有复杂的处分法。

四、"灭诤犍度"（Śamatha-khandhaka）：七灭诤的事例与灭诤，及对"四诤事"所取的灭诤方法。

五、"杂事犍度"（Khuddakavatthu-khandha）：杂事，或译为小事，为比丘日常生活中种种琐碎事物的规定。摄颂说："律之小事犍度一百十事。"①

六、"卧坐具犍度"（Saynāsana-khandhaka）：有关精舍的建立，床敷具等（四方）僧伽共有财物的管理、分配等规定。

七、"破僧犍度"（Saṃghabhedaka-khandhaka）：叙述提婆达多破僧（集体叛教）的经过。辨别僧诤（如拘睒弥比丘）与破僧的差别，破僧与和合僧的罪福。

八、"仪法犍度"（Vatta-khandhaka）：有关比丘的日常生活：客比丘、旧比丘、远行、食堂、乞食、阿练若、卧坐具、温室、厕所，及师长与弟子的"仪法"，共"五十五事"②。

----

① 《铜鍱律·小品》（南传四·二二三）。
② 《铜鍱律·小品》（南传四·三四一）。

九、"遮说戒犍度"（Pāṭimokkhaṭhapana-khandha）：比丘犯罪覆藏，如来不再布萨说戒为缘起。对于认为比丘有犯而遮止说戒，如法不如法的分别。应审慎举罪，勿引起僧伽的纷诤别异。

十、"比丘尼犍度"（Bhikkhunī-khandha）：女众出家的缘起，摩诃波阇波提瞿昙弥（Mahāpajāpatī-gotamī）受"八重法"而得具足戒。其他有关尼众的特殊规定。

十一、"五百犍度"（Pañcaśatikā-khandha）：摩诃迦叶发起，于王舍城，举行如来遗教的结集（第一结集）。中有阿难传佛遗命——小小戒可舍；阿难被责；富兰那从南方来，对饮食规制不同意见的记载。阿难受优陀延王及宫人们的布施。以梵坛法处罚阐陀的故事。

十二、"七百犍度"（Saptaśatikā-khandha）：佛灭一百年时，毗舍离有受持金银等十事非法，引起东西方的大诤论。西方集七百比丘到毗舍离，共同集议，终于宣告十事为非法。称为"第二结集"。

上来二十二犍度，是巴利语的《铜鍱律》"犍度"部的概述。

第二项 《四分律》

《四分律》的犍度部分，与《铜鍱律》非常接近，也分为二十二事。前二十事，名为犍度；而后二事，称为"集法毗尼五百人"、"七百集法毗尼"，没有称为犍度。虽有这些差别，大概说来，与《铜鍱律》是相近的。

一、"受戒犍度"，与《铜鍱律》的"大犍度"相当。二、"说戒犍度"，就是说波罗提木叉犍度，与《铜鍱律》的"布萨犍度"相当。比丘犯而覆藏，如来不再为大众布萨说戒——这是《铜鍱律》"遮说戒犍度"的缘起，《四分律》却移在这"说戒犍度"的中间。三、"安居犍度"，与《铜鍱律》"入雨安居犍度"相当。上来的三犍度，属于《四分律》的第二分(卷三一——卷三七中)①。

四、"自恣犍度"，与《铜鍱律》的"自恣犍度"相当。五、"皮革犍度"；六、"衣犍度"；七、"药犍度"；八、"迦䌽那衣犍度"：这都与《铜鍱律》的"皮革犍度"、"衣犍度"、"药犍度"、"迦䌽那衣犍度"相当。

九、"拘睒弥犍度"；十、"瞻波犍度"：与《铜鍱律》的"拘睒弥犍度"、"瞻波犍度"相当。十一、"呵责犍度"，与《铜鍱律》的"羯磨犍度"相当。十二、"人犍度"，与《铜鍱律》的"别住犍度"相当。十三、"覆藏犍度"，与《铜鍱律》的"集犍度"相当。

十四、"遮犍度"，与《铜鍱律》的"遮说戒犍度"相当，但没有缘起(移在"说戒犍度"中)。十五、"破僧犍度"；十六、"灭诤犍度"；十七、"比丘尼犍度"：都与《铜鍱律》的"破僧犍度"、"灭诤犍度"、"比丘尼犍度"相当。十八、"法犍度"，与《铜鍱律》的"仪法犍度"相当。从"自恣犍度"到"法犍度"，共十五犍度，属于四分中的第三分(卷三七中——卷四九)。

十九、"房舍犍度"，与《铜鍱律》的"卧坐具犍度"相当。二十、"杂犍度"，与《铜鍱律》的"杂事犍度"相当，但内容大有出入。试分为六段来说明：1.从钵、刀起，到栴檀钵——宾头卢现神通取钵止。2.如来在十五日中大现神通，并说慧灯王本生。

---

① 依宋、元、明各本。《大正藏》本，"自恣犍度"分属第二分与第三分。

3. 从贵价钵起,到担物止。4. 建塔,种种供养,并说迦叶佛大塔事。5. 从覆钵起,到持刀剑止。6. 优陀延王于宾头卢起恶心,为慰禅王所捉;后偕王女逃回,大迦游延为王说法。佛为比丘们说"大小持戒犍度"。1.、3.、5.——三段,大抵与《铜鍱律》相近。2. 如来大现神通,与说一切有部的《杂事》相合。6. 优陀延王事,也见于《杂事》。"大小持戒犍度",与《长部·沙门果经》,佛为阿阇世王(Ajātaśatru)的说法相合①。4.《铜鍱律》缺。《四分律》特详与塔有关的譬喻与规制②,与重视供塔的功德有关。

二十一、"集法毗尼五百人",与《铜鍱律》"五百犍度"相当,但缺富兰那与阐陀的故事。二十二、"七百集法毗尼",与《铜鍱律》的"七百犍度"相当。从"房舍犍度"以来,属于四分中的第四分(卷五○——卷五四)。

第三项　《五分律》

《五分律》与《铜鍱律》、《四分律》,同属于分别说部的系统,所以较为接近。但《五分律》中,与"犍度"部相当的部分,如与《铜鍱律》及《四分律》相比对,至少有四点主要的出入:1.《五分律》与犍度相当的,共二十一法。不称为犍度而称为法,恰与《十诵律》相合。2. 二十一法,与《铜鍱律》的二十二犍度,及《四分律》的二十犍度,及二种"集法毗尼",虽然大致相当,而实大

① 《长部·沙门果经》(南传六·九四——一二八)。
② "杂犍度"而外,"受戒犍度",佛为贾客兄弟说发爪塔的功德(大正二二·七八二上——七八五下)。《四分律比丘戒本》增列有关佛塔的学法(大正二二·一○二一中——下),都与部派的思想有关。

有开合、增减的差别。3.《五分律》所说,文字取省略的态度,每说"皆如上说"等。这是原本如此,或者为(江东爱好简略的)译者所省略,虽不得而知,但到底是《五分律》的特色。4.与佛及弟子的事缘相结合的,与《铜鍱律》相近,而多有不同;《四分律》却有近于《十诵律》的倾向。《五分律》二十一法的内容,大略如下:

一、"受戒法";二、"布萨法";三、"安居法";四、"自恣法";五、"衣法";六、"皮革法":这与《铜鍱律》的"大犍度"(《四分律》"受戒犍度")、"布萨犍度"(《四分律》的"说戒犍度")、"入雨安居犍度"、"自恣犍度"、"衣犍度"、"皮革犍度"相当。七、"药法";八、"食法":这二法,在《铜鍱律》与《四分律》中,是合为"药犍度"的。在佛法中,饮食也只是药物一样,不得已而用,以免除身体的疲倦苦痛而已。九、"迦絺那衣法",与《铜鍱律》及《四分律》的"迦絺那衣犍度"相当。——以上九法,为五分中的第三分(卷一五——二二)。

十、"灭诤法",与《铜鍱律》的"灭诤犍度"相当。十一、"羯磨法":《铜鍱律》也有"羯磨犍度",但内容的广狭不同。"羯磨法"说:1.犯僧残的,或覆或不覆,或再犯,或犯别罪,应予以摩那埵、别住、本日治、出罪的处分,与《铜鍱律》的"集犍度"、《四分律》的"人犍度"相当。2.拘舍弥诤事,与《铜鍱律》及《四分律》的"拘睒弥犍度"相当。3.因非法举罪,而说羯磨的如法不如法,与《铜鍱律》及《四分律》的"瞻波犍度"相当。4.接着说呵责羯磨、驱出羯磨、依止羯磨、举罪羯磨——不见罪举,不悔罪举,不舍恶邪见举。又明呵责羯磨、下意羯磨的事缘与处理。这一部分，与《铜鍱律》的"羯磨犍度"、《四分律》的"呵责犍度"相当。——以上二法，为五分中的第四分（卷二三——二四）。

十二、"破僧法"，与《铜鍱律》及《四分律》的"破僧犍度"相当。十三、"卧具法"，与《铜鍱律》的"坐卧具犍度"、《四分律》的"房舍犍度"相当。十四、"杂法"，与《铜鍱律》的"杂事犍度"相当。"杂法"也说佛塔的供养。禁寐王十一梦，及为迦叶佛起大塔事，近于《四分律》的"杂犍度"，而事缘增详。十五、"威仪法"，与《铜鍱律》的"仪法犍度"、《四分律》的"法犍度"相当。十六、"遮布萨法"，与《铜鍱律》的"遮说戒法"相当。但仅有比丘犯而覆藏，如来不再为布萨说戒的事缘。这部分，《四分律》在"布萨犍度"中。十七、"别住法"，与《铜鍱律》的"别住犍度"、《四分律》的"覆藏犍度"相当。

十八、"调伏法"，《铜鍱律》与《四分律》的犍度部，是没有这一部分的。本书第四章曾有所说明：《五分律》的"调伏法"，本为特殊事项，"犯不犯分别"的判决实例。与《僧祇律》"杂诵跋渠法"的"毗尼断当事"相当。后来，或扩编为别部，那就是《四分律》的"调部"，《十诵律》的"毗尼诵"（的一部分）。或在"波罗提木叉（经）分别"中，分别编入波罗夷、僧伽婆尸沙的各条的"分别犯相"中，那就是《铜鍱律》。《五分律》的"调伏法"，独立于与犍度部相当的部类中；这对于摩得勒伽古典的存在，多一分证成的力量。

十九、"比丘尼法"，与《铜鍱律》及《四分律》的"比丘尼犍度"相当。二十、"五百集法"；二十一、"七百集法"，与《铜鍱

律》的"五百犍度"、"七百犍度"相当,也就是《四分律》的"集法
毗尼五百人"、"七百集法毗尼"。——以上十法,为五分中的第
五分(卷二五——三〇)。

第四项　《十诵律》

《十诵律》是说一切有部的律藏,与属于分别说部系的(前
面所说的)三部律,组织上是不大相同的。与犍度相当的部分,
《十诵律》是分散在三处的。Ⅰ.第四诵名"七法",第五诵名"八
法",共十五法。"七法"、"八法"的称为"法",与《五分律》相
同。分为"七法"与"八法"——二类,与《铜鍱律》的分为"大
品"、"小品",显然有着同样的意义。Ⅱ.第六诵名"杂诵"。
Ⅲ.第十诵名"毗尼诵"(也名"善诵"),"毗尼诵"中称为"毗尼
序"的一部分。这三类,就是与犍度相当的部分。

Ⅰ."七法"中,一、"受具足戒法",与《铜鍱律》的"大犍度"
相当(《四分律》为"受具犍度",《五分律》为"受戒法"。凡名义
近似的,以下从简)。《十诵律》直从成立和尚与弟子的制度说
起,没有佛陀成道以来,众弟子出家,有关佛传的部分。二、"布
萨法";三、"自恣法";四、"安居法";五、"皮革法";六、"医药
法";七、"衣法":都与《铜鍱律》的"布萨犍度"、"自恣犍度"、
"入雨安居犍度"、"皮革犍度"、"药犍度"、"衣犍度"相当。"皮
革法"中的亿耳故事,有航海失路,经历饿鬼国的传说(上来卷
二一——二八)。

"八法"中,一、"迦絺那衣法";二、"俱舍弥法";三、"瞻波
法":与《铜鍱律》的"迦絺那衣犍度"、"拘舍弥犍度"、"瞻波犍

度"相当。四、"般茶卢伽法"：般茶（Paṇḍu）与卢伽（Lohita）比丘，欢喜斗诤，因而制立苦切羯磨，从人立名。在这一法中，次第说苦切羯磨……恶邪不除摈羯磨，与《铜鍱律》的"羯磨犍度"、《四分律》的"呵责犍度"相当。五、"僧残悔法"，明犯僧残者的处分法；与别住及出罪的随顺行法，与《铜鍱律》的"集犍度"、"别住犍度"相当（《四分律》为"人犍度"、"覆藏犍度"）。六、"遮法"；七、"卧具法"；八、"净事法"：与《铜鍱律》的"遮说戒犍度"、"坐卧具犍度"、"灭净犍度"相当（上来卷二九——三五）。

Ⅱ．"杂诵"：在"杂诵"的总题下，分"调达事"、"杂法"——二部分。调达，是提婆达多的简译。"调达事"中，广说提婆达多的破僧。有阿难不舍佛（三本生），及舍利弗能破调达的本生。与《铜鍱律》的"破僧犍度"相当。"杂法"分五段：1."上二十法"；2."中二十法上"；3."中二十法下"：与《铜鍱律》的"杂事犍度"相当。4."后二十法上"，或作"明比丘尼法"，与《铜鍱律》的"比丘尼犍度"相当。但有关比丘尼的受戒法及八敬法，《十诵律》属于"比丘尼律"。5."后二十法下"，与《铜鍱律》的"仪法犍度"相当。这样，《十诵律》的"杂法"，包含了"杂事"、"比丘尼"、"仪法"——《铜鍱律》的三种犍度在内（上来卷三六——四一）。

Ⅲ．"毗尼诵"的"毗尼序"，分为四品。1."五百比丘结集三藏法品"；2."七百比丘集灭恶法品"。这二品，与《铜鍱律》的"五百犍度"、"七百犍度"相当（上来卷六〇——六一中）。

有关犍度的部分，《十诵律》主要是称为法的，如"七法"、

"八法"、"杂法"。但也有称为事（vastu）的，如"调达事"。而最后二种，又称为品（varga）。

第五项　根本说一切有部律

根本说一切有部的律藏，与犍度部相当的部分，依藏译所传，分为"毗奈耶事"（Vinayavastu）、"毗奈耶杂事"（Vinayakṣudrakavastu）二部。如第二章（第二节第一项）所说：根本说一切有部的"毗奈耶事"，是分为十七事的。唐义净曾译成七八十卷，但已残缺不全，仅存四十七卷了。

Ⅰ."毗奈耶事"中，一、"出家事"（Pravrajyā-vastu），义净译为《根本说一切有部毗奈耶出家事》，五卷，现为四卷。以央伽与摩揭陀的兴衰，及舍利子与目乾连出家为缘起。与《铜鍱律》的"大犍度"相当（与《十诵律》"受具足戒法"的缘起不合）。

二、"布萨事"（Poṣadha-vastu），义净译缺，与《铜鍱律》的"布萨犍度"相当。

三、"随意事"（Pravāraṇa-vastu），义净译为《根本说一切有部毗奈耶随意事》，一卷，与《铜鍱律》的"自恣犍度"相当。

四、"安居事"（Varṣā-vastu），义净译为《根本说一切有部毗奈耶安居事》，一卷，与《铜鍱律》的"入雨安居犍度"相当。

五、"皮革事"（Carma-vastu），义净译为《根本说一切有部毗奈耶皮革事》，一卷，与《铜鍱律》的"皮革犍度"相当。

六、"药事"（Bhaiṣajya-vastu），义净译为《根本说一切有部毗奈耶药事》，二十卷，现为十八卷，与《铜鍱律》的"药犍度"相当，但内容增广，与各部律的距离很大。分别来说：1.医药饮食规定,与"药犍度"相当;但杂有冗长的圆满(Pūrṇa)故事(卷一——七)。2.佛次第游行说法(卷八——九中)。3.佛与金刚手(Vajrahasta)游北天竺(卷八中——九中)。4.佛与阿难次第游行,广说宿缘(卷九中———一二中)。5.佛受波斯匿王(Prasenajit)请,说菩萨本生——长行及偈颂(卷一二中———一五)。6.佛说毡战女(Ciñcā)带盂谤佛的宿缘(错简,应移在末段。卷一六初)。7.游无热池(Anavatapta),诸大弟子自说先世业缘(卷一六———一八中)。8.佛自说山石伤足等业缘(一八中——终)。在这八段中,与药食有关的,仅有第一段。"药犍度"组织的特色,是佛的次第游行。"药事"就应用这次第游行,而不断延长,集录了众多的本生与(业缘)譬喻。

七、"衣事"(Cīvara-vastu),义净译缺,与《铜鍱律》的"衣犍度"相当。

八、"羯耻那衣事"(Kaṭhina-vastu),义净译为《根本说一切有部羯耻那衣事》,一卷,与《铜鍱律》的"迦絺那衣犍度"相当。

九、"拘睒弥事"(Kosambī-vastu),义净译缺,与《铜鍱律》的"拘睒弥犍度"相当。

十、"羯磨事"(Karma-vastu),义净译缺,与《铜鍱律》的"瞻波犍度"相当。

十一、"黄赤事"(Paṇḍulohitâka-vastu),义净译缺,与《铜鍱律》的"羯磨犍度"相当。《十诵律》的"般茶卢伽法",就是黄赤。

十二、"补特伽罗事"(Pudgala-vastu),义净译缺,与《铜鍱律》的"集犍度"相当。《四分律》作"人犍度",与补特伽罗名称相合。

十三、"别住事"（Parivāsika-vastu），义净译缺，与《铜鍱律》的"别住犍度"相当。

十四、"遮布萨事"（Poṣadhasthāpana-vastu），义净译缺，与《铜鍱律》的"遮说戒犍度"相当。

十五、"卧具事"（Śayanāsana-vastu），义净译缺，与《铜鍱律》的"卧坐具犍度"相当。

十六、"诤事"（Adhikaraṇa-vastu），义净译缺，与《铜鍱律》的"灭诤犍度"相当。

十七、"破僧事"（Saṃghabheda-vastu），义净译为《根本说一切有部破僧事》，二十卷，与《铜鍱律》的"破僧犍度"相当，但内容增广，与各部律有很大的出入。义净所译的《破僧事》，次第有点紊乱，内容也已有残脱，现在重为整理：

1. 佛传：从释迦族起源，到佛还故国，度释种苾刍及优波离。与《众许摩诃帝经》相合（卷一——九）。

2. 广说宿缘——五苾刍得度・六年苦行……阿难陀（卷一一中——三中）。

3. 提婆达多修得神通・索众・筹画破僧……放醉象・破僧・舍利弗率众归佛（卷一三中——二〇中）。

4. 佛化阿阇世王（二〇卷终）。文义不完全，有缺佚，应依《沙门果经》来补足。

5. 阇王不再信提婆达多・杀罗汉尼・佛记地狱一劫・提婆达多还故国・求作王・求耶输陀罗・毒爪害佛・堕地狱・舍利子等往观（卷一〇）。

6.优波离问破僧(卷一一———一一中)。

Ⅱ."毗奈耶杂事",义净译为《根本说一切有部毗奈耶杂事》,全部四〇卷,部帙庞大。《杂事》分为八门,每门十颂。因缘的叙述很详细,又以"内摄颂",附加了佛涅槃等譬喻,所以显得特别广。如将因缘简化,除去"内摄颂",那么《杂事》的内容,与《十诵律》"杂法"的五大段,还是相合的。如一门·一颂"砖石"起,二门·七颂"嚼啖五食"止,合于"杂法"的"上二十法"。二门·八颂"安门扇"起,四门·十颂"栽树"止,合于"杂法"的"中二十法上"。四门·十颂"贼缕"起,六门·四颂"刀子"止,合于"杂法"的"中二十法下"。以上,也就与《铜鍱律》的"杂事犍度"相当。六门·四颂"下天宫"起,八门·六颂"不畜琉璃杯"止,合于"杂法"的"下二十法上",也就是"比丘尼法"。八门·七颂"锡杖"起,八门·十颂"礼四老宿",及"内摄颂"的"广说弟子行",合于"杂法"的"下二十法"。这也与《铜鍱律》的"仪法犍度"相当。

《杂事》卷三五,叙述佛的涅槃譬喻。"次明五百结集事"、"七百结集事"。这二部分,与《铜鍱律》的"五百犍度"、"七百犍度"相当。在《十诵律》中,这是不属于("杂诵")"杂法"的,另外成为"毗尼序"的二品。在《杂事》中,这也不是八门·十颂所摄,所以也只是《杂事》的附属部分。

第六项　《毗尼母经》的诸犍度

上面所说的五部律,代表了分别说与说一切有两大系。犍度部分的分别独立,本为上座部律师的业绩。但上座部中犊子部一大流,没有广律的传译,也就不能明了有关犍度部分的内容。正量部所传的《律二十二明了论》,说到"婆薮斗律"①,可知这一部派的犍度部分,也是称为"事"(婆薮斗 vastu)的;但所知的,仅此一点而已。

《毗尼母经》,被推定为属于先上座部而转名的雪山部。这一派的律藏,有"诸犍度"②、"一切犍度"③。在名称上,与《铜鍱律》及《四分律》一样。《毗尼母经》,每提到各种犍度的名目。《律藏之研究》曾集录出十四种犍度——"受戒犍度"或"受具犍度"、"布萨犍度"、"革屣犍度"、"衣犍度"、"药草犍度"或"药犍度"、"迦絺那犍度"、"拘睒弥犍度"、"章卑犍度"、"呵责犍度"、"破僧犍度"、"三摩兜犍度"、"持戒犍度"、"敷具犍度"、"杂犍度"④。此外,应还有"灭罪犍度"⑤,共十五种。

在可知的十五犍度中,"布萨"、"革屣"(或作"皮革")、"衣"、"药"、"迦絺那"、"拘睒弥"、"章卑"(瞻波的异译)、"破僧"、"杂"——九种,可说与《铜鍱律》及《四分律》相同。"受戒"、"呵责"——二种,与《四分律》相合。而"敷具犍度",却与《铜鍱律》的"卧坐具"相近,与《四分律》的"房舍犍度"不同。《毗尼母经》,虽近于《四分律》,但并不与《四分律》完全一致。此外,"持戒犍度"、"灭罪犍度"、"三摩兜犍度",都显得非常

① 《律二十二明了论》(大正二四·六六六上、中)。
② 《毗尼母经》卷三(大正二四·八一八上)。
③ 《毗尼母经》卷四(大正二四·八一九下)。
④ 平川彰《律藏之研究》(六三六——六三七)。
⑤ 《毗尼母经》卷二(大正二四·八一○下)。

特别。

　　"持戒犍度"所举的内容,是客比丘与旧比丘的五法恭敬①。《铜鍱律》属于"仪法犍度",《四分律》属于"法犍度",所以或推论为"威仪犍度"的别译。然在《五分律》中,这是属于"受戒法"的②。所以《毗尼母经》的"持戒犍度",极可能与《五分律》一样;"持戒"是"受戒"的异译。

　　"灭罪犍度"所举的内容是:"所犯不隐,尽向人说,名为发露。"③发露灭罪,本通于七篇,如说:"如七篇所犯,应忏悔除,忏悔能灭。"④但在犍度中,重在僧残的除灭罪法。这是《铜鍱律》的"集犍度"、《四分律》的"覆藏犍度"所摄。在《十诵律》中,属于"僧残悔法"。《毗尼母经》称为"灭罪",意义与《十诵律》相近。

　　《毗尼母经》说:"上厕法,——三摩兜犍度中广明。"⑤以上厕法为"三摩兜犍度",而三摩兜的原语与意义,都不明了。原文的文义,本来不太明白,"——",可能为"二"字的误写。如《毗尼母经》说:"如是众多,今总说二三。"⑥"二三"连续成句,是略说一二的意思。如这样,原文应为:"上厕法,(已略说)二三,摩兜犍度中广明。"上厕法,《铜鍱律》属"仪法犍度"(《四分律》为"法犍度",《五分律》为"威仪法");"仪法"为 vatta 的对

<hr>

① 《毗尼母经》卷四(大正二四·八二四下)。
② 《弥沙塞部和醯五分律》卷一六(大正二二·一一四上)。
③ 《毗尼母经》卷二(大正二四·八一〇下)。
④ 《毗尼母经》卷七(大正二四·八四二上)。
⑤ 《毗尼母经》卷六(大正二四·八三八上)。
⑥ 《毗尼母经》卷六(大正二四·八三〇下)。

译，与"摩兜"相近；"摩兜犍度"，也许与"仪法犍度"相合。总之，《毗尼母经》所代表的部派，关于犍度的名称，近于《铜鍱律》及《四分律》，而仍有其特殊的地方。

第三节　犍度部成立的过程

第一项　成立犍度的三阶段

"摩得勒伽"，上座部系的"犍度"部分，已经简略地叙述。现在可以进一步地论究"犍度"部成立的过程。有关犍度部分的成立，平川彰博士以为：犍度部的现在形态，是成立于枝末分派以后的。然从诸律的共通而观，有继承根本律的可能性。在诸律中，巴利——《铜鍱律》与《四分律》，同为二十二章，同名为犍度，这一组织的类同，值得注目，认为这是古型的保存①。博士的论据，虽不止于此，然以二律组织的类同，而断为古型的保存，似乎还值得商讨。因为，在部派分裂的系统中，这是同属于分别说系的。犍度部分组织的近似，也许由于部派的亲近性吧！博士以为：犍度部组织的成立时期，可以上溯于原始佛教的时代②。虽推论为成立于原始佛教时期，而不知原始的组织是什么。所以见《铜鍱律》与《四分律》的类同，而论断为古型。当然，这也应该是受到近代研究者的影响——对巴利语圣典的过

①　平川彰《律藏之研究》（五九一、六三〇）。
②　平川彰《律藏之研究》（五九一）。

分推重。

论究犍度部的成立过程,试从各部律的比较着手。各部律的犍度部分,次第与项目,并不一致。然而比较起来,《根有律》、《十诵律》、《四分律》、《铜鍱律》,连《五分律》在内,在前面的大部分,都表现了大致相同的情形,如:

《十诵律》	《根有律》	《四分律》	《铜鍱律》	《五分律》
1. 受具足	1. 出　家	1. 受　戒	1. 大	1. 受　戒
2. 布　萨	2. 布　萨	2. 说　戒	2. 布　萨	2. 布　萨
3. 自　恣	3. 随　意	4. 自　恣	4. 自　恣	4. 自　恣
4. 安　居	4. 安　居	3. 安　居	3. 入雨安居	3. 安　居
5. 皮　革	5. 皮　革	5. 皮　革	5. 皮　革	6. 皮　革
6. 医　药	6. 药	7. 药	6. 药	7. 药 / 8. 食
7. 衣	7. 衣	6. 衣	8. 衣	5. 衣
8. 迦絺那衣	8. 迦絺那衣	8. 迦絺那衣	7. 迦絺那衣	9. 迦絺那衣

从"受具足"到"迦絺那衣",共有八法(《五分律》开为九法):虽各律的次第有小小不同,而大体可说是一致的。《毗尼母经》卷四(大正二四·八一九下)这样说:

"诸经中与毗尼相应者,总为比丘、比丘尼经。诸经中与迦絺那衣相应者,总为迦絺那犍度。比丘经、比丘尼经、一切犍度、摩得勒伽、毗尼增一:此五种总为毗尼藏。"[1]

----

[1]　《毗尼母经》卷三,有文意大同的叙录(大正二四·八一八上)。

　　《毗尼母经》立一切犍度，而对犍度部的类集，举"迦絺那衣"为例，这不能不说是奇突的！《五分律》的第三分，就是上列的九法，也以"迦絺那衣法"为最后。这可以解说为：这是犍度部第一阶段集出的内容。第一阶段集出的，以"迦絺那衣"为末后，这是上座部系的共同传说，一致公认；这所以《毗尼母经》以"迦絺那衣"的总集为例吧！这八法中，"受具足"为出家而成为僧伽成员的仪式；"布萨"为半月一次的诵戒；"安居"为一年一度的三月定住；"安居"的结束是"自恣"；然后受"迦絺那衣"。这五法，为佛教内的宗教大典。而"衣"、"药"、"皮革"，为日常生活中，有关僧伽及个人的重要事项。犍度部分分别成立的初阶段，应就是这些诸律共通的部分。

　　以下的犍度部分，组织与次第，分别说与说一切有系不同。试再分为二类来比较。

《十诵律》	《根有律》	《四分律》	《铜鍱律》	《五分律》
9.俱舍弥	9.拘舍弥	9.拘睒弥	9.瞻波	
10.瞻波	10.羯磨	10.瞻波	10.拘睒弥	10.灭诤
11.般荼卢伽	11.黄赤	11.呵责	11.羯磨	11.羯磨
12.僧残悔	12.补特伽罗	12.人	12.别住	17.别住
	13.别住	13.覆藏	13.集	

　　上列部分，是有关僧事处理的是否如法，及有所违犯的处分法规，自成一类，大致相合。所以这第二阶段集成的，还早在说一切有与分别说——二系未分的时代。《五分律》独成一格，是参考了古代"摩得勒伽"的缘故。

《十诵律》	《根有律》	《四分律》	《铜鍱律》	《五分律》
13. 遮	14. 遮布萨	14. 遮	14. 灭　净	10. 灭　净
				（11. 羯磨）
14. 卧具	15. 卧具	15. 破　僧	15. 杂　事	12. 破　僧
15. 净事	16. 净事	16. 灭　净	16. 卧坐具	13. 卧　具
16. 调达	17. 破僧	17. 比丘尼	17. 破　僧	14. 杂
	1	18. 法	18. 仪　法	15. 威　仪
杂诵	杂 2	19. 房　舍	19. 遮说戒	16. 遮布萨
				（17. 别住）
	3	20. 杂	20. 比丘尼	18. 调　伏
		集法毗尼		
五百比丘结集三藏法	五百结集	21. 五百人	21. 五　百	19. 比丘尼
七百比丘集灭恶法	七百结集	22. 七百集	22. 七　百	20. 五百集
		法毗尼		21. 七百集

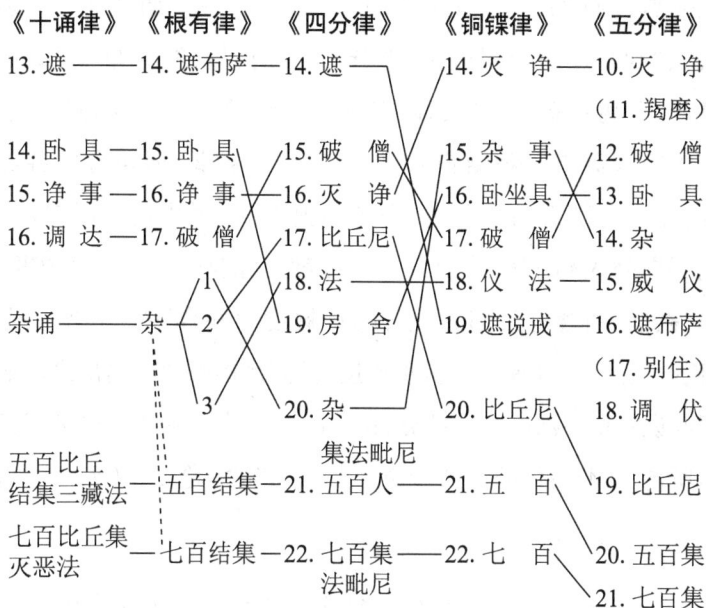

　　这一部分，尽管内容相当，而组织与次第，显然是差别很大！"五百结集"与"七百结集"，为这一部分中唯一共同的部分。这是有关结集传说的记录，在上座部系中，早已独立组成，而附于"法"或"犍度"的末后。如现存的《杂事》，虽有"五百结集"与"七百结集"，但这并不是《杂事》的"八门"，门门十颂所摄的，这只是附录而已（《十诵律》也不是"杂诵"所摄）。这二种附录，起初是没有看作"犍度"或"法"的。如《十诵律》没有称为"法"，《四分律》也没有称之为"犍度"。这本是不适于称为"犍度"或"法"的。《铜鍱律》称为"犍度"，《五分律》称为法，那是各部派重组时代的事了。

　　属于说一切有部的《十诵律》与《根有律》，组织与次第，

大体是一致的。《十诵律》的"杂诵",含有"调达事"、"杂
法"、"比丘尼法"与"威仪"部分。《根有律》的"杂事","破僧
事"已分离独立了。"杂事"仅含有"杂法"、"比丘尼法"、"威
仪法"(又附有二种结集)。"杂诵"与"杂事"所包含的各部
分,在分别说系的律藏中,是各别独立的。《律藏之研究》以
《铜鍱律》及《四分律》的二十二犍度为原型①,所以对"杂事"
与"杂诵"的含有几部分,解说为"犍度的并合"②。其实,"杂
事"与"杂诵",不是并合其他犍度,反而是逐渐地分离出来。如
根本说一切有部的犍度部分,是"十七事"与"杂事";这是唐义
净所传、西藏所传的一致传说。然《根有律》卷二七(大正二三
·七七五中)说:

> "戒者,谓从四他胜,终至七灭诤。……于余十六事
> 处,及杂事处、尼陀那处、目得迦等处。"

《根本说一切有部苾刍尼毗奈耶》,也是这样说的③。十六
事与杂事,显然为说一切有部律的初型。《十诵律》但立"七
法"、"八法"(《根有律》开为十六),"调达事"还是"杂诵"的一
分,这就是十六事与杂事了。等到"调达事"("破僧事")分离
出来,成为一部,就成为"十七事"与"杂事"。所以,"杂事"与
"杂诵"的含有"比丘尼"等部分,决不是并合,而是在诸犍度分

---

① 平川彰《律藏之研究》(六三四)。
② 平川彰《律藏之研究》(六二〇)。
③ 《根本说一切有部苾刍尼毗奈耶》卷一二(大正二三·九七三下——九七
四上)。

离独立过程中,还没有分离出来。《十诵律》的"杂诵"(《根有律》称为"杂事"),与《僧祇律》的"杂诵跋渠法",不是同名为"杂诵"吗?《僧祇律》的"杂诵",不是含有更多的部分吗?惟有以"杂诵"为原型,以观察其分离独立的过程,对于犍度部的古型与新型,才能明确地辨认出来!

第二项　依摩得勒伽而次第成立

上座部系的"摩得勒伽",是分为三聚——"受戒聚"、"相应聚"、"威仪聚"的①。大众部系的《僧祇律》,综合为二法——"杂诵跋渠法"、"威仪法"。说一切有部的"杂诵"或"杂事",含有"威仪法"在内。所以"摩得勒伽"的原型,起初可能是泛称为"杂诵"或"杂品";由于一再增编,才成为"三聚"或"二法"的。

```
                      受戒聚（具足戒）
                                        杂诵跋渠法
杂诵（杂品）            相应聚（法　部）
                      威仪聚（行法部）——威仪法
```

与犍度相当的部分,是依古型的"杂诵"(二法或三分),而分离独立起来的。"摩得勒伽",是僧团中有关僧伽与个人所有的规章法制。这些规制,原始结集时,还没有集出,而是推行于僧伽内部的不成文法。离原始结集不久,早在七百结集以前,律师们已集为标举项目的"摩得勒伽"。这应与法的"摩得勒伽"——相互对论,名为"论阿毗达磨论"的开展同时。依标举

―――――――

① 《毗尼摩得勒伽》卷六(大正二三·六〇五上)。

而作解说,起初是应该极为简要(说一切有部的《毗尼摩得勒伽》代表了那种随标略释的风格)。然在师承传授,适应不同的情形下,到根本二部分裂(约西元前三〇〇年顷)以前,僧伽间传诵的"摩得勒伽",应该已有了多少出入。现存《僧祇律》的"杂诵跋渠法"及"威仪法",代表了东方(后来成为大众部)的"摩得勒伽"。西方(后来成为上座部)的"摩得勒伽"诵本,当然近于上座系的,次第与内容,有了不少的出入;但二部的距离,是不会相差太远的。在《僧祇律》的"杂诵跋渠法"中,已有"受具戒"、"别住摩那埵阿浮呵那毗尼摄"、"布萨"、"安居"、"自恣"、"衣"、"毗尼"、"比丘尼"、"五百比丘集法藏"、"七百集法藏"——十种,近于上座部系的犍度。但没有分离出来,而是含容在"杂诵"中的。比对上座部系,都有分别独立的诸犍度,可推定为:《僧祇律》的"杂诵",正代表了——在"摩得勒伽"的项目中,以重要的项目为中心,将有关部分类集编次的阶段;这是根本二部将分与初分的形态。分裂以后,大众部维持旧形,而上座部及其再分化的部派,继承固有学风,一再类集为不同的犍度(法或事),而独立成部。

《僧祇律》的"杂诵跋渠法"、"威仪法",是"摩得勒伽"的古型(上座部古诵本,应相差不远);犍度部分,由此而分离成立。对于这一论题,先举三项有力的证明。

Ⅰ.《铜鍱律》的"瞻波"、"拘睒弥"、"羯磨"、"集"、"别住"——五种犍度,在上座系的各部律中,开合不定,而名称也最不一致。

《十诵律》　《根有律》　《四分律》　《铜鍱律》　《五分律》

9. 俱舍弥 ── 9. 拘睒弥 ── 9. 拘睒弥　9. 瞻　波
10. 瞻　波 ──10. 羯　磨 ──10. 瞻　波　10. 拘睒弥
11. 般茶卢伽──11. 黄　赤 ──11. 呵　责 ──11. 羯　磨　11. 羯磨
12. 僧残悔　12. 补特伽罗──12. 人 ──12. 别　住 ──17. 别住
　　　　　　13. 别住 ──13. 覆　藏　13. 集

　　这一部分,开合──或二,或四,或五而外,名义最为含混!
如“羯磨”,《根有律》约如法、和合、非法、别众的羯磨说。《铜鍱
律》指苦切、依止、驱出、下意、不见罪举、不悔罪举、不舍恶见
举──七种羯磨说。而《五分律》的“羯磨法”,几乎把这一部分
全都包括了进去。又如《铜鍱律》“集犍度”的“集”,意义也不
明了。如比对《僧祇律》的“杂诵跋渠法”,及上座系的“摩得勒
伽”,就会充分地明了出来。与此相当的“杂诵跋渠法”,共十四
项目,分为七段,文长二卷以上①。内容为:

　　A. 5“羯磨”·6“羯磨事”:羯磨有“四羯磨”、“二羯磨”……
“成就五如法和合作羯磨已后不悔”──十类。羯磨事有“比丘
受具足羯磨事”……“和合根羯磨事”──十类。羯磨与羯磨的
事,作全部的分类统列,可说是羯磨的大纲②。

　　B. 7“折伏羯磨”(五类)·8“不共语羯磨”(二类)·9“摈出
羯磨”·10“发喜羯磨”(六事)·11“举羯磨”──不见罪举·不
悔罪举·不舍见举(三类)。

　　C. 12“别住”·13“摩那埵”·14“出罪”:结名“别住摩那埵

────────────

① 《摩诃僧祇律》卷二四──二六(大正二二·四二二上──四四一上)。

② 羯磨与羯磨事,是通于前面的“受具足”,及以下的种种羯磨。

阿浮呵那毗尼摄"。以尸利耶婆犯僧残为缘起，其次解说："持
律比丘与他出罪时，他语有罪亦知，无罪亦知。覆亦知，不覆亦
知。发露亦知，不发露亦知。应与别住亦知，不应与别住亦知。
如法与别住亦知，不如法与别住亦知。如法行波利婆沙亦知，不
如法行波利婆沙亦知。中间有罪亦知，中间无罪亦知。夜断亦
知，夜不断亦知。随顺行亦知，不随顺行亦知。应与摩那埵亦
知，不应与摩那埵亦知。如法与摩那埵亦知，不如法与摩那埵亦
知。究竟摩那埵亦知，不究竟摩那埵亦知。中间有罪亦知，中间
无罪亦知。夜断亦知，夜不断亦知。随顺行亦知，不随顺行亦
知。应与阿浮呵那亦知，不应与亦知。如法与阿浮呵那亦知，不
如法与亦知。共覆亦知，不共覆亦知。无量覆亦知，(别覆亦
知,)毗舍遮脚亦知。或有罪合非夜合，或有夜合非罪合，或有
罪合夜亦合，或有非罪合非夜合。本罪，中间罪。""有罪"到"不
发露"，是通于一切罪的。对于"有罪"，作了极广的论究①。
"别住"以下，专约僧残罪的处分说。

D. 15"应不应羯磨"：瞻波比丘的净讼为缘起，而说非法不
和合、非法和合、如法不和合、如法和合——四种羯磨。

E. 16"随顺已舍"："折伏"、"不共语"、"摈出"、"发喜"、
"举"、"别住摩那埵"——六种羯磨，随顺行五事或七事，然后解
除羯磨。

F. 17"咜逻咃"：二部众共净举与不举，由中正的断事者来
处分解决。

———————

① 《毗尼母经》卷二·三，与此相当的部分，也广明犯相(大正二四·八一一
上——八一三下)。

G. 18"异住"：二部众共净，僧破，仍应受供养，得受具足戒。

说一切有部的《毗尼摩得勒伽》，与"杂诵跋渠法"上列七段相当的，是：

A. 6"羯磨"·7"羯磨事"……16"所作事"

B. 35"白"·36"白羯磨"·37"白二羯磨"·38"白四羯磨"

C. 39"苦切羯磨"……44"恶邪不除摈羯磨"

D. 45"别住"……49"别住等四功德"

E. 51"戒聚"·52"犯聚"……60"罪聚"

F. 205"净坏僧"

G. 207"下意"·208"种种不共住"

H. 209"闵赖吒"

《毗尼摩得勒伽》的八类，项目杂而且多；"杂诵跋渠法"较为简略。《毗尼摩得勒伽》的 A、B——二类，在"杂诵跋渠法"中，只是 A 类的二项。C 类，与"杂诵跋渠法"的 B 类相合。D、E——二类，与"杂诵跋渠法"的 C 类相合。F 类，就是"杂诵跋渠法"的 G 类。G 类，合于"杂诵跋渠法"的 E 类。H 类，与"杂诵跋渠法"的 F 类相合。

《僧祇律》"杂诵跋渠法"中，如上所列的部分，内容都与"羯磨"有关。虽有成为不同部类的倾向，而还是前后次第，意义关联的。所以，《五分律》除"别住"部分以外，总称之为"羯磨法"。这是依据古型的次第相连、意义相关而总立的，并非如或者所说，将不同的犍度，合而为一①。然"羯磨法"中，问题不一，

---

① 平川彰《律藏之研究》（六一四）。

再分为不同的犍度,从组织的严密来说,也确乎是必要的。本来都是"羯磨",分编者沿用"羯磨"为一部分的名称。但部派间的意见不一,所以《铜鍱律》的"羯磨犍度"与《根有律》的"羯磨事",所指的部分内容,也就不能相合了。

更值得注意的,是"杂诵跋渠法"的"别住摩那埵阿浮呵那毗尼摄"一章。标举项目,仅有"别住、摩那埵、出罪"(梵语阿浮呵那)——三事;而结说时,增列"毗尼摄"。在解说中,广说有罪、无罪,通于一切犯(五聚罪);然后专说僧残罪的处罚及出罪。在《毗尼摩得勒伽》中,"别住"(45)等以下,明"戒聚"、"犯聚"、"不犯聚"(51、52、53)等。《毗尼母经》也是一样。"杂诵跋渠法",是统合这二类了。在"犯"的处分中,僧残罪最为复杂。非详明有犯、无犯、轻犯、重犯……一切犯相,是不可能如法处理的。所以"别住摩那埵出罪",与"犯不犯"、"轻犯重犯"等分别,从来就是相关联的。《毗尼摩得勒伽》末了的"罪聚",是罪(就是犯)的总摄。《毗尼母经》作"集犯"[①]。"杂诵跋渠法"的"毗尼摄",就是"犯毗尼"的总摄。Samuccaya,应译为"集",但也有译作"摄"的。"别住摩那埵出罪",与犯不犯等"集犯","摩得勒伽"的旧型,是相关联的;所以对有关僧残罪的处分——"别住摩那埵出罪",《铜鍱律》就称之为"集犍度"了。

Ⅱ."杂诵跋渠法"有52"毗尼"(断当事),这是对于波罗夷、僧伽婆尸沙——僧残的违犯,所作的判决实例。上章曾说到:这一部分,与《五分律》的"调伏法"相当。依此扩编而成为

---

① 《毗尼母经》卷三(大正二四·八一三下)。

别部的,是《四分律》的"调部",《十诵律》的"毗尼诵"(的一部分;毗尼诵是因此立名的)。《铜鍱律》改编在"经分别"中。在波罗夷与僧残的戒条下,"分别犯不犯相",而广举判决的实例①。从分量说,"杂诵跋渠法"的"毗尼",与《五分律》的"调伏法",最为简略。内容的多少出入,那是大众部与上座部的传诵不同了。"杂诵跋渠法",本为犍度部分的母体,依此分出而成为犍度部分,如《五分律》立"调伏法",可说是最合理的。

Ⅲ."杂诵跋渠法"有 54"比丘尼法"。"比丘尼法"的集为一类,是很早的。在说一切有部中,还含摄在"杂诵"、"杂事",没有分离独立。分别说系的《铜鍱律》、《四分律》、《五分律》,都分别成立为"比丘尼犍度",或"比丘尼法"。上座部系的犍度部分,都有"比丘尼"的存在。然在上座部系的"摩得勒伽"——《十诵律》"毗尼诵"、《毗尼摩得勒伽》、《毗尼母经》,都没有标举"比丘尼"项目,可说是很费解的!在"杂诵跋渠法"中,明确地证实了古型的"摩得勒伽"是有"比丘尼法"的。这近于部派未分以前的古型;上座部系的"比丘尼犍度"或"比丘尼法",是据此而成立的。现存上座部系的"摩得勒伽",没有"比丘尼"项目,如不是由于上座传统的轻视女性,那一定是脱落了。

上座部系的犍度部分,"羯磨犍度"(或称为法,或称为事)的含义不确定,"集犍度"的意义不明了;《五分律》的"调伏法",各部的"比丘尼法"(或犍度),都从《僧祇律》的"杂诵跋渠法"中,发见其渊源与确定的意义。所以,"杂诵跋渠法"(及"威

———————————

① 如本书第四章第三节第一项所列。

仪法")为"摩得勒伽",为犍度部分的母体,应该是无可怀疑的事。

《僧祇律》的"杂诵跋渠法"与"威仪法",为毗尼的摩得勒伽的大众部诵本。从杂多的项目中,渐类集为犍度部分的形态,但还没有分离为别部。现在来比对《僧祇律》的"杂诵跋渠法"、"威仪法",与上座部律(以《四分律》为代表)的关系。在比对中,说明某些部分已接近成立,或略具雏形,以论断为部派将分未分时代的犍度之母。

(《四分律》)一、"受戒犍度":《僧祇律》的"杂诵跋渠法",类集1"受具(足)"·2"不名受(具足)"·3"支满"(应与受具足)·4"不清净"(不得受具足),结为:"是中清净如法者,名受具足。"①与"受戒犍度"相当,接近完成;地位也是在第一。

二、"说戒犍度":与"说戒犍度"相当的,是31"布萨法"。结为"是名布萨法,与欲法,受欲法"②;而结颂作:"布萨及羯磨,与欲说清净。"③这是类集四、五项目,而总称"布萨法"的,内容相当完备。

三、"安居犍度",四、"自恣犍度":"杂诵跋渠法"中,35"安居法"·36"自恣法",与上面的"布萨法",次第相连,与上座律部的次第相合。"安居法"与"自恣法",比起上座部系的犍度来,要简略得多。

五、"皮革犍度":"杂诵跋渠法"66"革屣法",以恕奴二十亿

---

①　《摩诃僧祇律》卷二四(大正二二·四二二上)。
②　《摩诃僧祇律》卷二七(大正二二·四五〇下)。
③　《摩诃僧祇律》卷二八(大正二二·四五五上)。

的故事为主。其他律部，有亿耳故事，《僧祇律》编入"受具足法"。《毗尼摩得勒伽》，分 173"皮"与 174"革屣"为二项。《毗尼母经》也是这样①。《僧祇律》也在"革屣法"外，别立 83"皮法"。所以《毗尼母经》直称为"革屣犍度"②。后来上座部系，类集"皮"与"革屣"为一，也就称为"皮革犍度"了。

六、"衣犍度"："杂诵跋渠法"40"衣法"的类集，近于"衣犍度"，但缺略粪扫衣部分。

七、"药犍度"："杂诵跋渠法"有 42"药法"，极简，与《五分律》的"药法"相近。饮食方面，"杂诵跋渠法"列举"粥法"等多法，散在多处，还没有类集为"食法"的形迹。《五分律》分为"药法"与"食法"，不是分一为二，而是"摩得勒伽"的旧形。平日的正常饮食，临时的药物救治——这二类，上座部系（除《五分律》)律，都合为"药犍度"。这意味着厌离情绪的强化，以饮食为不得已的救治了。

八、"迦絺那衣犍度"："杂诵跋渠法"有 37"迦絺那衣法"·38"非迦絺那衣法"·39"舍迦絺那衣法"。这是摩得勒伽的原型，如《十诵律》"毗尼诵"作：87"受"·88"不受"·89"舍"，90"不舍"。"杂诵跋渠法"，还没有类集为一。据"摩得勒伽"，"迦絺那衣法"在前，"衣法"的次第在后，与《铜鍱律》相合。

九、"拘睒弥犍度"："杂诵跋渠法"17"呫逻呫"·18"异住"，与"拘睒弥犍度"相当。二项简略而独立，还没有统合完成。

---

① 《毗尼母经》卷五（大正二四·八二五中——下）。
② 《毗尼母经》卷四（大正二二·八二一上）。

十、"瞻波犍度"："杂诵跋渠法"15"应不应羯磨"，意义相合，但极为简略。

十一、"呵责犍度"："杂诵跋渠法"7"折伏"·8"不共语"·9"摈出"·10"发欢喜"·11"举羯磨"；列举事缘，比上座部律为详。被羯磨者，应怎样随顺行，然后解除，别属"随顺行舍"。这部分与"呵责犍度"相当，接近完成。

十二、"人犍度"："杂诵跋渠法"12"别住"·13"摩那埵"·14"出罪"，结名为"别住摩那埵阿浮呵那毗尼摄"①。与"人犍度"相当，但与"犯相"的广说相结合。

十三、"覆藏犍度"："杂诵跋渠法"16"随顺行舍"，通于"折伏"、"不语"、"摈出"、"发喜"、"举"、"别住摩那埵"——六种。《毗尼摩得勒伽》的207"下意"·208"种种不共住"，与"杂诵跋渠法"相合。《四分律》的"覆藏犍度"，专约"别住"者说。上来五种犍度，在"杂诵跋渠"中，次第蝉联而来，虽一部分还没有具备犍度的规模，但确为五种犍度未分立前的形态。

十四、"遮犍度"：上座部系的摩得勒伽，本有"止说戒"、"止自恣"——二项。遮说戒部分，在"杂诵跋渠法"的"布萨法"中②。遮布萨的事缘，《四分律》也是编入"说戒犍度"的③。从"杂诵跋渠法"去看，遮止说戒，没有成为一类的意义。

十五、"破僧犍度"：在《僧祇律》中，破僧的因缘，部分编在"波罗提木叉分别"的僧残第十戒中。"杂诵跋渠法"的24"异

---

① 《摩诃僧祇律》卷二六（大正二二·四三八中）。
② 《摩诃僧祇律》卷二七（大正二二·四五〇中）。
③ 《四分律》卷三六（大正二二·八二四上——八二五上）。

住”·95“破僧”,都与“破僧犍度”相当,但没有集成一类的
形迹。

十六、“灭诤犍度”:“杂诵跋渠法”,121“灭事”·122“灭诤
事”,仅列举了“四诤事”、“七灭诤”的名目。“灭”与“诤事”,为
“摩得勒伽”的项目,而又同时编入“波罗提木叉经”,为波罗提
木叉的一部分。上座部系的诸律,“灭诤法”的分别,都编入与
犍度相当的部分,而没有作为波罗提木叉的分别。仅有《十诵
律》,在“波罗提木叉分别”与犍度部分,都有七灭诤的分别,但
不免重复了!《僧祇律》在“杂诵跋渠法”中,没有分别;却在波
逸提的“发诤戒”中,广说“七灭诤”与“四诤事”①,内容与“灭诤
犍度”相当。《僧祇律》与《十诵律》,与犍度相当部分的组织,是
比较古的,而“灭诤法”的解说,却没有一致。可见“七灭诤”部
分,起初是怎样的游移于“波罗提木叉分别”及“犍度”部分了!
以“杂诵跋渠法”而论,是没有“灭诤犍度”的倾向的。

十七、“比丘尼犍度”:“杂诵跋渠法”54“比丘尼法”,所集的
部分,与“比丘尼犍度”相近;这是类集完成很早的部分。

十八、“法犍度”:大概地说,与《僧祇律》的“威仪法”相当。
“摩得勒伽”,早就分为二类或三类,别立“威仪”——“行法”一
类,但这是大概的分类,与犍度部分的“威仪犍度”(或称为法),
是略有不同的。《毗尼摩得勒伽》,《毗尼母经》的第三部分;《僧
祇律》的“威仪法”,其中的一部分,如《僧祇律》七跋渠中的三、
四、七——三跋渠,在上座部系的犍度中,都是归入“杂犍度”

①《摩诃僧祇律》卷一二·一三(大正二二·三二七上——三三五中)。

的。所以《僧祇律》的"威仪法",是"摩得勒伽"的固有部分,并不等于分离出来的"威仪犍度"。

十九、"房舍犍度":"杂诵跋渠法"中,25"僧断事"·26"田地法"·27"僧房法"·28"营事法"·29"床褥法"·30"恭敬法",次第相连,与"房舍犍度"相当。

二十、"杂犍度":《僧祇律》有"杂诵",这是项目众多,包括僧伽规制的大部分。在上座部系,犍度的分离别立过程中,"杂诵"是越来越小了。说一切有部的"杂诵",还包含有"破僧"、"比丘尼"、"威仪"部分。等到这都分离独立,剩余的琐细事项成为名符其实的"杂事"——"小事犍度"了。现存的《僧祇律》,"杂诵"还是众多项目的总汇,与"杂犍度"不同。

二十一、"集法毗尼五百人";二十二、"七百集法毗尼"。"杂诵跋渠法"有97"五百比丘集法藏"、98"七百集法藏",与之相当。这二部分,有关结集史实,早已集成。关于七百结集,当时的论诤,《僧祇律》仅"受取金银"一事。上座系说,起诤虽仅是为了受取金银,而论诤共有十事。以《僧祇律》所说而论,当时论诤主题,只是受取金银一事。"十事非法",应为从七百结集起,到二部分裂——上座部成立的时代,僧伽内部所有诤论的总合。

总观上面所说,比对上座部的犍度部分,《僧祇律》的情形是这样的:1. 接近完成的,有"受具足"、"布萨法"、"安居法"、"自恣法"、"衣法"、"别住摩那埵阿浮呵那毗尼摄"、"毗尼法"、"比丘尼法"、"集法毗尼五百人"、"七百集法毗尼"——十类。

2. 粗具雏形的,有"革屣法"、"药法"、"应不应羯磨"、"随顺行舍"——四类。

3. 次第相连的,有"迦絺那衣"(三项),"呫逻呫"与"异住"(二项——拘睒弥),"折伏"……"举羯磨"(五项——呵责),"僧断事"……"恭敬法"(六项——房舍)——四类。

4. 未曾考虑的,有"遮"、"破僧"、"灭诤"——三类,《僧祇律》的集成者,还没有意识到这将成为一部类。而"杂"与"威仪"——二类,要等到一切分离后,剩余的自然整编为二部。

犍度部分的发展成立,可以作这样的结论。"杂诵跋渠法"与"威仪法",为"摩得勒伽"的大众部诵本,与《毗尼摩得勒伽》,"毗尼诵"的一部分;《毗尼母经》,是同一本源的。这是"波罗提木叉"以外的,一切僧伽规制的总集。在佛教的开展中,"摩得勒伽"的解说,以其中的重要项目为主,类集有关的项目,与当时惯行的规制,渐成为一聚一聚的部类。《僧祇律》就是这样,代表了部派将分与初分的形态。遵循这一学风,更为严密的类集,分离而成为一类一类的犍度部分,那是上座部重律学派的业绩!

在本节第一项的比较中,发现上座部的犍度部分,在前面的几类,可说是各律一致的。越到后面,各部律的出入越大。犍度部分的成立,是不止一次集成的。犍度部分,《四分律》与《五分律》,都分属于三分,也可说分为三类。而《铜鍱律》分为"大品"(十犍度)、"小品"(十二犍度);《十诵律》也分为二类——"七法"、"八法"(此外有"杂诵",还没有分为多少法)。《铜鍱律》与《十诵律》,虽数目的多少不合,而都分为二大类,这是应该重视的。在犍度部分的成立过程中,应该有过第二阶段、第三阶段的事实。

犍度的母体是"杂诵"（说一切有部仍保有威仪属于"杂诵"的传统），又分为"杂诵"与"威仪"；一切犍度依此而分离出来。犍度集成（分离出来）的第一阶段，是（依《十诵律》）"受具足"、"布萨"、"自恣"、"安居"、"皮革"、"医药"（《五分律》依古义，分药与食为二）、"衣"、"迦絺那衣"——八种。虽然次第小小出入，而可说大致相同。第二阶段集出的是："俱舍弥"、"瞻波"、"般荼卢伽"、"僧残悔"（或分为二）、"遮"、"卧具"、"净事"——七种，或加"调达"为八类。这是说一切有与分别说部将分与初分的阶段。其他部分，还包含在"杂诵"中。这七种或八种，虽次第的出入较大（前四种，开合不同，而次第相近），但主要差别，只是《四分律》编"房舍"在后面，《铜鍱律》与《五分律》编"遮说戒"在后面而已。等到"比丘尼"别出；旧有"杂诵"的剩余部分，与"威仪"部分，重整理而编成"杂"与"威仪"——二种；加上早已集成的附录部分，五百结集与七百结集：这是第三阶段，分别说部的最后整理。《铜鍱律》不忘过去的二分法，整编为"大品"与"小品"。《四分律》与《五分律》，就分编为三分了。最后的集出、整编，到了分别说部再分派的阶段。最后集出部分，没有从来的传说为依据，只凭自部的意见来编排次第，这所以越到后面，次第的出入越大了。

第三项　犍度部的不同名称

现存的犍度部分，各律使用的名称并不一致。《铜鍱律》二十二章，都称为"犍度"。《四分律》也称为犍度，但末后二章，只

说是"集法毗尼五百人"、"七百集法毗尼"。还有,被推定为雪
山部的律藏,也有"诸犍度"。《五分律》二十一章,都称为"法"
(dharma)。《十诵律》也是称为"法"的,如"七法"、"八法";"杂
诵"中有"比丘尼法"、"杂法"。但"调达事"是例外,是不称
"法"而称为"事"(vastu)的。还有结集传说的附录部分——
"五百比丘结集三藏法品"、"七百比丘集灭恶法品",称为"品"
(varga)。与《十诵律》同属说一切有部的《根有律》,称为"律
事"、"律杂事",一概都称为"事"。正量部立"婆薮斗律"(事
律),与《根有律》相同。在这些不同的部派中,《铜鍱律》称为
"犍度",《五分律》称为"法",《根有律》称为"事",使用统一的
名称。《四分律》与《十诵律》,名称不统一。《律藏之研究》,考
得上座部系的犍度部分,起初名称是不统一的。"相应"、"律
事"、"犍度"、"法",混合使用。以同一名称而贯彻全部,属于再
整理的时期①。这是大致正确的结论!

　这些名称,并不起于犍度部分的分立,而早存在于犍度的母
体——"摩得勒伽"时代。一、"法":这是"摩得勒伽"第二分、
第三分所用的名词;内容为僧伽内部,僧伽与个人的所有规制。
依"摩得勒伽",而"布萨法"、"安居法"等,一类一类地集出,称
之为"法",是最自然不过的。分别说部系的《五分律》,说一切
有部的《十诵律》,称犍度部分为"法",代表了该部早期的形态。
然而"五百结集"、"七百结集",并不是规章法制。而提婆达多
的破僧,不是法制,反而是法制的破坏。在这点上,《十诵律》不

①　平川彰《律藏之研究》(六四二)。

称为"法",显然是更妥当的。而《五分律》也称为"法",就未免通泛了。

二、"事":《铜鍱律》的"七百犍度",说到"瞻波律事"①。"律事"（Vinayavastu）,是《根有律》与正量部广泛使用的名称。与《铜鍱律》"瞻波律事"相当的,《十诵律》作"瞻波国毗尼行法中"②。"毗尼行法",决非"律事"的别译。《十诵律》又说"舍婆提国毗尼药法中"③,可见"行法"与"药法"一样,都是专名。"行法"应为 Ācāra-dharmaka 的意译,本为性罪以外僧制的通称（如破戒、破威仪的分别,就是这样）。"瞻波法"部分,古称"瞻波行法",可见"法"与"行法",本没有太大的差别,其后才演化为二类的。《铜鍱律》还有"杂事犍度","事"在《铜鍱律》中,是并不生疏的。说一切有部,起初是称为"法"的,但逐渐使用"事"这一名称。如《十诵律》是称"法"的,但稍后成立的"调达事",已称为"事";其他的也渐以"事"来代替它。《十诵律》的"优波离问",是成立于"七法"、"八法"等以后的。在"问波罗提木叉"部分,已偶然地应用,如"盗事"、"杀事"、"妄语事"、"问十三事"、"问波夜提事"④。与此相当的《毗尼摩得勒伽》,在问"七法"、"八法"中,作"问受戒事"、"问布萨事"、"问俱舍弥事"、"问羯磨事"、"问覆藏僧残事"等,而结名"优波离问事

---

① 《铜鍱律·小品》（南传四·四五八）。

② 《十诵律》卷六一（大正二三·四五四下）。

③ 《十诵律》卷六一（大正二三·四五四上）。

④ 《十诵律》卷五二（大正二三·三七九中、三八一中、三八二上、三八三中）,又卷五三（大正二三·五九一上）。

竟"①。依此可见,《十诵律》本称为"法",而在律学的传流中,有以"事"代"法"的倾向。《根有律》就是一切称为"事"的一派。大概"事"是通称,一切都是适用的,这才取代了具有轨制意义的称呼——"法"。

三、"犍度":这是《铜鍱律》与《四分律》所用的。在"摩得勒伽"中,就有"犍度"一名;如分为"三聚",三聚就是三犍度了。这是新起的名称。从佛教圣典史去看,在西元前二世纪,《发智论》立八犍度。《尊婆须蜜菩萨所集论》,约西元一世纪作,立十四犍度。《识身足论》立六蕴(就是六犍度)。这是西元前二世纪以来的风尚。"铜鍱部"与"法藏部"(铜鍱部以本上座部、分别说部自居,不合史实)的成立,也在那个时代——西元二世纪。因部派独立,而对僧制的类集,重为整编,称为犍度。《四分律》还知道"五百结集"与"七百结集"不符合犍度的意义,但《铜鍱律》已进而彻底应用这一名称了。

四、"相应"(saṃyukta):是经律结集中的重要术语。南传有"相应部",义净译为"相应阿笈摩"②。初期的结集,片段、杂碎,但不只是资料的堆集,而是将众多资料,以问题为中心,而类集有关的一切。经如"蕴相应"、"处相应"等,律如"布萨相应"、"羯磨相应"等(不过初期的类集,仍不免予人以杂乱的感觉)。"摩得勒伽"的第二分——"布萨法"、"安居法"等,早就称为"相应聚"了。《铜鍱律》的"七百犍度",称"布萨犍度"为

---

① 《萨婆多部毗尼摩得勒伽》卷三(大正二三·五八二中)。
② 《根本说一切有部毗奈耶杂事》卷三九(大正二四·四〇七中)。

"布萨相应"①;这是古代用语的遗留。《律二十二明了论》也曾说到:"如布萨相应学处中说"②;"于制布萨相应灭(应是"戒"字的讹写)中广说应知"③;"于制羯磨相应戒中"④。约义类相从说,是"相应";约类集为一聚说,是"犍度"。"相应"的古称,渐为犍度所代而逐渐淡忘了。

第四节　受戒犍度——古型与后起的考察

第一项　事缘部分——佛传

依"摩得勒伽"而开展为"犍度",在组织方面,《十诵律》与《根有律》是比较古的。然组织形式与内容,不一定是一致的,所以更应从内容方面去举例说明。在犍度部中,论究新与古的问题,至少要从主体部分、相关部分、事缘部分,还有附属部分(譬喻、因缘)去考察,才不致陷于"以偏概全"的谬误。

《律藏之研究》,举"大犍度"的"受具"及"佛传"为例,进行论究,以明犍度部分的新古。以"受戒犍度"来说,认为《铜鍱律》的"大犍度"是古型的。其次,是《五分律》的"受戒法",《四分律》的"受戒犍度"。《僧祇律》省略了佛传,是新的。而《十诵律》的"受具足法",《根有律》的"出家事",是最后完成的⑤。

---

①　《铜鍱律·小品》(南传四·四五八)。

②　《律二十二明了论》(大正二四·六六八中)。

③　《律二十二明了论》(大正二四·六六九下)。

④　《律二十二明了论》(大正二四·六七〇上)。

⑤　平川彰《律藏之研究》(五七三——五七四、五八八)。

这一新古的论定,主要是以佛传为中心而予以论定的。《铜鍱律》、《五分律》、《四分律》——同属于分别说部系,在"受戒犍度"部分,成立"十众受具"以前,都有次第连贯的佛传。《僧祇律》"杂诵跋渠法"论四种受具足时说:"自具足者,世尊在菩提树下,最后心廓然大悟,自觉妙证(善具足),如綖经中广说,是名自具足。"①《律藏之研究》以为,"如綖经中广说"指大众部的佛传——《大事》。《僧祇律》本来是有佛传的,而现存的《僧祇律》,佛传是被省略了,这是再整理的律②。《十诵律》等没有佛传,当然是后起的了。

以佛传为中心而论"受戒犍度"的新古,非从《僧祇律》"杂诵跋渠法"的认识去着手不可!"杂诵跋渠法",于"受具、不名受(具)、支满(可以受)、不清净(不得受)"的解说部分,可说与上座部系的"受戒犍度"相当,但还不能说是受戒犍度。《僧祇律》标举众多项目,而一一加以解说,始终保持"摩得勒伽"的体裁。这是依"摩得勒伽",渐为重要问题的类集,而移向分离独立的"犍度"阶段。"摩得勒伽"三分中,第一分是不称为"法"的。"杂诵跋渠法",综合简化为二分,而仍保留称法、不称法的差别。受具足等,属于第一分,是不称为法的。这不是僧伽的法制,而是有关僧伽法制的,名称与内容的确定(或论诤的决定)。所以摩得勒伽,被解说为"决了定义"③。"杂诵跋渠法"对于这部分的解说,分为二段:一、"四种受具足"。二、"名受具足"与

---

① 《摩诃僧祇律》卷二三(大正二二·四一二中)。
② 平川彰《律藏之研究》(五二六)。
③ 《毗尼母经》卷一(大正二四·八〇一上)。

"不名受具足"，专论"十众受具"，可以不可以，合格不合格的问题（这在《毗尼摩得勒伽》中，是"应与受具足"、"不应与受具足"；"可得受具足"、"不可得受具足"）。先明"四种受具足"："自具足、善来具足、十众具足、五众具足"①，这是"受具足"的解说。大众部的持律者，对传说中——事实上曾经存在的不同方式的受具，作综合的说明，"受具足"是什么。佛成道，就自然地得具足，名"自具足"。佛度五比丘等，"唤善来比丘"而得度出家，名"善来具足"。"十众和合，一白三羯磨，无遮法"，为僧团的正规的受具足法，名"十众具足"。在这里，《僧祇律》叙述了十众受具足的仪轨。因亿耳的请求，为边地方便准予"五众具足"。不同方式的受具足，《僧祇律》分为四种。《毗尼母经》别明比丘五种受具、比丘尼五种受具，实为七种②。《十诵律》与《毗尼摩得勒伽》，明十种受具足③。对传说中的不同受具，及传说中的特殊事例，一一罗列起来，才成为更多种的"受具足"。在这点上，《僧祇律》的四种受具足，可能是不完备的，但确是初期的传说。现存不同传本的"摩得勒伽"，都是先明"受具足"——种种不同的受具足，然后明"应与受具足"等，约十众受具，而论合法不合法，合格不合格。"摩得勒伽"的体例是这样的，《僧祇律》也没有例外，这是上座部系"受戒犍度"的前身。

说到受具足，实以"十众受具"为主。从佛教的制度来看：

---

① 《摩诃僧祇律》卷二三（大正二二·四一二中）。

② 《毗尼母经》卷一（大正二四·八〇一中）。

③ 《十诵律》卷五六（大正二三·四一〇上）。《萨婆多部毗尼摩得勒伽》卷五（大正二三·五九四上）。

在家弟子,受五戒,名优婆塞(upâsaka)、优婆夷(upâsikā),意译为"近事"(男、女),是亲近承事的意思。每月六斋日,在家弟子到寺院里来,受一日一夜的八支净戒,名优波婆沙(upavāsa),意译为"近住",是近阿罗汉而住的意思①。出家受具足,名优波三钵陀(upasaṃpadā),意译为"近圆"。古译"具足",也就是圆满的意思。从受具足的制度来说,是成为僧伽成员的仪式。一方面——受者是请求、誓愿;一方面,得僧伽(十众)同意,准予入僧,从此与大众"同羯磨而住"。从内容来说,这是"舍家非家",投身于和乐清净的僧伽,而倾向邻近于涅槃解脱的生活;"近圆",就是近于涅槃(圆寂)的意思。"受具足"一词的成立,与出家修行而向于清净解脱的生活,是不能分离的。

《僧祇律》的四种受具,是"摩得勒伽",与《毗尼摩得勒伽》、《毗尼母经》一样,是罗列不同方式的出家受具,而说明"受具足"是什么。说明不同的受具足,当然与佛的教化事迹有关,但是各别的,举事实来说明,而没有次第地编述佛传的任何意图。但由此而发展成的,上座部系,特别是分别说部系的受戒犍度,就与此不同。《铜鍱律》的"大犍度",从佛的初成正觉说起。次第地叙述佛的传记,教化弟子出家——"善来受具"、"三归受具",然后说到"十众受具"。《五分律》与《四分律》,从释迦族说起,诞生、出家,更与现存的佛传相近。分别说部系的受戒犍度,重在"十众受具"。从佛的成佛、说法、"善来受具"、"三归受具"的叙述,等于成立"十众受具"的渊源一样。说到"十众受

---

① 《阿毗达磨大毗婆沙论》卷一二四(大正二七·六四八下)。

具"为止；连边地的"五众受具"也没有说到，更不用说"受教诫具足"与"问答具足"了。分别说部系的受戒犍度，以"十众受具"的法制为主体（"受戒法"）；编集者有意地编述佛的史传，以说明受具的不同阶段。《僧祇律》的四种受具，虽与佛的教化事迹有关，近于分别说部佛传中的部分事实，但是说明"受具足"的不同事实，并无次第的佛传意义。说《僧祇律》为本有佛传而只是省略了，那是想像如此而已！

"杂诵跋渠法"的"四种受具"说，《律藏之研究》没有理解为"摩得勒伽"的性质，因而比附于《铜鍱律》的"大犍度"，而想像为本来是有佛传的，并引了两项论据：

一、如《僧祇律》卷二三（大正二二·四一二中）说：

> "自具足者，世尊在菩提树下，最后心廓然大悟，自觉妙证（善具足），加綖经中广说，是名自具足。"

宋、元、明——三本，没有"善具足"三字。《律藏之研究》以为，"如綖经中广说"，是引证大众部的佛传——《大事》；《大事》是说到四种具足的①。然这一解说，不能给以有力的证明。因为，《僧祇律》只是以佛在菩提树下初成正觉的事实，来解说"自（然）具足"。而菩提树下初成正觉，见于经文的，并不在少数，如《增一阿含经》（大众部所传）卷一四（大正二·六一八上）说：

> "佛在摩竭国，道场树下，初始得佛。"

此下，从佛的慨念阿罗勒迦蓝等二人的已死，去波罗奈化五

----

① 平川彰《律藏之研究》所引（五二五）。

比丘;然后到优留毗村(Uruvilvā)化迦叶及其弟兄;回迦毗罗国
(Kapilavastu)化父王。这也是结合佛的许多故事,具有佛传的
意义。佛在菩提树下,初成佛道,《杂阿含经》与《相应部》等也
都有说到。大众部的持律者,引经说的初成正觉以成立"自具
足",是不能证明为引证《大事》的。而且,"四种受具足",是大
众部的持律者对于"受具足"的解说,根源是律部而不是佛传。
《大事》立四具足,只能解说为《大事》依律部而编集,决不能解
说为律部引证《大事》。其实,即使《僧祇律》引用古本《大事》以
说明"自具足",也只是引用佛传为证,而并非《僧祇律》在说明四
具足时,是有佛传的;是本来有佛传,而被重整理者所省略的。对
《僧祇律》本有佛传的推论,这一项文证,是没有证成力量的。

　　二、现存梵本的《大事》,首明"中国(佛教的中国)圣大众部
中,说出世部所诵律藏之大事"①。《大事》全称为《大事譬喻》
(Mahāvastu),为大众部的一派说出世部(Lokottaravādin)的佛
传。明四种受具,确与《僧祇律》相合。《大事》与律藏有关,是
没有问题的。然《律藏之研究》认为《大事》是出于律藏的。部
分的佛传,与《铜鍱律》"大犍度"中的佛传相近,所以《大事》是
以这一部分为本,独立而扩大组织,成为现在形的《大事》。结
论是:《大事》佛传的一部分,出于律藏,当然是《僧祇律》;《僧祇
律》本来是有佛传的②。然从犍度部的成立过程来说,现存的
《僧祇律》"杂诵跋渠法",有关"受具足"的解说,还是依标作释
的"摩得勒伽",还没有演进到成为独立的、完整而有体系的"受

①　E. Senart, Le mahāvastu, P. 2, LL. 13, 14.
②　平川彰《律藏之研究》(五三一)。

戒犍度"阶段。所以推论原型的《僧祇律》，有"大犍度"那样的佛传，是无法置信的。"杂诵跋渠法""四具足"的解说，与佛的事迹相结合，如《僧祇律》卷二三（大正二二·四一二上——四一六上）说：

> "世尊在菩提树下，最后心廓然大悟，自觉妙证。"

> "如来唤善来比丘，度人出家。……如来所度阿若憍陈如等五人，善来出家，善受具足。……次度满慈子等三十人。次度波罗奈城善胜子。次度优楼频螺迦叶五百人。次度那提迦叶三百人。次度伽耶迦叶二百人。次度优波斯那等二百五十人。次度汝（舍利弗）大目连各二百五十人。次度摩诃迦叶、阐陀、迦留陀夷、优波离。次度释种子五百人。次度跋渠摩帝五百人。次度群贼五百人。次度长者子善来。"

> "从今日制受具足法，十众和合，一白三羯磨，无遮法，是名善受具足。"（佛在王舍城竹园制）

> "舍卫城中，有居士名阿那邠坻，素与（王舍城居士）郁虔，特相亲友，来（王舍）到其家。……佛为说法……欲还舍卫城起立精舍。……遣富楼那入海采宝……既出家已，……到输那国……此中应广说亿耳因缘。"

这些事迹，不是次第连贯的、叙述详细的佛传。但如将这些片段的事迹，连贯而编述出来，不就是佛传吗？这些片段的事迹，不就是佛传的来源吗？《大事》是佛传，《大事》之所以属于律藏，是这样的根据于《僧祇律》，而并非根据什么《僧祇律》的佛传。现在形的《僧祇律》,还没有进展到佛传的阶段,更不用推想原型的《僧祇律》了!

说到佛传,我想另行论究,这里只能简要地说到与此有关的部分。佛传——佛陀一生的传记,以文字集录为大部,传诵或书写而流传下来,是并不太早的。在没有大部以前,先有片段的记录;片段记录以前,是作为事迹而传说于僧伽或信众之间。但无论为传说、为记录的传诵,由于年代久,区域广,彼此间是有多少出入的。在部派未分以前,早就有多少异说;经过传说的事实,就是这样。

佛陀涅槃以后,佛陀的遗迹受到信众的尊崇。如来生处,如来成正觉处,如来转法轮处,如来入涅槃处①:佛的遗迹受到尊敬,事迹也当然传诵于人间。四大圣迹,也就是如来一生的四大事迹。诞生前后,从出家修行到成佛,说得完备些,就形成八相成道(或十相)。佛传是以这些为总线索,结合种种传说而成的。佛的普化人天——八众②,为弟子说法,成立僧制。集出而见于经律的,片段的比较多。佛的事迹,并非只是这些,原型就是这些,而是经与律的结集者,为了说明某一法义、某一制度,而引用传说中的部分事迹,以表示法律的真实意义。律部,原则是"随缘成制"。所以不但"波罗提木叉",僧伽所有的每一制度,都会有一项或多项的事缘。佛(与弟子有关,也就成为弟子的传记)的事迹在律部中特别丰富,原因就在于此。

佛的一生事迹,在佛教界,本是多方面的片段的传述。为了

① 《长部·大般涅槃经》(南传七·一二四)。

② 八众,见《长部·大般涅槃经》,实根源于《相应部》的"有偈品"。

表达某一法义、某一制度、某一事件,由编集者编成次第而叙述出来。由短而长,渐形成大部的佛传。从现有的佛传来说,主要的有二大部分:一、佛从王舍城到吠舍离,最后到拘尸那入涅槃。这一连续的长篇记录,以佛的大般涅槃为主体,如《长阿含经》的《游行经》(《长部·大般涅槃经》)、《增一阿含经·道经》[①]、《根有律杂事·大涅槃譬喻》[②]。二、以佛的化众出家,光大僧伽为主体。又有似同而实异的两类:1.《众许摩诃帝经》(西元九八九年译),为《根有律破僧事》(西元六九五——七一一年间译)前九卷的同本异译,为根本说一切有部的佛传。从世界成立、王统次第、释种来源说起,到佛回迦毗罗,化度释种,提婆达多等出家止(下接破僧事)。《中本起经》(约西元二〇〇——二二〇年间译)上卷,也是从瞿昙(Gautama)种姓说起,到调达(提婆达多的旧译)出家为止。虽然详略不同,而实与《众许摩诃帝经》的大意相合。五比丘中有十力迦叶,与《十诵律》同;这是说一切有部的古型佛传。此外,《普曜经》(西元三〇八年译)与异译的《方广大庄严经》(西元六八三年译),从菩萨处在兜率天宫,四事观察说起,也是到迦毗罗化度释种为止。《佛本行集经》说:"萨婆多师名此经为大庄严"[③],可见这是说一切有部本,但已是大乘化了的佛传,有不少的变化(固有的佛传,还可以节录出来)。2.《过去现在因果经》(西元四五〇年顷译),从然灯

---

　　① 《增一阿含经》卷三六·三七(大正二·七四八下——七五二下)。

　　② 《根本说一切有部毗奈耶杂事》卷三五——三九(大正二四·三八二下——四〇二下)。

　　③ 《佛本行集经》卷六〇(大正三·九三二上)。

佛（Dīpaṃkara）授记说起，到化大迦叶止。又《异出菩萨本起经》（西元三〇〇年顷译）、《佛说太子瑞应本起经》（约西元二四〇年前后译出），也是从然灯授记说起，到化三迦叶止。《五分律》说："如瑞应本起中说。"①现存的《佛说太子瑞应本起经》，应是化地部的佛传。《佛本行集经》说："迦叶维师，名佛往因缘。……尼沙塞师，名为毗尼藏根本。"②这几种佛传，与分别说部系的受戒犍度前面的佛传，最为相近。弥沙塞部称为"毗尼藏根本"：毗尼藏是僧伽制度，僧制以出家入僧、"十众受具"为主。成佛说法，化众出家，为制"十众受具"的根源，所以这一部分的佛传，或称为"毗尼藏根本"。《佛往因缘》，可能就是《过去现在因果经》的别译。如真是这样，那是迦叶维部（Kāśyapīya，也是分别说系）的佛传了。

西元五八七——五九二年译出的《佛本行集经》，依卷末所记，应是昙无德部的佛传。称为"本行集"，每举五部律的异说，共六十卷。这是晚期的扩编本，与《四分律》"受戒犍度"的佛传部分，有种种的差异。而在五十三品以下，与说一切有部的佛传一样，也说到回迦毗罗化释种的事。这是晚期扩编，参综别部传说的诵本。在长期的传说中，部派间都不免相互影响的，不可能部别的体例截然不同。但从大体来观察：有关化度出家、光大僧伽的佛传部分，有这二大流类：分别说部系，以化迦叶、舍利弗等为止；说一切有部系，以回迦毗罗化释种为终。

佛传中，《过去现在因果经》等以化度舍利弗等为止，是建

————————

① 《弥沙塞部和醯五分律》卷一五（大正二二·一〇二下）。
② 《佛本行集经》卷六〇（大正三·九三二上）。

僧的因缘;是分别说系的。《众许摩诃帝经》等以化释种为止,
是破僧的因缘;是说一切有系的。从这一事实的差别去观察,在
分别说系的律部中,对于佛陀化众出家的事迹,也是有这二类
的。《铜鍱律》"大犍度"、《五分律》"受戒法"、《四分律》"受戒
犍度",从如来(种族、诞生、出家、修行)成佛起,到化舍利弗等
止,叙述佛的化众出家,为成立"十众受具"制的因缘。又《铜鍱
律》"破僧犍度"、《四分律》与《五分律》的"破僧违谏戒"①,叙
述佛的化度释种,提婆达多等,为破僧的因缘。虽只限于化度释
种一事,而叙述多事,也是不限于提婆达多的。从这二项不同的
化众出家的记录,可以理会到:佛陀化众出家的事迹,传说是多
方面的。如化度释种,可与"破僧违谏戒"相结合,也可与"破
僧"事相结合。这种事迹,早在"摩得勒伽"时代,或与"受具足"
相结合(片段的、不同的受具事实,还没有编成次第的佛传形
式)。或与"破僧"等相结合,如"杂诵跋渠法"解说"异住"说:
"如提婆达多因缘中广说"②。(法义)制度与事缘的结合是多
方面的,也不是一开始就编集成文的。等到编集而成文字(起
初还是口诵的),如犍度部的别别集出,那就与事缘的结合固定
化。那时候,事缘的属此属彼,广说略说,甚至要不要这些事缘,
部派间的意见,是不能一致的!

　　以"受戒犍度"来说,"摩得勒伽"对"受具足"的解说,是与

————————

　　① 《铜鍱律·小品》(南传四·二七八——二八三)。《四分律》卷四(大正二
二·五九〇中——五九一下)。《弥沙塞部和醯五分律》卷三(大正二二·一六
下——一七下)。

　　② 《摩诃僧祇律》卷二六(大正二二·四四二下)。

成佛、说法、度众出家的事缘相结合的。虽是片段的，没有成为次第的佛传形式，但到"受戒犍度"的集成独立，以成佛、说法、善来受具、（三归受具、）"十众受具"等，次第编成佛传的形式，阐明僧伽的形成与僧制发展的过程，可说是极自然的。分别说部的这一手法，不能不给予高度的赞叹！在成佛以前，结合当时传说的诞生、出家、修行等事迹，成一较完整的佛传，也并不新异。这在犍度的集成时代，这些早是教界一般的传说了。

说一切有系中，《十诵律》"受具足法"、《根有律出家事》，与"受戒犍度"相当的，没有分别说部律的佛传部分。这只能说对于部分事缘不加采录，不能说将佛传的部分删去。要知道，说一切有部主流——阿毗达磨者，对于传说、文颂，是取批判态度，而不是一律看作事实的。如《大毗婆沙论》卷一八三（大正二七·九一六中）说：

> "然灯佛本事，当云何通？……答：此不必须通，所以者何？此非素怛缆、毗奈耶、阿毗达磨所说，但是传说。诸传所说，或然不然。"

又评马鸣（Aśvaghoṣa）的《佛所行赞》，如《论》卷一七二（大正二七·八六六中）说：

> "此不必须通，以非素怛缆、毗奈耶、阿毗达磨所说，但是造制文颂。夫造文颂，或增或减，不必如义，何须通耶？"

"文颂"是文学作品。如《大事》是譬喻；"本起"是譬喻的异译；"大庄严"也是文学作品的名称。传说中的事缘，除与法义及制度有必要的关联,集入三藏以内;此外佛传等,都流传于藏外。所以说一切有部律,以《十诵律》为例,本是朴素而少事缘的。如"波罗提木叉分别",直从迦兰陀子须提那说起①。"受具足法",没有成佛、度三迦叶等事缘②。"调达事"也没有说化度释种③。"皮革法"中,二十亿耳的因缘也极为简略④。"拘舍弥法",也没有说《长寿王经》⑤。对于这些,《根有律》除"破僧事"与佛传相结合而外,其他的简略或没有说,《根有律》也是一样的。可见这是说一切有部律的本来如此,并非《十诵律》从《根有律》中删略了。如"受具足法",以"十众受具"为主,这是僧伽制度的真正建立。化度五比丘等,还只是道义的自由结合,对"十众受具"来说,是没有叙述必要的。又如提婆达多破僧,与化度释种,又有什么必要的关系呢?说一切有部,不是没有这种佛陀事迹的传说,而是除必要的叙述外,让它成为传说,而没有录入三藏以内。这是说一切有部的根本立场。但说一切有部的旁系——持经譬喻者,大大地以"本生""譬喻"来充实说一切有部律,成为《根本说一切有部毗奈耶》。在部派的流传发展方面,影响极大,后为迦湿弥罗的毗婆沙师所信用。

说一切有系与分别说系,同从上座部中分化出来。分别说部的"受戒犍度",广叙佛传部分;"破僧犍度",也广叙化度释种。而说一切有部集成的犍度部分,却略而不谈。这是学风的

---

① 《十诵律》卷一(大正二三·一上)。
② 《十诵律》卷二一(大正二三·一四八上)。
③ 《十诵律》卷三六(大正二三·二五七上)。
④ 《十诵律》卷二五(大正二三·一八三上)。
⑤ 《十诵律》卷三〇(大正二三·二一五下)。

不同,怎能想像《铜鍱律》的犍度部分为古型,而后以佛传的有无分新古呢? 以受具的事缘来说:《僧祇律》还是"摩得勒伽",有四种具足的事缘,而没有佛传的形式。进展到上座部中犍度部分的独立。而在再分裂为二系时,说一切有部不附佛传形式的事缘;而分别说系是有的。分别说部中,《铜鍱律》简略近古。在说一切有系中,《十诵律》是早于《根有律》的。

第二项　相关部分的编入

现存五部律的"受戒犍度",佛传部分而外,分别说部系的《铜鍱律》、《四分律》、《五分律》,内容都非常广。经过分析比较,知道不只是"十众受具"的主体部分、还有相关部分也被类集在里面。如将主体部分、相关部分分别开来,不但条理分明,而受戒犍度的源于摩得勒伽,会得到深一层的证实。

相关部分,是与"十众受具"多少有点关系,而又并无直接关系的。在"十众受具"中,"和尚"(upādhyāya 亲教师)是极重要的。"受具"是出家而成为僧伽成员的仪式。在"受具"时,和尚是将求受具人推介于僧伽,负有道义的保证责任。这样,和尚是否能胜任来摄导弟子,是一大问题;和尚的资格,也应被规定了,这当然是"受具"的主要问题。和尚与共行弟子(saddhivihārika)间的师资关系成立了:和尚应教导爱护弟子,弟子应敬事和尚,尽其和尚与弟子的应尽义务,这都是平日的事。弟子依和尚修学,是不能轻率离师的。如不幸而和尚死了,或远去了,就要另外依止一位"阿阇黎"(ācārya 轨范师),而构成阿阇黎与近行弟子(antevāsin)的师资关系。资格与义务,都与和尚及共行弟子一样。"受具"后,在一定期限内(最少五年),规定是不能一宿离师的。所以"受依止"、"舍依止"等问题,都一一规定。出家,本来就要"受具足",但有的年龄过小,在佛教中,成为"沙弥"(Sāmaṇera)一类,为比丘(bhikṣu)的预科。和尚度沙弥出家、教导、呵责,这是"沙弥法"。度沙弥在"受具"以前;受依止在"受具"以后;师资间的互相关系,都与"十众受具"没有必要的关系,只能说是相关部分。这类相关部分,在"摩得勒伽"中,是"受具足"以外的独立项目。

《僧祇律》	《毗尼摩得勒伽》①	《毗尼母经》
43.和上阿阇黎共住弟子依止弟子法(有关依止部分,综合在内)	158.和上 159.弟子 160.供养和上 161.阿阇黎 162.近住弟子 163.和上阿阇黎共行弟子近住弟子	
44.沙弥法(此上是"杂诵跋渠法")	164.沙弥 154.依止 156.与依止 155.受依止 157.舍依止	217.失依止
7.和上教共行弟子 8.共行弟子事和上	275.和上 276.共行弟子	206.共行弟子共宿弟子奉事和尚阿阇黎
9.阿阇黎教依止弟子 10.依止弟子事阿阇黎(此上是"威仪法")	277.阿阇黎 278.近住弟子 279.沙弥	207.和尚阿阇黎畜弟子法 208.沙弥法

　　① 《十诵律》"毗尼诵",与《萨婆多部毗尼摩得勒伽》相同,仅缺"供养和尚"一项。

这些问题,被集入《铜鍱律》的"大犍度"中,就是:

弟子承事和尚……………………二五·八——二四
和尚承事弟子……………………二六·一——一一
呵责弟子(摈出·悔过·呵摈理由)……二七·一——八
弟子承事阿阇黎……………………三二·一——三
阿阇黎承事弟子……………………三三·一
呵责弟子……………………三四·一
失依止及与依止……………………三五·一——三六·一
(授具足)与依止度沙弥的资格……三六·二——三七·一
度沙弥……………………五〇·一——五二·一
五岁·五分具足得离依止……………五三·一——三
智者得度二沙弥……………………五五·一
罚沙弥法……………………五七·一——六〇·一
依止应互相观察……………………七二·一——二
旅行·病中·看病·林住得离依止……七三·一——四

相关部分而被编入"大犍度"的,如不将佛传部分计算在内,那就占有"大犍度"的十分之四(受具足部分为十分之六),数量是这样的大!大量的相关部分,前后参差地、间杂地叙述在"受具"部分中间;尤其是沙弥与依止,前后分列,不相连接。《四分》与《五分律》,也是参差地编入,而次第又各不相合。这就是应用固有的资料,在插入受戒犍度时,没有公认的、一定的适当地位可以安插的关系。

此外的相关部分,《四分律》"受戒犍度",还有"与学沙弥悔"[1]。这在《五分律》中,是编入"调伏法"的[2]。《四分律》又编

---

[1] 《四分律》卷三四(大正二二·八〇九上——下)。
[2] 《弥沙塞部和醯五分律》卷二八(大正二二·一八二下)。

入"调部"①。《十诵律》编入"毗尼诵"②,又编在第一波罗夷戒中③。其实,这也是从"摩得勒伽"来的,如《十诵律》(222)"波罗夷与学沙弥悔法";《毗尼摩得勒伽》(211)"波罗夷学戒";《僧祇律》"杂诵跋渠法"(19)"与波罗夷学悔"④。编入"受戒犍度",是《四分律》一家的意见。

　　《五分律》"受戒法"中,也有二则:1.下座恭敬上座,有三兽本生⑤。但在其他律部,《铜鍱律》属于"卧具犍度",《四分律》"房舍犍度"、《十诵律》"卧具法"⑥,都不在"受戒犍度"中。这也是源于"摩得勒伽",如《僧祇律》"杂诵跋渠法"(30)"恭敬法",也有三兽本生;《十诵律》(180)"恭敬法",《毗尼摩得勒伽》(168)"次第"⑦。在"摩得勒伽"中,"恭敬法"在房舍以下;那么《五分律》编入"受戒法",是一家的意见了。2.旧比丘与客比丘的礼敬,《五分律》编入"受戒法"⑧。这在"摩得勒伽"中,就是《僧祇律》"威仪法"的(43)"礼足";《毗尼母经》(74)"恭敬法";《十诵律》(294)"共语言法";《毗尼摩得勒伽》

---

①　《四分律》卷五五(大正二二·九七二中——下)。

②　《十诵律》卷五七(大正二三·四二五上——中)。

③　《十诵律》卷一(大正二三·三上——中)。

④　《十诵律》卷五六(大正二三·四一八下)。《萨婆多部毗尼摩得勒伽》卷六(大正二三·六〇一中)。《摩诃僧祇律》卷二六(大正二二·四四一上——下)。

⑤　《弥沙塞部和醯五分律》卷一七(大正二二·一二一上)。

⑥　《铜鍱律·小品》(南传四·二四五——二四八)。《四分律》卷五〇(大正二二·九三九下——九四〇中)。《十诵律》卷三四(大正二三·二四二上——下)。

⑦　《摩诃僧祇律》卷二七(大正二二·四四六上——下)。《十诵律》卷五六(大正二三·四一六下)。《萨婆多部毗尼摩得勒伽》卷六(大正二三·六〇〇上)。

⑧　《弥沙塞部和醯五分律》卷一六(大正二二·一一四上)。

(286)"共语"①。在各部律的集为犍度部时，除《五分律》而外，这都保留于杂及威仪，如《十诵律》"杂诵"；《根有律》"杂事"；《四分律》"法犍度"；《铜鍱律》"仪法犍度"②。

说一切有部律的"受具足法"、"出家事"，在上座部系中，是比较简单的。原来有些资料，分别说部系编入受戒犍度，而《十诵律》与《根有律》，还是保存在固有的"杂诵"或"杂事"中。如和尚与弟子的互相承事（及依止法），本为独立的项目，如《僧祇律》"杂诵跋渠法"（43）"和上阿阇黎共住弟子依止弟子法"③，《十诵律》在"杂诵"末；《根有律》也在"杂事"④。在"受具足法"与"出家事"中，仅略为提及。同样的情形，《铜鍱律》虽编入"大犍度"，而在"仪法犍度"中，也照样地保留着⑤。可见《十诵律》与《根有律》，"受具足法"、"出家事"的简略，不是别的，只是对于部分相关而非必要的，没有编入而已。以编集的过程来说，受具足法的成为犍度，起初应重于主体——受具足。在这点上，说一切有部律是更近于受戒犍度的原型（《僧祇律》还没有到达犍度阶段）。但"受具"与和尚有关；和尚又与教导弟子，阿阇黎受依止，度沙弥有关。一切类集在受戒犍度中，这就是重律

────────────────

① 《摩诃僧祇律》卷三五（大正二二·五一〇中）。《毗尼母经》卷四（大正二四·八二四下）。《十诵律》卷五七（大正二三·四二二下）。《萨婆多部毗尼摩得勒伽》卷六（大正二三·六〇四中）。

② 《十诵律》卷四一（大正二三·三〇〇下）。《根本说一切有部毗奈耶杂事》卷三五（大正二四·三八一中——下）。《四分律》卷四九（大正二二·九三一中）。《铜鍱律·小品》（南传四·三一九）。

③ 《摩诃僧祇律》卷二八（大正二二·四五八中——四六〇中）。

④ 《十诵律》卷四〇（大正二三·三〇一中——三〇二下）。《根本说一切有部毗奈耶杂事》卷三五（大正二四·三八一下——三八二中）。

⑤ 《铜鍱律·小品》（南传四·三三九——三四〇）。

的分别说部。相关部分,简略地说到这里。

第三项　主体部分的论究

"受戒犍度"的主体部分,是"十众受具"。在"摩得勒伽"中,《僧祇律》虽分为"受具(足)、不名受(具足)、支满、不清净"四事,《毗尼摩得勒伽》为"受具戒、应与受具戒、不应与受具戒、得具戒、不得具戒"五事,然大意分二:一、"受具足":《僧祇律》说"四种受具"(在"十众受具"中,附有受戒仪轨);《毗尼母经》分二类的"五种受具"(实为七种);《十诵律》与《毗尼摩得勒伽》,明"十种受具足"。二、名受具足不名受具足:《僧祇律》先对明受具足与不名受具足;然后列举种种的不名受具足;末了总结说:"是谓不名受具足。是中清净如法者,名受具足。"[①]上座部系的"受戒犍度",如将佛传部分、相关部分抽去,那剩下的主体部分,也只是专论"十众受具"的,名受具足与不名受具足的详备说明而已。

首先,应确认僧伽中的"受具"事实。"十种受具"(在边地,后通融为"五众"),为出家而成为僧伽成员,"受具法"的最后定制。从佛的制立以来,在次第完成的过程中。有"十众受具"的事实,就有"十众受具"的仪式(没有文字纪录,也有习例的一定轨式);这与有"说波罗提木叉"制,就有"说波罗提木叉仪轨"一样。由于授戒者及受戒者发现某些特殊的事例,受具制度也就经不断的增加条例,而日渐成为严密完善的制度。在部派分裂

---

① 《摩诃僧祇律》卷二四(大正二二・四二二上)。

以前,由于师承传授,学风不同(这才会引起分裂),实际推行于僧伽中的"受具法",也不免有些出入。依古典的"摩得勒伽",实际存在的受具法制,集成"受戒犍度"。在上座部系的共同学风中,说一切有系与分别说系虽核心问题大致相同,而组织与内容都不免有详略、增减的差异。推行于僧伽中的受具制度,是不断增订而成;在集成犍度以前,已不免有所出入。所以对"受戒犍度"的主体部分,没有预想哪一部是原型的必要。要说新与古,那是制度的发展,而渐趋完密的过程。

受戒犍度的主体部分,《铜鍱律》"大犍度"始终保持"随缘成制"的原则:一次又一次的事缘,制下一则又一则的规定。如从问题去看,与《五分律》"受戒法"、《四分律》"受戒犍度"、《十诵律》"受具足法"、《根有律出家事》,显然有同样的意义,可以分为三部分。一、"十众受具"制度的次第完成;二、(出家)受戒者的种种规定;三、(临坛)受具的作法。

第一部分,"大犍度"分七节:1. 制立"和尚"(upādhyāya, P. upajjhāya):和尚摄受弟子,负教授教诫的责任。确立师弟的关系,助成佛法的开展(立请和尚法)①。2. 制"白四羯磨":受具者为僧伽所认可(立白四羯磨)②。3. 制"请受具足":三请,以表示真诚的意愿(立三乞受具,白四羯磨受具)③。4. 制(先受具,次)"说四依"④。5. 制"十众受具"⑤。6. 制"十岁·有智·

---

① 《铜鍱律·大品》(南传三·八一——八二)。
② 《铜鍱律·大品》(南传三·九八——九九)。
③ 《铜鍱律·大品》(南传三·九九——一〇〇)。
④ 《铜鍱律·大品》(南传三·一〇一——一〇二)。
⑤ 《铜鍱律·大品》(南传三·一〇三)。

得为和尚授具足"①。7.制"五分具足比丘,得授具足"②。这一次第,显然为"十众受具"制度的渐次完成。这一部分,说一切有部律要简要得多。《十诵律》略为:1.制立"和尚"。2.制"十僧现前白四羯磨"。3.制"十岁·有智·五法成就得授具足"③。《根有律》更略,指"广如余说"④。但叙"十夏苾刍","成就五法",可以度弟子,授"近圆"⑤。与《铜鍱律》同属分别说部系的《五分律》、《四分律》,比《铜鍱律》还详些。《五分律》更有人不如法,不得受具足的规定——不如法的十众,不如法的受戒者与和尚(醉、狂等)⑥;及受戒场所的规定⑦。在《四分律》中,制"说四依",与受戒场所,都编集在第二部分⑧。

　　第二部分,(出家)受具者的种种规定,现存的五部律虽略有出入,而大体是非常接近的。现在分为三类,对列如下⑨:

――――――――――

① 《铜鍱律·大品》(南传三·一〇四――一〇五)。
② 《铜鍱律·大品》(南传三·一一〇――一一五)。
③ 《十诵律》卷二一(大正二三·一四八中――一四九下)。
④ 《根本说一切有部毗奈耶出家事》卷二(大正二三·一〇三〇下)。这似乎指别行的授戒仪轨而说。
⑤ 《根本说一切有部毗奈耶出家事》卷三(大正二三·一〇三一上――下)。
⑥ 《弥沙塞部和醯五分律》卷一六(大正二二·一一一中――下)。
⑦ 《弥沙塞部和醯五分律》卷一六(大正二二·一一一下――一一二中)。
⑧ 《四分律》卷三四(大正二二·八一一上――中)。
⑨ 《铜鍱律·大品》(南传三·一一五――一五九)。《弥沙塞部和醯五分律》卷一七(大正二二·一一四上――一一九中)。《四分律》卷三四·三五(大正二二·八〇六下――八一四下)。《十诵律》卷二一(大正二三·一五〇中――一五五中)。《根本说一切有部毗奈耶出家事》卷三·四(大正二三·一〇三二中――一〇四一上)。

《铜鍱律》	《五分律》	《四分律》	《十诵律》	《根有律》
1. 外道[四月别住]	1. 外道	1. 外道	2. 外道	1. 外道
		2. 坏内外道		
2. 重病[五种]	7. 重病[七种]	7. 重病[五种]	6. 重病[五种]	6. 重病
3. 王臣	8. 属官	10. 官人		
4. 盗贼	6. 贼	4. 贼		
5. 笞刑·烙刑				
6. 负债	2. 负债	5. 负债	4. 负债	4. 负债
7. 奴仆	3. 奴	3. 奴	3. 奴	3. 奴
8. 秃头冶工	4. 作人	9. 巧师家儿	5. 锻金小儿	5. 童子
9. 不满二十	5. 不满二十	6. 不满二十	1. 不满二十	2. 不满二十
10. 父母不许	9. 父母不听	8. 父母不听	7. 父母不放	7. 父母不许
		11. 无衣钵		
11. 黄门	18. 黄门	14. 黄门	10. 不能男	10. 具二根
※	※	※	※	※
12. 贼住	20. 自剃头出家	13. 贼心入道	9. 贼住	9. 贼住
	21. 舍内外道	(2 坏内外道)	11. 越济	12. 心乐外道
	16. 非人		16. 非人	
13. 畜生[龙]	17. 畜生	15. 畜生	15. 畜生	11. 畜生
14. 杀母	10. 杀母	16. 杀母	12. 杀母	13. 杀母
15. 杀父	11. 杀父	17. 杀父	13. 杀父	14. 杀父
16. 杀阿罗汉	12. 杀阿罗汉	18. 杀阿罗汉	14. 杀阿罗汉	15. 杀阿罗汉
17. 污比丘尼	15. 破尼梵行	12. 污比丘尼	8. 污比丘尼	8. 污比丘尼

《铜鍱律》	《五分律》	《四分律》	《十诵律》	《根有律》
18. 破和合僧	14. 破僧	19. 破僧	18. 破僧	16. 破僧
19. 出佛身血	13. 出佛身血	20. 出佛身血	17. 出佛身血	17. 出佛身血
20. 二根	19. 二根			
※	※	※	※	※
	22. 曾犯边罪		19. 曾犯边罪	19. 犯边罪
（曾犯粗罪）	（曾犯粗罪）	（曾犯粗罪）	20. 曾犯粗罪	19. 曾犯粗罪
23. 截手…聋哑	23. 截手…口吃	28. 截手等	21. 污染僧人	20. 不完具者
	24. 未受沙弥戒	30. 未受沙弥戒		
21. 不请和尚〔等〕	25. 不请和尚			
	26. 未乞具足	23. 不乞戒		
	27. 裸形	26. 裸形		
22. 不具衣钵	28. 不具衣钵	（11 无衣钵）		
		21. 不称自名		
		22. 不称和尚名		
		24. 衣服不如法		
		25. 眠醉狂		
		27. 嗔恚·强与		
		29. 人不现前		

　　有关(出家与)受具者的种种规定,在上列三类中的第一类,是实际的首先引起问题的一类。如"外道"来出家,可以受具,但要"四月别住",经过短期的考验,观察他是否厌弃外道,

而对佛法有真诚的信乐。"秃头冶工",各律都有类似的事缘。一位不堪苦役的少年,逃来寺院中,有比丘悄悄地为他剃度了。他的父母来查问,都说不知道。后来被父母发见了,因而指责比丘们为欺骗。因此规定:凡是来求度出家的,要"求僧许可",公开地让僧伽知道。如"父母不许",是不得出家。这三类,都不是限定不得受具的。此外,如"重病"、"王臣"、"奴仆"、"盗贼"、"不满二十",都是极一般的,首先引起问题的事项。说一切有部的《十诵律》、《根有律》,没有"王臣"与"盗贼"二事,与分别说部系律不同,这是值得研究的。《铜鍱律》有"笞刑、烙刑者",身上留有受刑的痕迹。在下第三类,《铜鍱律》有"三十二种人不得出家",笞刑与烙刑者,就是其中的二类。《四分律》在"外道"下,有"坏内外道",其他律部,都属于第二类。这一类,相同的共七事。第二类,多少进入了理论阶段。"黄门",是性生理的病态者。"贼住",是私自出家而混入佛教中的。"越济",是出入于佛法及外道,而根本失去宗教信仰的。"污比丘尼",是对清净僧伽的严重恶行。这四者,是佛教界偶而有之的问题。佛制僧伽,为人类而立制;"非人"、"畜生",论理是不得受具,成为僧伽成员的。"杀母"、"杀父"、"杀阿罗汉"、"破僧"、"出佛身血",称为"五逆",可说罪大恶极。"杀母"、"杀父"、"杀阿罗汉",已是极其少有的。而"破僧"与"出佛身血",除了提婆达多,是不可能有第二人的。所以,这都是论理所不得受具的。上面已有"黄门",而《铜鍱律》与《五分律》又别立"二根",可见这些部派对病态性生理的重视。这一类,在佛法的修学上,是不能得戒,不生善法的。在僧伽的组织中,是不准受具足的。如被蒙混进来,一旦发现,就要"灭摈",逐出僧团。这一类,共同的有九事。第三类,说一切有部律仅有三事:曾经出家而"犯边罪"——四根本罪,这是不得受具的。曾经犯了粗罪——"不见罪"、"不悔罪"、"恶见不舍",为僧伽所"举"而不愿接受处分,退道还俗,而现在又想出家受具的(这一种人,分别说部——三律,都编在受具作法以后)。"污染僧人",是残废、畸形、太老,行动不能自主,也就是《铜鍱律》"三十二人"之类。分别说部系律,涉及受具时作法的是否完备,是否合法,如"未受沙弥戒"、"不请和尚"、"不乞戒"、"衣钵不具"等。《四分律》有在"空中"、"隐处"、"眼见耳不闻处"、"界外",都只是受戒者与"十众"不现前的具体说明。这部分,"摩得勒伽"的《毗尼母经》,也有概略地说到①。说一切有部律没有这部分,而其实另外编集在"优波离问"②。

《僧祇律》的"杂诵跋渠法",对"受具足"、"不名受具足"的解说,先对辨种种的不成立或成立受具足③,与上第三类所说相合。次列举种种的"不名受具足":1."坏比丘尼净行";2."贼盗住";3."越济人";4."五逆"(杀母……杀阿罗汉);5.(六种)"不男";6."太少·太老……曲脊"(侏儒);7."王臣";8."负债人";9."病"(种种);10."外道"(四月别住);11."儿"(父母不听);12."奴";13."身不具"(眼瞎·跛脚等);14."陋形"④。这

---

① 《毗尼母经》卷一(大正二四·八〇六下)。
② 《十诵律》卷五四(大正二三·三九七上——下)。
③ 《摩诃僧祇律》卷二三(大正二二·四一六上——中)。
④ 《摩诃僧祇律》卷二三·二四(大正二二·四一六下——四二二上)。

十四种的前六种，与上列的第二类相近。后八种，与上第一类相
近。6."太少……曲脊"，13."身不具"，14."陋形"，在上座部系
中是合为一类的(《铜鍱律》也曾前后二次说到)。如将这三类
合一，开"五逆"为五种，那就共为十六种，都是上座部系律所有
的。《僧祇律》没有"畜生"与"非人"，更为实际。没有"盗贼"，
又没有别立"二根"，与说一切有部律相合。列举的种种，重于
受具者的规定，近于说一切有部律。而"身不具"(《根有律》用
此名)等，分为三类，显为古型的还不曾整理的情况。

　　第三部分，(临坛)受具作法，也就是受戒仪范。《根有律出
家事》没有这受具仪范部分。依《根本说一切有部百一羯磨》①，
及《根本说一切有部出家授近圆羯磨仪范》，可见受具仪范，根
本说一切有部是适应实际需要而另成部帙的。受具作法的叙
述，各部律有详有略；在实际作法时，各部派应都有圆满的仪范。
在这受具作法中，试举两点来观察诸律的同异。

　　Ⅰ.在受具时，有问遮难一项，这是资格的审查。——查问，
以确定是否合于受戒者的资格。审查资格，分为二次：一、由屏
教师在"眼见耳不闻处"，切实查问。二、如"清净无遮法"，才引
入僧("十众")中，再在大众前，作正式的查问。所问的不得受
具的事，《四分律》有"十三难事"②；《四分律删繁补阙行事钞》
分为"十三难"与"十遮"③。《十诵律》泛称"遮道法"④；《僧祇

<hr>

　　① 《根本说一切有部毗奈耶百一羯磨》卷一(大正二四·四五五下——四五
九中)。

　　② 《四分律》卷三五(大正二二·八一四下)。

　　③ 《四分律删繁补阙行事钞》卷三上(大正四〇·二八下)。

　　④ 《十诵律》卷二一(大正二三·一五六上)。

律》作"遮法"①;《五分律》作"难事"②;《铜鍱律》作"障法"③。成为受具者的遮障,也就是不合受具的查问事项,究竟有多少呢?《四分律》虽然说:"白四羯磨当作如是问"④,指"十三难"说;而在屏处问、大众中问,却没有问到"十三难"。所问的,是被称为"十遮"的,与上座部系的各部律都大致相同,对列诸本⑤如下:

《铜鍱律》	《四分律》	《五分律》	《十诵律》
1. 重病	10. 重病	1. 重病	11. 重病
2. 人		6. 人	
3. 男	9. 丈夫	5. 丈夫	1. 丈夫
4. 自在	7. 奴	4. 奴	3. 奴 4. 客作 5. 买得 6. 破得
5. 负债	6. 负债	2. 负债	10. 负债
6. 王臣	8. 官人	3. 官人	7. 官人 8. 犯官事 9. 阴谋王家
7. 父母许	5. 父母听	13. 父母听	12. 父母听
8. 年满二十	3. 年满二十	7. 年满二十	2. 年满二十
9. 衣钵具	4. 衣钵具	8. 衣钵具	14. 衣钵具
		9. 受和尚	
10. 自名	1. 自名	10. 自字	15. 名字
11. 和尚名	2. 和尚名	11. 和尚字	16. 和尚名

① 《摩诃僧祇律》卷二三(大正二二·四一三中)。
② 《弥沙塞部和醯五分律》卷一七(大正二二·一二〇上)。
③ 《铜鍱律·大品》(南传三·一五九)。
④ 《四分律》卷三五(大正二二·八一四下)。
⑤ 《铜鍱律·大品》(南传三·一五九)。《四分律》卷三五(大正二二·八一四下——八一五上)。《弥沙塞部和醯五分律》卷一七(大正二二·一一九下)。《十诵律》卷二一(大正二三·一五六上——中)。

续　表

《铜鍱律》	《四分律》	《五分律》	《十诵律》
		12. 曾出家持戒	17. 先作比丘清净持戒如法还戒
		14. 欲受戒	

　　临坛受具时所问的"遮法"，大体相同。《十诵律》的"奴"、"客作"、"买得"、"破得"，都是"奴仆"的分类。而"官人"为擅离职守而来出家的；"犯官事"，如渎职、贪污等；"阴谋王家"，是政治犯：这三者，都是王臣的类别。所以，四部律所不同的，是《铜鍱律》与《四分律》，问"是人否"，这是怕"非人"与"畜生"来受戒的意思。而《十诵律》与《五分律》，问：如曾经出家，有没有犯戒？是否如法舍戒？这一问"遮法"，是与上面所说，"受具者的种种规定"中的第一类相当，而加上一些手续问题。如问：叫什么名字？和尚叫什么名字？有没有衣钵？或（《五分律》）加问：有否（受）请了和尚？是否愿意受戒？这是各部律大同的，佛教早期所问的遮法。

　　至于"十三难"，是《四分律》所说，而实早见于上座部系的"摩得勒伽"。"十三难"，是障碍受具的严重问题。是不得受具的；即使被蒙混而受具了，一旦发现，也是要被"灭摈"的。传说略有出入，今对列《四分律》、《毗尼母经》、《十诵律》、《毗尼摩得勒伽》[①]如下：

---

　　① 《四分律》卷三五（大正二二·八一四下）。《十诵律》卷五六（大正二三·四一〇中）。《萨婆多部毗尼摩得勒伽》卷五（大正二三·五九四中）。《毗尼母经》卷一（大正二四·八〇六下）。

《四分律》	《十诵律》	《毗尼摩得勒伽》	《毗尼母经》
1.犯边罪	11.灭羯磨人	10.不共住本不和合人	
	6.先破戒		1.曾毁五戒八戒十戒
2.犯比丘尼	9.污比丘尼	8.污染比丘尼	2.破比丘尼净行
3.贼心入道	7.贼住比丘	9.贼住	3.自剃头
4.坏二道	10.越济人	6.越济	4.越济人
5.黄门	8.先来不能男	7.非男	5.黄门
6.杀父	1.杀父	1.杀父	6.杀父
7.杀母	2.杀母	2.杀母	7.杀母
8.杀阿罗汉	3.杀阿罗汉	3.杀阿罗汉	8.杀阿罗汉
9.破僧	4.破僧	4.破僧	9.破和合僧
10.恶心出佛身血	5.恶心出佛身血	5.恶心出佛身血	10.出佛身血
11.非人	12.非人	13.化人	11.非人
12.畜生			12.畜生
13.二形			13.二根
		11.不满二十	
		12.自言非比丘	

从上面的对列看来，《毗尼母经》与《四分律》相同。只是第一项，《四分律》指"犯边罪"，是过去曾经出家，而曾犯四根本罪的；而《毗尼母经》，指所受的五戒、十戒，没有清净受持。说一切有部本，《十诵律》标十三事，而解说却仅列十二，应是译者的脱落了。6"先破戒"，应同于《毗尼母经》第一项。11"灭羯磨人"，指曾被灭摈，也就是出家而曾犯边罪的。《毗尼母经》作

"不共住本不和合人"。此外，多列"年不满二十"、"自言非比丘"，但这二则，与"十三人一向不得具足戒"①，似乎不合。依《十诵律》"受具足法"，没有"二根"，而有"畜生"（都是要被灭摈的）。说一切有部的"十三人"，应如《十诵律》所说而加"畜生"。这"十三难"或"十三事"，也是古老的传说，是严重的，要受灭摈的。在上面所列举的三类中，是属于第二类与第三类的。初期的问"遮法"，是第一类的；这可见三类的叙述，有次第成立的先后意义。第二类等集成，也应该成为"问遮"的内容，于是《四分律》就有"十遮"、"十三难"的查问了。

《僧祇律》与《根有律》所问的"遮法"，不如《四分律》那样，有"十遮"与"十三难"的分别。"受具者的种种规定"————一、二、三类集成时，《僧祇律》早就综合为"遮法"的内容②。全部二十五事，实与《十诵律》的"遮道法"及"十三事"的综合相同，这是可以比对的。

Ⅰ 1 父母听不・3 衣钵具不・4 是男子不・5 年满二十不・8 汝字何等・9 和上字谁・19 汝本曾受具戒不犯四事不，不犯十三事能如法作不，本舍戒不・20 非奴不・22 不负人债不・23 非王臣不・24 不阴谋王家不・25 汝无如是诸病不

Ⅱ 2 求和尚未・13 非自出家不・21 非养儿不

Ⅲ 6 非是非人不・7 非是不能男不・10 不坏比丘尼净行不・11 非贼盗住不・12 非越济人不・14 不杀父・15

① 《毗尼母经》卷一（大正二四・八〇六下）。
② 《摩诃僧祇律》卷二三（大正二二・四一三中——下）。

不杀母不·16 不杀阿罗汉不·17 不破僧不·18 不恶心
出佛身血不·19 汝本曾受具戒不犯四事不

Ⅰ与《十诵律》的问"遮法"相合。Ⅲ与《十诵律》的"十三
人"相合。第Ⅱ类,"求和尚未",与《五分律》问"遮法"的"受和
尚"相同。"自出家"从"贼住"中分出;私自出家而没有参与羯
磨的,名"自出家"。"养儿",据《僧祇律》①,就是"父母不听"。
在这"问遮法"中,"父母听不"与"非养儿不"并列,显然是多余
的。又"是男子不",与"非是不能男不"并列,也没有必要。《僧
祇律》的审问"遮法",有参考《十诵律》而综合的可能,应是译者
的意见。《根本说一切有部百一羯磨》问"障法",从"丈夫"到
"诸病",共二十六事②。《根本说一切有部授近圆羯磨仪范》,
共三十三问③;《佛阿毗经》"出家相品",共为四十问④。这都与
《僧祇律》、《四分律》一样,综合三类中应查问的。这当然是三
类次第集成以后,佛教界问"遮法"的一般情况。

Ⅱ受具时"十众现前"——和尚、羯磨师、教授师为三师、七
证,和合作"白四羯磨"受具:这是上座部系各律所一致的。《僧
祇律》却不是这样,和尚是不在"十众"以内的。《僧祇律》说:
"和上在十人数,不名受具足。"⑤这是和上不在十人数的明证。
那十众中的三师是谁呢?《僧祇律》卷三〇(大正二二·四七二
上)说:

---

① 《摩诃僧祇律》卷二四(大正二二·四二一上——中)。
② 《根本说一切有部百一羯磨》卷一(大正二四·四五七上——中)。
③ 《根本说一切有部出家授近圆羯磨仪范》(大正四五·九〇七中——下)。
④ 《佛阿毗昙经》卷下(大正二四·九六九中——下)。
⑤ 《摩诃僧祇律》卷二三(大正二二·四一六中)。

"和上尼已先与求衣钵,与求众,与求二戒师,与求空静处教师:推与众僧。"①

弟子如要受具足,无论是比丘或比丘尼,和上(或和上尼)都应早先为弟子代求三衣钵具;并请清净众,参加受具羯磨;还要求三师,是二位戒师(在作法中,分称为戒师与羯磨师),空静处教师。《僧祇律》——大众部的制度,和上不在十数,所以有两位戒师(比丘中但言"求戒师",没有明说"二"位)。"推与众僧",是和上将弟子交与众僧,由众僧(十众)为他受具。所以,和上是推介者,是愿意摄受教导的证明者(没有是不准受具的)。佛教界旧有这样的论诤传说,如《三论玄义》(大正四五·九上——中)说:

"上座部云:和上无戒及破戒,阇梨有戒,大众亦有戒,受戒则得——戒从大众得。大众知和上无戒,而与共受戒者,大众得突吉罗罪。……余部言:和上无戒及破戒,大众有戒,则不得戒,戒从和尚得故。因此诤论。"

《三论玄义》的旧传说:上座部戒从大众得,大众部戒从和尚得。然依《僧祇律》看来,恰好相反。和上不在十人数内,可见大众部是戒从大众得的。而上座部系,和尚为十众的主体,戒是应从和尚得的(部派分化,展转取舍,可能不一定如此)。尊上座与重大众,为释尊律制的真精神。然偏颇发展而分化起来,

①　比丘受具时,"和上先已与求衣钵,与求众,与求戒师,与求空静处教师,推与众僧"。《僧祇律》此文(大正二二·四一三上)大同,仅未明言戒师有二人。

尊上座的,上座有领导僧伽、决定羯磨的地位,成为上座部;始终保持僧事僧决的原则,以大众的意旨为准,成为大众部:这是二部的根本分歧处。大众部的受具,和上不在十人数内,正是这一精神的表现。戒从和尚得,加深了和尚与弟子间的关系。上座部中,如铜鍱部所传的"五师相承",都是和尚与弟子的关系。上座地位的强化,与师资传承是不能分离的。大众部也有师资的关系,然在受具时,推与僧伽(十人为法定代表),使受具者在佛法(得戒)中,直接与僧伽相贯通。和尚在不在十数,在论究这一制度的新古时,应重视《僧祇律》的独到精神!

依我研究的意见,"白四羯磨受具",当然是在僧中的。而和尚的在不在内,起初应并无严格的规定,如《萨婆多毗尼毗婆沙论》卷一(大正二三·五〇八下)说:

> "若白四羯磨受具足戒,和上不现在前,不得受戒,以僧数(十数)不满故。若僧数满,设无和尚,亦得受戒。"

《萨婆多毗尼毗婆沙论》保存了古义,和尚是可以不在十僧以内的。白四受具,原始应以十众为主,而和尚在不在内,没有严格的规定。在重大众与尊上座的分化中,到二部分立,就形成:上座系和尚为三师之一,大众系和尚在十众以外,明显地对立起来。

受具足的时候,如和尚在三师中,任务是怎样的呢?《铜鍱律》说:和尚教示衣钵。聪明有能的,任教诫者(anusāsaka),在"眼见耳不闻处",问"障法"。聪明有能的,说"羯磨"①。叙述

---

① 《铜鍱律·大品》(南传三·一六〇——一六二)。

简略,不能完全明白。依《五分律》,和尚只是:"和尚应语羯磨师,长老今作羯磨;复应语教师,长老应受羯磨。"①而"教师"的任务极重:1.详问和尚。2.为受具者开示衣钵。3.问遮法。4.还来报告如法;教受戒者礼僧,教乞受具足(三请)②。羯磨师举行羯磨。《四分律》说:教授师开示衣钵;问遮难;还来报告,教受戒者礼僧,乞受具戒③。除羯磨师作羯磨外,和尚在戒坛上,几乎是没有事;而开示衣钵与教令乞求具足,是教授师的事,与《五分律》相同。但在说一切有部,称教诫者为"屏教师"(rahonuśāsaka),也就是《僧祇律》的"空静处教师"。"教师"的任务,局限在屏处问遮难;那开示教授衣钵,教三乞受具的任务呢?《僧祇律》有"二戒师":如再作分别,一是"羯磨师",一是"戒师"。在受具进行中的任务,《僧祇律》是这样的④:

1. 羯磨师————立教师[白二]
2. 空静处教师————空静处问遮法
3. 羯磨师————白听受者入众中
4. 戒师————授与衣钵,教受持
5. 羯磨师————白听乞受具
6. 戒师————教乞受具[三乞]
7. 羯磨师————白听问遮法
　　　　　众中问遮法
　　　　　白四羯磨

---

① 《弥沙塞部和醯五分律》卷一七(大正二二·一一九中)。
② 《弥沙塞部和醯五分律》卷一七(大正二二·一一九中——下)。
③ 《四分律》卷三五(大正二二·八一四下——八一五上)。
④ 《摩诃僧祇律》卷二三(大正二二·四一三上——下)。

　　《僧祇律》的"空静处教师",只在空静处问遮法。在《四分律》、《五分律》中,教受持衣钵、教乞求具戒的教授师的任务,《僧祇律》由羯磨师以外的另一位"戒师"来主持。在说一切有部中,《根本说一切有部百一羯磨》,教受持衣钵,是和尚的事①(乞求具足,不明)。依《南海寄归内法传》,教弟子乞受具足,教受衣钵,都是优波驮耶(和尚)的事②。然在《十诵律》中,准"尼坛文","尼羯磨师应教授衣钵"③;说一切有部古义,是羯磨——戒师的事,并非和尚。和尚是推介者、保证者,在受具仪轨中,可说是没有什么任务的。教持衣钵与乞受具足,由专责屏处教诫的教师兼任,是分别说系。由众中问遮法,及主持羯磨的戒师兼任的,是说一切有部。(除去和尚)由三师之一的"戒师"负责的,是大众部。和尚在与不在(只要十师满足),都没有关系。以和尚为三师之一,而在坛上一无所事,这才将教持衣钵与乞受具戒——这份工作,由和尚来主持。《根有律》和尚主持这一任务,是后起的。而或由教师,或由戒师兼任的,表示了古代的受具仪轨,部分的任务没有明确规定,这才在部派分化中形成不同的受具规范。

　　可论究的事,是很多的。从遮难的内容、和尚的任务——两点,也多少可见受具制度的演变与分化了。综合事缘部分、主体部分、相关部分来观察,受戒犍度的古与新,是不可一概而论的。至少,《铜鍱律》的"大犍度",是不能看作古型,而据此以衡量其他的。

————————

① 《根本说一切有部百一羯磨》卷一(大正二四·四五六下——四五七上)。
② 《南海寄归内法传》卷三(大正五四·二一九上——下)。
③ 《十诵律》卷四六(大正二三·三三一中)。

第六章　比丘尼·附随·毗尼藏之组织

第一节　比丘尼毗尼

第一项　比丘尼毗尼的内容

佛教的僧伽（saṃgha）体制，比丘与比丘尼，是分别组合的，所以佛教有"二部僧"的存在。僧伽的组合，既有比丘僧、比丘尼僧的差别，所有的僧伽规制，也自然有些不同。所以在"律藏"的部类中，比丘尼律也有独立的部分。如上面所说，"波罗提木叉（经）"，"波罗提木叉分别"（或作"经分别"），（摩得勒伽与）"犍度"，都是依比丘而说的。比丘尼部分，论理也应该这样。大众部的《僧祇律》，确乎是这样的，但上座部系的"律藏"，多少的变化了。

属于上座，分别说部系的三部律，大致相同。一、《铜鍱律》：属于比丘尼的，有三部分：1."经分别"中的"比丘尼分别"，是比丘尼"波罗提木叉经"的分别广说①。2."犍度""小品"中的"比丘尼犍度"，是"戒经"以外的，尼众不共规制的类集②。3."比丘尼波罗提木叉"，就是比丘尼的"戒经"③。二、《四分律》，也有三部分:1."尼戒"④。2."比丘尼犍度"⑤。3.《四分比丘尼戒本》，是从《四分律》抄出来的⑥。三、《五分律》的三部分是:1."尼律"⑦。2."比丘尼法"⑧。3.《五分比丘尼戒本》，也是从《五分律》中抄出来的⑨。

　　属于上座，说一切有部系的二部律，略有不同。一、《十诵律》:1."尼律"，为第七诵⑩。2."比丘尼法"，这是属于"杂诵""杂法"，与"后二十法上"相当⑪。3.《十诵比丘尼波罗提木叉戒本》，也是从《十诵律》抄出的。二、《根本说一切有部律》:1.《根本说一切有部苾刍尼毗奈耶》，唐义净译，共二十卷。2."比丘尼法"部分，在《根有律杂事》——八门中，第六门五颂起，第八门六颂止⑫。3.《根本说一切有部苾刍尼戒经》，也是唐义净

---

①　《铜鍱律·经分别》(南传二·三三七——五六四)。

②　《铜鍱律·小品》(南传四·三七八——四二三)。

③　《铜鍱律·波罗提木叉》(南传五·三六——五六)。

④　《四分律》卷二二——三〇(大正二二·七一四上——七七八中)。

⑤　《四分律》卷四八·四九(大正二二·九二二下——九三〇下)。

⑥　《四分尼戒本并序》(大正二二·一〇三〇下——一〇四一上)。

⑦　《弥沙塞部和醯五分律》卷一一——一四(大正二二·七七中——一〇一上)。

⑧　《弥沙塞部和醯五分律》卷二九(大正二二·一八五中——一九〇中)。

⑨　《五分比丘尼戒本》(大正二二·二〇六中——二一四上)。

⑩　《十诵律》卷四二——四七(大正二三·三〇二下——三四六上)。

⑪　《十诵律》卷四〇·四一(大正二三·二九〇下——二九八上)。

⑫　《根本说一切有部毗奈耶杂事》卷二九——三四(大正二四·三五〇中——三七四下)。

所译的。说一切有部律,"比丘尼法"部分,还含摄在"杂诵"或
"杂事"中。而分别说部系,已独立而成为犍度了。五本对勘,
显然是同一原本而传诵不同。

大众部的《僧祇律》,有关于比丘尼的,有五部分:1. 比丘
"杂诵跋渠法"中,有"比丘尼法"①。2.《僧祇律》的比丘尼律,
与比丘律的组织一致,先明"比丘尼毗尼"("比丘尼波罗提木叉
分别")②。3. 次明"杂跋渠":先别出五跋渠③,接着如《律》卷
四〇(大正二二·五四八上)说:

> "比丘杂跋渠中,别住、蒜、伞盖、乘、刀治、革屣、同床
> 卧坐、伎乐——九事,应出不说。余残十三跋渠;比丘尼别
> 杂五跋渠。"

这是说明"杂跋渠法"的共与不共。比丘律中,"杂诵跋渠法",
共有十四跋渠。现在应除去"九事";"应出不说",是应该除去,
而不说在比丘尼律中。余残的,还有十三跋渠,这是比丘与比丘
尼通用的。"比丘尼别杂五跋渠",就是上面所说的五跋渠,是
比丘尼不共的。为什么要除去九事呢? 或不是比丘尼所能违犯
的,如"别住"(异住)④。或是已制为"学处"(sikṣāpada),如
"蒜"⑤、"伞盖"等⑥。4. 明"威仪法",如《律》卷四〇(大正二

---

① 《摩诃僧祇律》卷三〇(大正二二·四七一上——四七六中)。
② 《摩诃僧祇律》卷三六——四〇(大正二二·五一四上——五四四下)。
③ 《摩诃僧祇律》卷四〇(大正二二·五四四下——五四八上)。
④ 《摩诃僧祇律》卷二六(大正二二·四四二下——四四三上)。
⑤ 《摩诃僧祇律》卷三八(大正二二·五三〇中)。
⑥ 《摩诃僧祇律》卷三九(大正二二·五三八上)。

二·五四八上)说：

　　"威仪中,阿练若、浴室、厕屋、缝衣簟,应出不说。"

比丘尼没有另外制立的威仪；就在比丘的"威仪法"七跋渠中,除去"阿练若"等四事。因为比丘尼的"杂跋渠"中,已禁止比丘尼住阿练若,浴室中浴,开厕①,坐在缝衣簟上缝衣②。所以这四项法制,是不适用于比丘尼的。5.《摩诃僧祇比丘尼戒本》,这也是从《摩诃僧祇律》所抄出的。

　　"比丘尼戒经"("戒本"),虽作为"说波罗提木叉"仪轨而单独流行,或依之而翻译；然主要内容,总不出于"波罗提木叉分别"。所以在汉译中,戒经都从各部广律中抄录出来(加上仪轨)。这样,"律藏"的比丘尼部分,"比丘尼波罗提木叉分别"——"比丘尼毗尼"而外,有关比丘尼的不共规制,在上座部中,就是分别说系的"比丘尼犍度"("比丘尼法"),说一切有部"杂诵"或"杂事"中的"比丘尼法"了。在《僧祇律》中,虽分说为三,然(1)比丘"杂诵跋渠法"中的"比丘尼法",专明"八敬法",而含有二年学法戒,白四羯磨受具足,及遣使受具足；这是着重于"受具足"的。(2)比丘尼不共的"杂跋渠",仅有五跋渠。(3)"威仪法",比丘尼并没有不共的。所以只是二类；将"比丘尼法"与"杂跋渠"结合起来,与上座部分别说系的"比丘尼犍度"大致相同,只是简略些而已。兹列举《僧祇律》的内容如下：

　　("比丘尼法")1 八敬法(二年六法,白四羯磨等)

――――――――――

① 《摩诃僧祇律》卷四〇(大正二二·五四七中——下)。
② 《摩诃僧祇律》卷四〇(大正二二·五四四下)。

（杂跋渠）1 坐·2 簟席·3 缠腰·4 覆袈衣·5 著严饰服·6 合严饰服出家·7 畜使女·8 畜园民女·9 僧祇支·10 浴衣

11 拍阴·12 胡胶形·13 洗齐指节·14 月期衣·15 女人浴处浣·16 男人浴处浣·17 客浣衣处浣·18 悬注·19 流水·20 种种根出精

21 羯磨·22 忏舍耶衣·23 覆肩衣·24 客庄严·25 优钵罗华·26 须曼那华·27 结鬘·28 纺缕·29 坏威仪

30 钵（弃死胎）·31 覆钵·32 开厕·33 浴室·34 阿练若处·35 受迦𫄧那衣·36 舍迦𫄧那衣（上二，为二众各别举行）

37 食比丘不净比丘尼净·38 食比丘尼不净比丘净·39 比丘得使尼受食·40 比丘尼得使比丘受食·41 三因缘非比丘·42 三因缘非比丘尼（上二，是转根）·43 无残食·44 上座八人余次第坐

上座部系的"比丘尼犍度"，与《僧祇律》的内容相近，这是可以比对而知的。上座部系的《十诵律》，有一特殊的情形，就是以受二年学法的"六法坛文"，编入波逸提一一一事[1]。以白四羯磨受具足的"比丘尼坛文"，编入波逸提一二七事[2]。以"比丘尼八敬法"，附于"尼律"的末后[3]。这一编列，是没有什么意

---

① 《十诵律》卷四五（大正二三·三二六中——三二七下）。

② 《十诵律》卷四六（大正二三·三三一中——三三四下）。

③ 《十诵律》卷四七（大正二二·三四五下）。

义的,却表示其独特的组织①。这些部分,在《僧祇律》中,本为
"杂诵跋渠法"的"比丘尼法",而与比丘尼的"杂跋渠"分离。
所以,说一切有部"杂诵"或"杂事"中的"比丘尼法",近于《僧
祇律》中比丘尼的"杂跋渠"。没有别立"比丘尼法"(犍度),所
以分编在"尼律"中。分散在二处,在组织上,虽说是古型的,但
分别说部系结合为一"比丘尼犍度",在组织上,确是整齐得多!

第二项　八　敬　法

在佛教的僧伽体制中,比丘尼僧是独立的。但这种独立,仅
是形式的,而实际是比丘的附属体,依比丘僧的存在而存在。这
种事实,使律部的比丘尼部分,与比丘律截然不同。比丘尼律,
只是以比丘的律制为主,而略辨其不同而已。比丘尼律,并非出
于比丘尼僧的结集,而成于比丘的上座们。所以比丘僧的著名
上座,"持二部律"是重要的条件。现存比丘尼的律部,是佛世
的比丘尼制,通过上座们的裁定而形成的。这应该是与事实相
去不远的结论。

"八敬法"(aṭṭhagarudhamma),或译八尊敬法,或作八不可
越法等。传说为:佛的姨母——摩诃波阇波提(Mahāprajāpatī)
请求出家,释尊提出,如女众接受"八敬法",才准予出家。"八
敬法"不是别的,是比丘尼僧属于比丘僧的约法(八章)。说明
了比丘尼在佛教中的地位;也就是比丘尼承认比丘僧的优越领
导权,这是理解比丘尼律发展中的重要环节。有关八敬法的现

---

① 根本说一切有部,关于尼众受戒的作法,见于《根本说一切有部百一羯磨》
(大正二四·四五九下——四六五上)。

存记录,也有一二条的歧异,先列举各本而对列如下①。

	《铜鍱律》	《十诵律》	《明了论》	《僧祇律》	《根有律》	《五分律》	《四分律》
受具百岁应礼迎新受具比丘	1	1	2	1	6	8	1
不得无比丘住处住	2	4	7	7	3	2	7
半月从比丘众请教诫问布萨	3	6	3	6	2	1	6
安居已于两众行自恣	4	5	8	8	8	3	8
犯尊法于两众行半月摩那埵	5	3	4	5	7	7	5
二年学法已于两众请受具足	6	2	1	2	1	4	4
不得骂詈谗谤比丘	7	·	5	·	5		
不得向白衣说比丘过失	·	·	·	·	·	5	2
不得说(举)比丘罪	8	8	6	3	4	6	3
问比丘经律不听不得问	·	7	·	·	·	·	·
不得先受	·	·	·	4	·	·	·

"八敬法"的内容与部派的不同意见,现在依《铜鍱律》的次第而略为叙说。

1. 比丘尼受具足,即使已经百岁,对于新受具足的比丘,也要礼拜、迎接,以表示尊敬。这是不论年资与德学的,在僧伽体制中,比丘尼是在比丘以下的。在"尼律"的"波逸提"中,《十诵律》(一○三),《四分律》(一七五),《五分律》(一七八),有见新

① 《铜鍱律·小品》(南传四·三八○——三八一)。《十诵律》卷四七(大正二三·三四五下)。《律二十二明了论》(大正二四·六七○下)。《摩诃僧祇律》卷三○(大正二二·四七一上——四七六中)。《根本说一切有部毗奈耶杂事》卷二九(大正二四·三五一上)。《弥沙塞部和醯五分律》卷二九(大正二二·一八五下)。《四分律》卷四八(大正二二·九二三上——中)。

戒比丘不起立礼迎戒①。

2. 比丘尼不得在附近没有比丘的地方,作三月的夏安居。因为附近没有比丘,在安居期间,就不能半月半月地请教诫了。这与下一敬法,是基于同一理由的。在"波逸提"中,《铜鍱律》(五六),《四分律》(一四三),《五分律》(九一),《十诵律》(一四九),《根有尼律》(一二八),都有无比丘住处安居戒的制立②。

3. 佛制:半月半月,"布萨""说波罗提木叉"。比丘尼要在尼僧中布萨说戒,还要推派一位比丘尼,代表大众,到比丘僧处"请教诫人"、"问布萨"。这点,《僧祇律》与《铜鍱律》相合。代表到了比丘住处,向一位"知识比丘",请代为"问布萨"与"请教诫"。那位比丘,在大众中宣说:"比丘尼僧和合礼比丘僧足。与清净欲、问布萨、请教诫",如是三说③。问布萨,是比丘尼众虽自行布萨清净,还要向比丘僧报告清净。"请教诫人",是请求比丘僧,推派比丘去教诫比丘尼。这一敬法,《四分律》、《五分律》、《根有律》,但说"请教授";而《十诵律》与《律二十二明了论》,更局限为"请授八敬法"。这在"比丘尼戒经"的"波逸提"中,《十诵律》(一五一),《四分律》(一四一),《铜鍱律》(五九),《五分律》(一○○),《根有尼律》(一二六),都有半月不求

---

①　《十诵律》卷四五(大正二三·三二四下)。《四分律》卷三○(大正二二·七七六下——七七七上)。《弥沙塞部和醯五分律》卷一四(大正二二·九七下)。

②　《铜鍱律·经分别》(南传二·五○五)。《四分律》卷二九(大正二二·七六六中)。《弥沙塞部和醯五分律》卷一三(大正二二·八九上)。《十诵律》卷四六(大正二三·三三九中)。《根本说一切有部苾刍尼毗奈耶》卷一九(大正二三·一○○九上)。

③　《摩诃僧祇律》卷三○(大正二二·四七五上)。

教授戒①，而《僧祇律》（一三二）为：半月僧教诫不恭敬（不去听）②。"问布萨"，只有《根有尼律》（一二七），制有"无苾刍住处作长净学处"③。在佛教的流传中，这已专重在半月请求教诫了。

4.三月安居终了，举行"自恣"，请别人尽量举发自己的过失，以便发露而回复清净。比丘尼在比丘尼僧众自恣；第二天，一定要到比丘僧住处，与比丘僧和合，举行自恣，请比丘们举发以求清净。在"尼律"的"波逸提"中，《铜鍱律》（五七），《四分律》（一四二），《五分律》（九三），《十诵律》（一五〇），《根有尼律》（一二九），都有不于二部众中作自恣戒④。

5.依《铜鍱律》，尼众犯了"敬法"的，要在二部僧中，行摩那埵。这是"僧残"的忏除法——但比丘的忏法，行六夜摩那埵；而比丘尼要行半月，显然是处分加重了。违犯"敬法"的比丘尼，除了在尼众中"行随顺法"，还要每天到比丘住处报告：我行摩那埵，已过了几夜，还有几夜，请僧伽忆持。半月终了，还要在二部僧（共四十人）中出罪。《明了论》说："犯随一尊法，于二部

———————

① 《十诵律》卷四六（大正二三·三三九下）。《四分律》卷二九（大正二二·七六五上——下）。《铜鍱律》"经分别"（南传二·五〇八）。《弥沙塞部和醯五分律》（大正二二·九〇上）。《根本说一切有部苾刍尼毗奈耶》卷一九（大正二三·一〇〇八下）。

② 《摩诃僧祇律》卷三九（大正二二·五四一下）。

③ 《根本说一切有部苾刍尼毗奈耶》卷一九（大正二三·一〇〇八下）。

④ 《铜鍱律·经分别》（南传二·五〇六）。《四分律》卷二九（大正二二·七六五下——七六六中）。《弥沙塞部和醯五分律》卷一三（大正二二·八九中）。《十诵律》卷四六（大正二三·三三九中——下）。《根本说一切有部苾刍尼毗奈耶》卷一九（大正二三·一〇〇九上）。

僧应行摩捺多法"①,与《铜鍱律》相合。《僧祇律》说:"若比丘尼越敬法,应二部众中半月行摩那埵。若犯十九僧伽婆尸沙,应二部众中半月行摩那埵。"②这不只是违越"敬法",而且是犯僧残罪。《四分律》、《十诵律》、《根有尼律》,就只说是犯了"僧残"罪;《五分律》说"粗恶罪"。在佛教的发展中,这一"敬法"的重点,已转移为犯僧残罪的处分了。

6. 式叉摩那(śiksamāṇā)学满了二年的学法戒,以比丘尼为和尚,在比丘尼僧中,"十僧现前白四羯磨受具"。然后"即日"就要去比丘僧处,"和合僧二部众十众以上",再受具足戒。这是比丘尼的受具,要经过比丘僧的认可。

7. 比丘尼不得骂詈谗谤比丘。这一敬法,《僧祇律》与《十诵律》,是没有的。而《四分律》与《五分律》,更附有不得向白衣说比丘过失的规定。这是各部律出入最大的一条。在"尼律"的"波逸提"中,《铜鍱律》(五二),《四分律》(一四五),《僧祇律》(九一),有不得呵骂比丘戒③。《五分律》(一三一)别有不得向白衣说比丘过失戒④。

8. 无论如何,比丘尼不能说——举发比丘,或见或闻或疑的过失,而比丘却可以举发比丘尼。《明了论》作:"比丘尼不得问难比丘及教比丘学。"据下文"安居竟,以三处请比丘僧说问难,

① 《律二十二明了论》(大正二四·六七〇下)。
② 《摩诃僧祇律》卷三〇(大正二二·四七五上)。
③ 《铜鍱律·经分别》(南传二·四九八)。《四分律》卷二九(大正二二·七六上——中)。《摩诃僧祇律》卷三八(大正二二·五三三上)。
④ 《弥沙塞部和醯五分律》卷一三(大正二二·九三中)。

如法受僧正教"①,可见"问难"就是诘问过失的意思。上二条,包含了不得举发比丘的过失;不得为了忠告,而指责比丘的过失;不得呵骂比丘。《僧祇律》与《十诵律》,是作为同一敬法的。举发比丘罪犯,现存的各部律中,都没有制立学处。

《十诵律》别有"问比丘经律,不听不得问"一事。这也是不准比丘尼问难,但专指问难经律,这是为了维护比丘的尊严。《铜鍱律》(九五),《四分律》(一七二),《五分律》(一八五),《根有尼律》(一六九),都制有这一学处②,虽然在八敬法中,并没有这一条。《僧祇律》别有"不先受"的敬法:这是信众如以饮食、房舍、床褥,布施比丘尼,尼众就要让他先供养比丘,然后才可以接受。《十诵律》的不得辄问,是法义的谦让。《僧祇律》的"不先受",是财利的谦让。总之,什么都得让比丘一着。

如上面所说,比丘尼的出家受具足,半月半月布萨,每年的三月安居,安居终了的自恣,这些重要法事,都不能离开比丘而进行。平日,比丘尼礼敬比丘;不能说比丘罪,比丘却可以说。而且,如犯了粗重,非得比丘(二十众)僧同意,是不能出罪的。论法,是不准随意问难的。论财,要让比丘众先受的。这一比丘尼从属于比丘,必须服从比丘僧的优越权威的"八敬法",不是别的,是比丘尼在僧伽体制中的真相。

分别说部、说一切有部的传说:佛以"八敬法"为女众出家

---

① 《律二十二明了论》(大正二四·六七〇下)。

② 《铜鍱律·经分别》(南传二·五五三)。《四分律》卷三〇(大正二二·七七六上)。《弥沙塞部和醯五分律》卷一四(大正二二·九八中)。《根本说一切有部苾刍尼毗奈耶》卷二〇(大正二三·一〇一四下)。

的根本法,如说:"今听瞿昙弥受八不可越法,便是出家,得具足戒。"①因而有摩诃波阇波提"受(八)重法具足"的传说②。然而这一传说,并不是一致的。大众部的《僧祇律》,就没有瞿昙弥(Gautamī)以"八敬法"得具足的话。正量部的《明了论》说:"比丘尼三种圆德:一由善来比丘尼方得,二由遣使方得,三由广羯磨方得。"③依此,瞿昙弥是属于"善来得"的。而且,当时的大众,就有瞿昙弥没有受具足的传说④。如承认这一传说,瞿昙弥是以"八敬法"受具足的,那瞿昙弥领导的释女呢? 也同样的传说不一:1.也是"八敬法"受具的,如《毗尼母经》等⑤。2.摩诃波阇波提为和尚尼,在比丘十众中,白四羯磨受具,如《铜镴律》等⑥。3.泛说"现前白四羯磨得",如《十诵律》等⑦。所以,以"八敬法"为女众出家的根本法,瞿昙弥受"八敬法"就是出家受具足,只是部分的传说而已。而且,女众还没有出家,就制定

---

① 《弥沙塞部和醯五分律》卷二九(大正二二·一八五下)。

② 《十诵律》卷五六(大正二三·四一〇上)。《萨婆多部毗尼摩得勒伽》卷五(大正二三·五九四上)。《萨婆多毗尼毗婆沙》卷二(大正二三·五一一上)。《根本说一切有部毗奈耶颂》卷上(大正二四·六一八中)。《毗尼母经》卷一(大正二四·八〇三中)。《善见律毗婆沙》卷七(大正二四·七一八中)。

③ 《律二十二明了论》(大正二四·六六八下)。

④ 《铜镴律·小品》(南传四·三八三)。《弥沙塞部和醯五分律》卷二九(大正二二·一八七中)。《十诵律》卷四〇(大正二三·二九三下)。

⑤ 《毗尼母经》卷一(大正二四·八〇三中)。《四分律》卷四八(大正二二·九二三中——下)。《萨婆多部毗尼摩得勒伽》卷五(大正二三·五九四上——中)。《根本说一切有部毗奈耶杂事》卷三〇(大正二四·三五一下)。

⑥ 《铜镴律·小品》(南传四·三八三)。《弥沙塞部和醯五分律》卷二九(大正二二·一八六中)。

⑦ 《十诵律》卷四〇(大正二三·二九一上)。《萨婆多毗尼毗婆沙》卷二(大正二三·五一一中)。

"八敬法",制立二年学六法,这与"随缘成制"的毗尼原则,显然是不合的。

在律部中,"八敬法"出于"比丘尼犍度"、"比丘尼法";是从"杂诵跋渠"、"杂事"中来的,也就是本于"摩得勒伽"。所以"八敬法"是僧伽规制,而后被集录出来的。《铜鍱律》第五敬法作:"犯尊(敬)法,于二部众中,半月行摩那埵。"[1]《原始佛教之研究》,以为"犯尊法",不如《四分律》等"犯僧残"为合理[2]。然"犯尊法",不只是《铜鍱律》所说,也是正量部《明了论》("随一尊法")、《僧祇律》("越敬法")所说。而《铜鍱律》、《僧祇律》、《正量部律》,本书第三章中,曾论证其为较古型的。所以"犯尊法于二部众中,半月行摩那埵",虽不合于现存的比丘尼律,然应重行认识其古典的意义!凭借这一古义的启发,相信"敬法"是女众在僧伽体制中的根本立场——尊敬比丘僧。在修证的立场,比丘与比丘尼,完全平等。然在当时的现实社会中,男女的地位是悬殊的。女众的知识差、体力弱、眷属爱重,在男女不平等的社会中,不可能单独地组合而自行发展,必须依于比丘僧的教授教诫。在比丘"波罗提木叉"("波逸提")中,已制有教诫比丘尼的学处。教诫比丘尼,不是比丘的权利,而是名德上座应尽的责任与义务。从"正法住世"的观点,比丘尼应奉行"敬法"。违犯敬法,是不承认比丘僧的摄导地位,这等于破坏僧伽体制。不尊敬比丘僧,所以要在二部众中行摩那埵,向比丘僧认罪。

---

① 《铜鍱律·小品》(南传四·三八一)。
② 平川彰《原始佛教之研究》(五二四)。

从经律的传说看来,摩诃迦叶与阿难,曾有意见上的出入①。女众出家,一致认为,释尊是经阿难的一再劝请而后同意的。比丘尼僧,已成为事实,但对佛教带来了更多的问题。比丘僧中的部分上座,如摩诃迦叶一流,对女众出家没有好感,因而对阿难不满。这一传说,说明了女众出家,在比丘僧中曾引起不同的意见——同情或嫌厌。释尊涅槃后,成为佛教主流的上座们,迫使阿难承认求度女众的过失;对于比丘尼僧的加强管教,那是当然的事了。"八敬法",就是源于比丘尼的"敬法"——尊敬比丘僧,服从教导的实施方案。尊敬比丘僧的条例,固有的或增订的,及旧有的"敬法"(第五条),共为"八敬"。"八敬法"的成立,早在部派分立以前;在佛教主流(老上座们)的主持影响下完成,成为全佛教界所公认。但这么一来,显然是过分严厉了!如见比丘来而没有起来礼迎,就要在二部众中,半月行摩那埵,不但是过分苛刻,而且也窒碍难通。所以犯敬法而二部众中出罪的规定,渐演化而成为"犯僧残"的处分。《僧祇律》并说"犯敬法"与"犯僧残",表示了这一制度的逐渐嬗变。从《僧祇律》看,"八敬法"仍然是僧伽规制,还没有演化为"波罗提木叉"的学处。在"尼律"的"波逸提"中,与"八敬法"相关的,有(一三二)"半月僧教诫不恭敬",(一○七)"隔宿去大僧处受具足",(九一)"呵骂比丘"。但《僧祇律》所说,不是不往求教诫,而只是不恭敬、不去听;不是不在二部僧中受具足,只是时间延迟,隔了一天才去。这都不是违犯"敬法"。"呵骂比丘",也不

---

① 拙作《阿难过在何处》(《海潮音》四十六卷一期一○──一五),可以参考。

是犯"敬法"（《僧祇律》没有这一款）。犯"八敬法",起初是沿用旧例,要在二部众中,半月行摩那埵。但敬法的具体化——"八敬法",如见比丘而不起礼迎,都不能看得太严重,决不能看作破坏僧伽体制,否认比丘僧的领导。于是"犯敬法"而要半月行摩那埵的古制,渐嬗变为"僧残"的处分。八敬法也就渐化为学处,而编入"比丘尼波罗提木叉"的"波逸提"中,这是上座部律师的新学风。《铜鍱律》保存了"犯敬法,于二部众中,半月行摩那埵"的古制,又在"波逸提"中,加入（五二）"骂比丘",（五六）"无比丘住处安居",（五七）"不于二部众中自恣",（五九）"半月不请教诫人"——犯"敬法"的新制。古制与新制混合,不自觉地陷于矛盾!《僧祇律》的"波逸提"中,没有"越敬法"的学处,不能不说是古型了。

第三项　比丘尼戒经

在律藏中,"比丘尼波罗提木叉分别"（或名"比丘尼分别"、"比丘尼律"）,自成一部。然比丘尼僧是依比丘僧的,比丘尼毗尼部分,也由持律的上座比丘结集传持下来。所以比丘尼律,有"共戒"与"不共戒"的分别。比丘戒而可为比丘尼所通用的,名为"共戒"。比丘尼所特有的,名为"不共戒"。作为"说波罗提木叉仪轨"的"比丘尼戒经",当然是叙列全部的戒条;而在"波罗提木叉分别"中,就不是这样。如《铜鍱律》与《十诵律》,没有提到共戒,只列举不共戒而加以分别。《僧祇律》等,或但举共戒的"结颂";或但列共戒的条文;即使叙述事缘,也不多加分别。这可以了解,在律藏的结集过程中,持律的上座比丘是以比丘律为主的。比丘律部分,首先成立。比丘尼部分,形成附属,只略举"不共戒"而已。

比丘的"波罗提木叉",分为八部;加上"戒序"及"法随顺法",《僧祇律》称为"十修多罗"。比丘尼的"波罗提木叉",各部律都没有"不定法"(aniyata),仅有七部;《僧祇律》(加序及法随顺法)为九部,这是组织上的差别。汉译的各部"比丘尼戒经",除《根有尼戒经》外,都是从"波罗提木叉分别"中抄出,所以应以各部的广律为主,来论究其条文的多少。比丘尼究竟有多少戒? 现存的各部律所传,差别极大,特别是"波逸提法"。兹列举各部律的条文多少如下:

	《僧祇律》			《铜鍱律》			《四分律》			《五分律》			《十诵律》			《根有尼律》		
	总	共	不共	总	共	不共	总	共	不共	总	共	不共	总	共	不共	总	共	不共
波罗夷	8	4	4	8	4	4	8	4	4	8	4	4	8	4	4	8	4	4
僧残	19	6	13	17	7	10	17	7	10	17	7	10	17	7	10	20	7	13
舍堕	30	19	11	30	18	12	30	18	12	30	18	12	30	18	12	33	19	14
波逸提	141	70	71	166	70	96	178	69	109	210	69	141	178	71	107	180	72	108
悔过	8		8	8		8	8		8	8		8	8		8	11	1	10
众学	64	64		74	74		99	99		99	99		107	107		98	98	
灭净	7	7		7	7		7	7		7	7		7	7		7	7	
合计	277	170	107	310	180	130	347	204	143	379	204	175	355	214	141	357	208	149

如上表列举的诸本不同,先略为分别:

一、"波罗夷"(pārājika):在共同的四波罗夷外,加四波罗夷,成八波罗夷。性质最严重,是各部律所一致的。

二、"僧伽婆尸沙"（saṃghâvaśeṣā）：译为僧残、众教等。上座部系律（除根本说一切有部），共十七僧残，共戒凡七条。《僧祇律》——大众部所传，有两点不同。1. 共戒中没有"污他家戒"，而多一"夫主不听辄度戒"①。有夫的妇女，没有得到丈夫同意，有抚养儿女等责任。任意的引度出家，每增加社会与寺院的因扰。这一戒，在上座部系中，属于"波逸提"②。2. 上座系律有"四独戒"，内含独渡水、独入村、独宿、独在后行。在《僧祇律》中，分为三戒——"独入村"、"独宿"、"独渡"；所以多出二戒，共十九戒。《根有尼律》，没有"诤讼相言（涉讼）戒"，而多一"索亡人物学处"③，可说是诤讼的不同解说。"四独戒"，分为四戒，所以共有二十戒。对于"四独戒"，从《僧祇律》与《根有尼律》的分为多戒来说，可能古义是各别的——事缘也是各别的。后经上座部律师的整理，因意义相近，才合为一戒。

三、"尼萨耆波逸提"（Niḥsargikā-pātayantika），译为舍堕。《根有尼律》，例外的共三十三戒；其他都是三十尼萨耆波逸提。比丘也是三十，所以比丘尼的三十舍堕，是以比丘律为基准的。除去不共于比丘尼的，以有关比丘尼的来补足；除去多少，就加入多少，如《僧祇律》卷三七（大正二二·五二七中）所说④：

---

① 《摩诃僧祇律》卷三六（大正二二·五一九中——下）。

② 《铜鍱律·经分别》（南传二·五三八——五三九）。《弥沙塞部和醯五分律》卷一三（大正二二·九三上）。《四分律》卷二八（大正二二·七六二中——下）。《十诵律》卷四六（大正二三·三三〇中）。《根本说一切有部苾刍尼毗奈耶》卷一八（大正二三·一〇〇七下）。

③ 《根本说一切有部苾刍尼毗奈耶》卷六（大正二三·九三六中）。

④ 原文过于简略，所以在（　）中，略加补注。

（比丘尼萨耆波逸提中）"从比丘尼取衣"，及"浣染"、"淳黑"、"三分白"、"憍奢耶"、"六年"、"尼师坛"、"三由旬"、"擘羊毛"、"雨浴衣"、"阿练若处"——此十一事，应（除）出不说，（故共戒为十九事）。更有（不共戒）十一事：（十事）应内旃跋渠（旃即毡，毡跋渠是第二跋渠）。残（余），从初跋渠初跋渠（初跋渠三字，似衍文）中，出"取比丘尼衣"，（以）"捉金银"补。出"浣故衣"，以"卖买"补。后跋渠中，出"雨浴衣"，以（第二跋渠）"卖金"补。出"阿练若处"，以（不共戒）"抄市"补处。一跋渠，二跋渠，（各除二事，各补二事，）数不减。

《僧祇律》以"长钵"为共戒，《根有尼律》以"非亲里比丘浣故衣"为共戒，所以共戒有十九。余部律，共戒十八。不共戒的内容，不但大众、分别说、说一切有——三系间不合，分别说系中，《四分律》与《五分律》，也比《铜鍱律》多了"多畜器物"及"许衣而不与"（或作辞衣而又取）——二事。《十诵律》与《根有尼律》，所差的更大。大抵比丘尼舍堕，是部派分化时代的共同传说。而彼此的开合不同，取舍不同，形成极度的纷歧。各部完全相同的不共戒，仅"多畜钵"、"乞重衣"、"乞轻衣"——三事而已。

四、波逸提：比丘尼的"尼萨耆波逸提"，尽管出入很大，而有"三十舍堕"作范围，所以学处的条数相近。而"波逸提"，各派的取舍自由。《僧祇律》不共戒七十一，而《五分律》多达一四一。比丘尼"波逸提"的古型，是很难想像的。现略为整理，有三系——大众、分别说、说一切有（取多数）相同的；有二系——

大众与分别说相同的;分别说与说一切有(上座部派)相同的,类列如下。但文句、含义、事缘,是难得一致的,这也只能作为大概的了解而已。

　Ⅰ.大众、分别说、说一切有部相同的:

	《僧祇律》	《铜鍱律》	《四分律》	《五分律》	《十诵律》	《根尼律》
1. 自手与俗人外道衣	72	28	107	87	132	142
2. 雨浴衣应量作	75	22	102	82	128	139
3. 自煮(生)食	78	7	76	166	76	77
4. 比丘食时以水扇供	79	6	75	143	77	78
5. 食蒜	80	1	70	70	72	73
6. 作医(咒术)自活	82	49	117、169	144、146	140	150
7. 授俗人医方	83	50	118、170	145、147	141	151
8. 为俗人作务	84	44	113	148	142	153
9. 自咒诅咒诅人	87	19	88	134	93	91
10. 自打啼哭	88	20	89	132	92	90
11. 不自审谛嫌责他	89	18	87	133	94	92
12. 悭护他家	90	55	149	89	156	133
13. 减十二雨畜众	92	74	131	102	106	106
14. 减十二雨僧不听而畜众	94	75	132	103	107	107
15. 减十二雨童女与受具	96	71	121	·	116	115
16. 满十二雨童女不与学戒而与受具	97	72	122	·	121	116
17. 学戒满(二十)僧不听与受具	99	73	124	114	122	·

	《僧祇律》	《铜鍱律》	《四分律》	《五分律》	《十诵律》	《根尼律》
18.适他妇减十二雨与受具	100	65	125	104	108	109
19.适他妇满十二雨不与学戒与受具	101	66	126	105	109	·
20.不二年教诫	104	68	128	121	114	112、113
21.不二年供给和上	105	69	129	121	113	·
22.年年度弟子	106	82	138	118	126	124
23.许学戒满受具而不与	110	79	136	111	125	·
24.乘乘	111	85	159	141	145	·
25.持伞盖著革屣	112	84	158	142	148	157
26.同敷床褥卧①	114					
27.受房床褥不舍而去	115	48	·	97	139	149
28.先不白入比丘住处	116	51	144	101	153	·
29.无伴异国游行	118	38	97	96	98	103
30.国内游观林园废墟	119	37	98	198	97	95、104
31.共一比丘空静处坐	120	·	·	75	80	82
32.共男子屏处坐	121	12	80	76	82	81
33.与男子近处共语耳语	122	14	82	80	91	86、87

---

　　① 《根本说一切有部苾刍尼毗奈耶》卷一八，为"二尼同一床卧"戒（大正二三·一〇〇三上）。《四分律》卷二六，作"同一床卧"、"同一褥同一被共卧"二戒（大正二二·七四四上——中）。《铜鍱律·经分别》，也分为二戒（南传二·四六六——四六七）。《十诵律》卷四四，分为三戒（大正二三·三二〇下——三二一中）。《弥沙塞部和醯五分律》卷一四，更分为四戒（大正二二·九五中）。

续　表

	《僧祇律》	《铜鍱律》	《四分律》	《五分律》	《十诵律》	《根尼律》
34. 暗处有男子无灯而入	123	11	86	128	84	·
35. 观伎乐	124	10	79	174	161	·
36. 不为息灭净事	125	45	111	·	·	148
37. 使俗女涂香揩摩洗浴	126	88	150	153	·	166
38. 使比丘尼揩摩	127	90	152	·	·	161
39. 使沙弥尼揩摩	128	92	154	·	·	163
40. 使式叉摩那揩摩	129	91	153	·	·	162
41. 使俗人妇女揩摩	130	93	155	·	·	164
42. 半月僧教诫不恭敬	132	58	140	110	152	·
43. 辄听男子破隐处痈	133	60	147	168	162	159
44. 安居中游行	134	39	95	92	95	101
45. 安居竟不去	135	40	96	94	96	102
46. 先共住后嫌诃恼	136	35	94	167	86	98
47. 他先安住后来恼乱	137	33	92、173	·	101、100	·
48. 隔墙弃掷不净	138	8	78	135	78	78
49. 生草上大小便	139	9	77	137	77	79

Ⅱ. 大众与分别说系相同的：

	《僧祇律》	《铜鍱律》	《四分律》	《五分律》
1. 辄著他衣	71	25	106	·
2. 僧祇支应量作	74	96	160	181
3. 自手与俗人外道食	81	46	112	130

续　表

	《僧祇律》	《铜鍱律》	《四分律》	《五分律》
4. 与俗人习近住	86	36	99	·
5. 呵骂比丘	91	52	145	·
6. 学戒不满学与受具	98	·	123	115
7. 一众清净停宿大僧受具足	107	·	139	119
8. 不知教诫反嫌责他言	109	76	133	107

Ⅲ. 分别说与说一切有系相同的：

	《铜鍱律》	《四分律》	《五分律》	《十诵律》	《根尼律》
1. 食蒜	1	70	70	72	73
2. 剃隐处毛	2	71	74	73	74
3. 相拍	3	74	71	75	76
4. 独与男子露处坐	13	·	78	83	83
5. 胡胶形	4	73	72	85	94
6. 白衣家坐不语辄去	15	83	·	143	95
7. 不语主辄坐	16	84	129	144	96
8. 不语主辄敷卧具	17	85	164	105	97
9. 同活尼病不护视	34	93	123	102	99
10. 往天祠王宫园林	41	100	99	99	105
11. 度妊女	61	119	116	·	111
12. 度忧嗔女	79	135	·	118	118
13. (父)夫不听辄度	80	134	126	124	121
14. 从索衣	79	137	108	123	122
15. 半月不求教诫	59	141	100	151	126
16. 无比丘住处安居	56	143	91	149	128
17. 不于二部众自恣	57	142	93	150	127
18. 呵骂尼众	53	146	·	·	131

续　表

	《铜鍱律》	《四分律》	《五分律》	《十诵律》	《根尼律》
19. 遮与僧衣	26	105	88	134	144
20. 遮出功德衣	30	109、110	185	136	146
21. 遮如法分衣	27	108	84	137	147
22. 自手纺绩	43	114	163、197	146	155、156
23. 度淫女不令远去	70	129	112	115	160
24. 麻滓油涂身	89	151	154	164	168
25. 辄问比丘义	95	172	186	158	169
26. 著妇女庄严	81	157	161	160	170
27. 裸形洗浴	21	101	81	159	·
28. 受请而不食	54	148	·	157	·
29. 过五日不着大衣	24	104	·	131	·
30. 缝衣过五日	23	103	85	130	·
31. 度乳儿妇	62	120	117	119	·
32. 见比丘不起	·	175	178	103	·
33. 畜庄严具	·	177	158	166①	176、177、178、179、180

　　在"尼律"(不共)"波逸提"的比对中,发见了三系所共的,凡四九戒。大众与分别说系相同的,有八戒。这五十七戒,不妨说是"波逸提法"的原型。大众部在发展中,又有所增订,成七

---

① 《十诵律》卷四七,有(一六八)"以刷刷头",(一六九)"使他刷头",(一七〇)"以梳梳头",(一七一)"使他梳头",(一七二)"编头发",(一七三)"使他编头发"——六戒(大正二三·三四三中——三四四上),与《根本说一切有部苾刍尼毗奈耶》卷二〇,畜"草刷"、"细枇"、"粗梳"(一七六——一八〇)等戒,同本而传诵不同。

十一戒（有些戒条,可能本来相同,而传说为彼此不合。特别是有关度众受具的部分,但无从断定）。《僧祇律》所没有,而为分别说与说一切有系所共的,有三十三戒。将三十三戒与前五十七戒综合起来,共九十戒,这是近于上座部尼律（不共）"波逸提"的原型。在这九十戒中,《铜鍱律》有八十七戒;与《铜鍱律》九十六"波逸提",所差仅有九戒,可见《铜鍱律》在上座分别说部中,不失为较古的一部。分别说系的《四分律》与《五分律》,说一切有系的《十诵律》与《根有尼律》,又各有所重而更为增订,这才形成更大的距离。在这几部律中,《五分律》与《根有尼律》完成的时代最迟。

上座部系的律师,在不断地增订"波逸提法"。但所说的增订,并非一切创新,主要是将僧伽所习惯推行的成规,条文化而成为"波罗提木叉"的一分。这可以举例说明的:1."八敬法"本不是"波罗提木叉",《僧祇律》本也还是这样。但在上座律中,增订了有关"八敬法"的——"见比丘不起立礼迎"、"无比丘住处安居"、"半月不请求教诫"、"不于二部众中行自恣"、"骂比丘",如本章上一节所说。《五分律》更增订（一九○）"一众受具足",（一三一）"向白衣说比丘过"①,这是八敬法化为学处的明证。2. 比丘尼的例行规制,也形成"杂跋渠"。《僧祇律》有五跋渠,共四四事②。"杂跋渠"的内容,有些也化而为学处,编入"波逸提"中。《僧祇律》已开此风气,上座律更大大地增订起

---

① 《弥沙塞部和醯五分律》卷一四（大正二二·九八下）,又卷一三（大正二二·九三中）。

② 如本章本节第一项所列。

来。例如：

《杂跋渠》	《僧祇律》	《铜鍱律》	《四分律》	《五分律》	《十诵律》	《根有尼律》
3. 缠腰	•	•	•	156	•	147
4. 着严饰服	•	81	157	161	160	170
9. 僧祇支	74	96	160	181	•	•
10. 浴衣	75	22	102	82	128	139
11. 拍阴	•	3	74	71	75	76
12. 胡胶形	•	4	73	72	85	94
13. 洗净过分	•	5	72	73	74	75
14. 月期衣	•	47	•	•	133	143
15. 悬注	•	•	•	202	•	•
16. 流水	•	•	•	201	•	•
28. 纺缕	•	43	114	163	146	155、156

　　"八敬法"与"杂跋渠"的条文化，增编入"波逸提法"，是上座部律的共同倾向。还有值得一说的，是上座律中制为"波逸提"的，有些在《僧祇律》中，制为"僧残"与"尼萨耆波逸提"了。如"夫主不听辄度"，《僧祇律》为"僧残"，而上座系律部，属于"波逸提"①。又如《僧祇律》"舍堕"中，（一七）"拆衣不缝过五日"，又（一八）"取衣许受而不与受具"，在上座系律中，都是

---

① 《铜鍱律·经分别》（南传二·五三八——五三九）。《弥沙塞部和醯五分律》卷一三（大正二二·九三上）。《四分律》卷二八（大正二二·七六二中——下）。《十诵律》卷四六（大正二三·三三〇中）。《根本说一切有部苾刍尼毗奈耶》卷一八（大正二三·一〇〇七下）。

"波逸提"①。从"犯敬法",本为二部众中行摩那埵(同于"僧残"),而渐演化为"波逸提";属于"僧残"与"舍堕"的,也转化为"波逸提"而论:佛灭以来,比丘僧(比丘尼律的集成者)对比丘尼的管教,起初是异常严厉的。但在部派一再分化过程中(西元前二〇〇——一〇〇),显然已大为宽容。在比丘尼律部的编集中,琐细的规章却越来越繁重。这是从比丘尼律成立研究中所得的结论。

五、"波罗提提舍尼"(pratideśanīyā),意译为"悔过"。除《根有尼律》外,都是八波罗提提舍尼,而又都是不共戒。《十诵律》虽同为八戒,而缺"蜜"与"黑石蜜",却有"熟酥"与"脯"。《根有律》合为一〇戒,又加共戒——"学家受食戒",成为十一,《根有尼律》显为晚出的综合。

六、"众学法"(saṃbahula-śaikṣa):都是共戒,所以大体上与比丘的"众学法"相同。现存的《僧祇比丘尼戒本》,误为七十七条。其中关于内衣的九戒、被衣的四戒,无疑是从比丘"众学法"中抄录时的笔误。如《僧祇律》卷二一(大正二二·三九九中——下)说:

"六群比丘下著内衣、高著内衣……象鼻著内衣(九

---

① "拆衣不缝过五日",如《铜鍱律·经分别》(南传二·四五三——四五四)。《弥沙塞部和醯五分律》卷一二(大正二二·八八中)。《四分律》卷二六(大正二二·七四九中——下)。《十诵律》卷四六(大正二三·三三五中)。

"取衣许受而不与受具",如《铜鍱律·经分别》(南传二·五三四——五三五)。《四分律》卷二八(大正二二·七六三下)。《弥沙塞部和醯五分律》卷一三(大正二二·九一中——下)。《十诵律》四六(大正二三·三三〇上)。《根本说一切有部苾刍尼毗奈耶》卷一八(大正二三·一〇〇七下)。

事)……与诸比丘结戒……整齐着内衣,应当学。"

　　"六群比丘下被衣、高被衣、婆罗天被衣、婆薮天被衣
(四事)……与诸比丘结戒……齐整被衣,应当学。"

　　《僧祇律》文,列举种种不如法,着内衣九事,被衣四事,然
后制成二戒——"齐整着内衣","齐整被衣"。现存的《僧祇比
丘尼戒本》,总共列举十五戒,显然是不足依据的。《僧祇律》的
比丘"众学法",六六戒,而比丘尼"众学法",应为六四,如《僧祇
律》卷四〇(大正二二・五四四下)说:

　　"众学法,广说如比丘中。唯除六群比丘尼生草上、水
中大小便,余者尽同。"

　　比丘尼的"众学法",应除去二条,因为"生草上大小便"、
"水中大小便",已制为"波逸提"(一三九・一四〇)了。《五分
律》也说:"比丘尼,除大小便生草菜上,余皆如上。"[①]"生草上
大小便",已制入"波逸提"(一三七),而《五分比丘尼戒本》,
"众学法"中仍列入"不大小便生草菜上,除病,应当学"[②],也是
错误的。在"众学法"一〇〇中,也应除一而为九十九。这样,《四
分律》"波逸提"的七十七,与"众学法"的四十九相重复。这都是
传录的不审,应除去一条:《四分律》的"众学法",应为九十九。说
一切有部的《十诵律》与《根有尼律》,都没有重复的过失。

　　七、"灭净法"(Adhikaraṇa-śamathā):七灭净都是共戒。处

---

　　① 《弥沙塞部和醯五分律》卷一〇(大正二二・七七中)。
　　② 《五分比丘尼戒本》(大正二二・二一三中)。

理僧伽纷诤的法规,与比丘是完全一样的。

关于比丘尼戒的条数,除上面所说的六律而外,还有正量部所传的"比丘尼律有九十九戒"①。"九十九戒",是约不共戒说的。如前第三章中,说到正量部的比丘律,是二百戒②,依此可推算出正量部比丘尼戒的条数。正量部为上座部系,可依上座部的共义来推算。正量部的不共戒,除"波罗夷"四、"僧残"一、"舍堕"一〇二、"悔过"八——共三十四戒外,"波逸提"应为六十五,合"九十九戒"的大数。这样,加上共戒:"波罗夷"四,"僧残"七,"舍堕"十八,"波逸提"七十(这或有一条的差异),学法四十九(五十除一),灭诤七——共一五五戒。共戒与不共戒合计,总数为二五四戒。这虽然没有明文,但是可以推算而知的,所差的多不过一戒而已。

比丘尼律的集成,是持律的上座比丘的功绩。佛灭以后,部派分裂以前,对比丘尼的处理极严。当时所诵的"戒经",随"比丘戒经"的完成而完成;除去不适用于尼众的,而加入比丘尼的不共戒。当时所诵的"戒经",可能在"二百五十戒"(如正量部所传)左右。那时,在比丘的"摩得勒伽"(杂跋渠)中,附有"比丘尼法"——"八敬法";而其他的不共规制,也集为"杂跋渠"。等到部派分裂再分裂,对比丘尼的教诫也放宽了。各派自由取舍,而波逸提的数目才不断增加。"八敬法"与"杂法"部分,在上座部中,类集为一。说一切有系,附属于比丘的"杂法"或"杂事";分别说系,别集为"比丘尼犍度"或"比丘尼法"。比起《僧

---

① 《律二十二明了论》(大正二四·六六六上)。
② 见本书第三章第四节。

祇律》的"五杂跋渠"，内容也增广多了。比丘尼戒数的多少，距离很远。因为比丘尼律，在持律比丘的编集中，没有被重视，也没有严格的公认传说。等到部派一再分裂，各自为政，对比丘尼戒的集成，更没有标准可说。从比丘尼戒条数的多少，杂跋渠（比丘尼犍度）内容的广略，对于比丘尼律的集成，各部律（尼律）的先后，应该是《僧祇律》、《铜鍱律》、《四分律》与《十诵律》、《五分律》与《根有尼律》。至于比丘尼的"波罗提木叉分别"，那当然因"波罗提木叉"的编定，而渐次成立了。

第二节　附　随

第一项　列举部类

"毗尼藏的主体"，是"二部波罗提木叉分别"与诸"犍度"，这已在前面论究过了。此外，《铜鍱律》有"波利婆罗"（Parivāra），意译为"附随"，是附属于律部的有关部分。汉译的律部，虽没有"附随"部的名称，但在"波罗提木叉分别"、"犍度"（诸事）以外，确乎也还有部类存在。现在就以"附随"为名，而观察"波罗提木叉分别"及"犍度"以外的部分。

关于"附随"部分，各部律是极不一致的。或有或没有，或多或少，或短篇或大部，这与经藏的"小部"一样，内容的性质不一，虽有古典在内，而多数是集出稍迟的。大概地说，这是部派佛教时代成立的部分。

现存的各部律，《僧祇律》与《五分律》是没有"附随"部分的。《四分律》有"调部"(卷五五——五七)、"毗尼增一"(卷五七——六〇)——二部。推定为属于雪山部的《毗尼母经》所传的"毗尼藏",除"比丘经"、"比丘尼经"、"诸犍度"外,有"母经"、"增一"——二部①。《铜鍱律》的"附随",共十九种:

　　一、大分别

　　二、比丘尼分别

　　三、等起摄颂

　　四、无间省略

　　五、问犍度

　　六、增一法

　　七、布萨初解答章·义利论

　　八、伽陀集

　　九、净事分解

　　十、别伽陀集

　　十一、呵责品

　　十二、小净

　　十三、大净

　　十四、迦缔那衣分解

　　十五、优波离(问)五法

　　十六、等起

　　十七、第二伽陀集

　　十八、发汗偈

---

① 《毗尼母经》卷三(大正二四·八一八上)。

十九、五品

说一切有部的《十诵律》,后三诵——"增一法"、"优波离问法"、"毗尼诵",都是"附随"部分。前面曾分析内容,知道这三诵虽以"增一法"、"优波离问"、"毗尼"为主体,而更附有其他部分①,总共可分十二部分。其中"优波离问法",含有"问波罗提木叉"、"问七法八法"、"问杂事"——三事可合为一部。"五百比丘结集品"、"七百比丘结集品",一般都附属于"犍度"部分,可以除去不论。这样,实有八部。依《十诵律》的部分异译——《萨婆多部毗尼摩得勒伽》,更有"毗尼三处摄"一段。这样,《十诵律》系的"附随"部分,共有九种:

一、问七法八法(与"尼陀那"相当)

二、增一法

三、众事分

四、优波离问

五、摩得勒伽

六、毗尼相

七、毗尼杂(与"调部"相当)

八、杂品·因缘品(与"目得迦"相当)

九、毗尼三处摄

上面是说一切有部的《十诵律》系,《根本说一切有部律》有没有"附随"部分呢? 唐义净所译的,不完全而又有失落;西藏所传的也不完全。大概说来,《根有律》也有"附随"部分,与《十

---

① 如本书第五章第一节第一项所说。

诵律》相近。如《根本萨婆多部律摄》卷一（大正二四·一上）说：

> "佛说广释并诸事，尼陀那及目得迦，增一乃至十六文，邬波离尊之所问，摩纳毗迦申要释，毗尼得迦本并母。我今随次摄广文，令乐略者速开悟。"

颂中前六句，列举毗尼藏的内容。后二句，是《律摄》的作者，表示有所依据而自作略说。所举毗尼藏的内容中，"佛说"，是二部"波罗提木叉"（经）；"戒经"的条文，为佛所制定的。"广释"，是"波罗提木叉分别"，也就是"广毗奈耶"。"诸事"，是"律事"——十六或十七事，及"律杂事"。上来三部分，是"律藏"的主体；义净都曾经译出，但部分的"律事"，已经失落。以下，都是"附随"部分。"尼陀那"、"目得迦"，义净已经译出。"增一乃至十六法"，是"增一法"。"邬波离尊之所问"，是"优波离问"。"毗尼得迦"，是"毗尼杂"，就是"调部"。"本母"，就是"摩得勒伽"。这些，都是《十诵律》所有的。"摩纳毗迦申要释"，不能确指，与《十诵律》及《毗尼摩得勒伽》相对比，这不是"众事分"，一定是"毗尼相"了。

第二项　别论附随的部类

先从说一切有部的"附随"部分说起。

一、"尼陀那"；二、"目得迦"：唐义净译，《根本说一切有部尼陀那》，五卷。《根本说一切有部目得迦》，五卷。又合成十卷；这两部在各种记录中，一向是连结在一起的。义净所译，是

《根有律》系本。《十诵律》系本,分在二处:与"尼陀那"相当的,在"增一法"前①。与"目得迦"相当的,在"毗尼诵"末,分为"杂品"与"因缘品"②。关于这二部分,汉译《十诵律》是错乱的。如"目得迦"部分,附于"毗尼序"中。《十诵律》以"五百结集"、"七百结集",为"毗尼藏"成立的由序,立"毗尼序";"目得迦"怎么可称为"毗尼序"呢?"杂品"与"因缘品",其实就是"目得迦"与"尼陀那"的意译。称"目得迦"部分为"杂品"与"因缘品",而将"尼陀那"(因缘)部分,编在别处。在这点上,《十诵律》是不免错乱的。比对义净所译,《十诵律》"增一法"前部分,应正名为"尼陀那"——"因缘"。"因缘品"与"杂品",应合为一部,正名为"目得迦"——"杂"。

"尼陀那"(nidāna),译为"因缘"。"目得迦"的原语呢?《十诵律》与《毗尼摩得勒伽》说到"毗尼"部类时,曾这样说:

Ⅰ.增一,无本起因缘,比尼共不共③。

Ⅱ.增一,余残杂说,若共若不共④。

Ⅲ.增一中,目多伽因缘中,共不共毗尼中⑤。

Ⅳ.增一,散毗尼,共戒不共戒⑥。

与"散毗尼"相当的,是"杂说",散是零散杂乱的意思。这是"因缘"、"目多伽"二部的总称。义净所译的,二部各有五卷,

① 《十诵律》卷四八(大正二三·三四六上——三五二中)。
② 《十诵律》卷六一(大正二三·四五六中——四七〇中)。
③ 《十诵律》卷五七(大正二三·四二四中)。
④ 《十诵律》卷五六(大正二三·四一四上)。
⑤ 《萨婆多部毗尼摩得勒伽》卷一(大正二三·五六九中)。
⑥ 《萨婆多部毗尼摩得勒伽》卷五(大正二三·五九七下)。

而又总合为十卷,可见这二部是或合为一的。与"散毗尼"或"杂说"相当的,是"目多伽因缘",或"无本起因缘",可见"无本起"是"目多伽","尼陀那"是"因缘"。这使我们注意到:"十二部经"中,"尼陀那"与"伊帝目多伽",在说一切有部中,也是次第相连的。"伊帝目多伽",原语为 itivṛttaka、ityuktaka。"伊帝目多伽",也有简称为 vṛttaka 的,与"目多伽"恰好相合。"目多伽"多数意译为"本事",或译为"本末"①。"本事"的意义,就是"无本起",到第八章"九分教与十二分教"中去解说。或译"相应"②、"此应"③、"所应"④。所以译为"相应"、"此应"、"所应",因为"相应"的梵语 saṃyukta,与 yukta 相近。"相应"在汉译中,从来都是译为"杂"的。所以"无本起"或"杂说",就是"目得迦",为 vṛttaka 的意译。这是"毗尼"中的"本事"与"因缘"。

"尼陀那"的《根有律》本,分为五门,五门各立子颂。这是为了便于记诵,并非内容的章段。依《十诵律》本(卷四八),内容很明白,这是对于"七法"、"八法"——"犍度"部分的补充说明。部分材料,从律中集录出来,而组成一新的部类,其内容段落如下:

一、受具足戒(大正二三·三四六上)

二、布萨(三四六上——三四六下)

---

① 《增一阿含经》卷一七(大正二·六三五上)等。《八犍度论》卷一七(大正二六·八五三下)。

② 《长阿含经》卷三(大正一·一六下),又卷一二(大正一·七四中)。

③ 《光赞般若波罗蜜经》卷一(大正八·一五〇下)。

④ 《佛说意经》(大正一·九〇一下)。

三、安居（三四六下——三四七上）

四、皮革（三四七上）

五、药（三四七上——中）

六、衣（三四七中——下）

七、食（三四七下——三四八上）

八、迦缔那衣（三四八上——中）

九、瞻波（三四八中）

一〇、般茶卢伽（三四八中——下）

一一、僧残悔（三四八下——三四九中）

一二、卧具（三四九中——下）

一三、杂法（三四九下——三五二中）

末后一段，明建塔及种种庄严供养。最后明菩萨像，如说："白佛言：世尊！如佛身像不应作，愿佛听我作菩萨侍像。"①当时还没有造佛像的习惯，而是供养在家的（释迦）菩萨像。庄严供养，并举行佛的生日会，及般遮于瑟（Pañca-vārṣika）大会。义净译的《根有律》本，与《十诵律》的次第内容，都略有出入。五门中的第五门，专明菩萨像事，如说："我今欲作（菩萨）瞻部影像"；"为菩萨时，经于几岁而除顶髻？佛言：五岁。我今欲作五岁大会"②。依《根有律》本，菩萨像是（瞻部）金色的。而以印度一般的五年大会（般遮于瑟），附合于菩萨的五岁而除顶髻，成为佛化的五年大会。塔像的庄严，在"尼陀那"中充分表现出来。

① 《十诵律》卷四八（大正二三·三五二上）。
② 《根本说一切有部尼陀那》卷五（大正二四·四三四中、四三五上）。

　　"目得迦"的《十诵律》本,就是"杂品"及"因缘品"(卷六一)。虽说到受戒、安居等事,而重在僧伽的日常生活——衣、食、行、住、坐、卧。特注重有关物资与死人衣物的分配;比丘与比丘尼等五众的分配。关于"僧伽婆尸沙"(僧残或众教),如上座及众所知识的大德,犯了而不便于"行波利婆沙,行摩那埵",佛说:"若一心生念,从今日更不作,是时即得清净。"①共有六种人,犯了"僧残",都可以"一心生念"而得清净。这与僧残悔的固有律制,显然有了实质上的变化。《根有律》本也这样,说得更彻底:"凡是罪者,我说由心。能从(心)罪起,不由治罚。"②轻视毗尼的"作法忏",而有"罪从心生,罪从心忏"的意趣。说一切有部律的精神,在转变中。《根有律》本,也分五大门,内容要简略些。比起《十诵律》来,多了建塔、造像等事,而且说:"我欲奉请瞻部影像,来入城中,广兴供养。"③这与晋法显在于阗所见的"行像"④,情形相合。佛教从阿育王以来,供塔的风气大盛。在北印度,西元前一世纪,造像的风气也隆盛起来。说一切有部特有的"尼陀那"与"目得迦",都说到菩萨像(还没有造佛像);根本说一切有部本,更为重视。"尼陀那"与"目得迦"的成立,应为西元前后的事。

　　三、"增一法":《十诵律》的"增一法",为十诵的第八诵(卷四八——五一)。集录律家的名相,以增一法编成次第,从一法

---

①　《十诵律》卷六一(大正二三·四五八上——中)。

②　《根本说一切有部目得迦》卷六(大正二四·四三八中)。

③　《根本说一切有部目得迦》卷八(大正二四·四四六上)。

④　《高僧法显传》(大正五一·八五七中)。

到十法。有前十法,后十法——二段,应该是不同的,二部增一法的合编。《十诵律》部分异译的《毗尼摩得勒伽》,也有"增一法"部分①;与后十法相近,但也没有完全相合,这都是以"十"数为止的。说一切有部的"增一法",一向保持古义,以"十"为止;而其他的部派,有十一法。《根有律》所传的"增一乃至十六文"②,显然是从一法到十六法。不但有了补充与改编,也失去了说一切有部的特色。

《毗尼母经》所传,也有"毗尼增一",但没有传来。分别说部系中,《四分律》有"毗尼增一"(卷五七——六〇),从一法到十一法。以下,又举三法,十三种人,十七法,二十二法。十一法下有三法等,次第不顺,这应该是再编附入的。《铜鍱律》"附随"第六章,名"增一法",从一法到十一法而止。列举名数,没有详列内容。

从契经的《长阿含经》、《增一阿含经》以来,佛教界广泛地使用"增一法",为名数的类集。阿毗达磨论者的随类纂集③,也是应用这一方法的。律部中"毗尼增一"的集成,为上座部律者,具有阿毗达磨倾向者所集成。"增一法"的应用于律部,起源不会太迟。然集成现形的"增一法",已是部派时代,含有部派的特色。如《十诵律》的"十遮受戒法"④,《四分律》的"十三

---

① 《萨婆多部毗尼摩得勒伽》卷七(大正二三·六〇七上——六一〇下)。
② 《根本萨婆多部律摄》卷一(大正二四·五二五上)。
③ 参考拙作《说一切有部为主的论书与论师之研究》第二章第二节第四项。
④ 《十诵律》卷五一(大正二三·三七三上)。

种人"①,《铜鍱律》的"十一种人"②。

　　四、"优波离问":说一切有部律中,这是重要的一部。在《十诵律》中,属第九诵(卷五二——五五)。分三部分:1."问波罗提木叉分别"。2."问七法八法":在"八法"的"灭诤"中,附有"破僧"。3."问杂事":这里的"杂事",并非"杂诵"的"杂法"与"杂事",而是:

　　　　一、问受具足(大正二三·四〇五上)

　　　　二、问皮革(四〇五上——中)

　　　　三、问药(四〇五中——下)

　　　　四、问衣(四〇五下——四〇六中)

　　　　五、问迦絺那衣(四〇六中——四〇七上)

　　　　六、问拘舍弥——破僧(四〇七上——四〇八中)

　　　　七、问瞻波——羯磨(四〇八中——四〇九中)

　　　　八、问般茶卢伽等(四〇九中——下)

　　全部体裁,为优波离问,佛答。依"波罗提木叉分别"及"七法""八法"的内容,作为明确的问答。律中意义不明显的,适应实际情形而值得论究的,都给予分别。这是一部对各种疑难问题,分别详备的问答集。这当然是成立于"波罗提木叉分别"及"七法""八法"以后的。"问杂事"部分,实为另一部问答集。如异译《毗尼摩得勒伽》,卷一中起,卷三中止③,为"问波罗提木

---

　　①　《四分律》卷六〇(大正二二·一〇一四上)。

　　②　《铜鍱律》"附随"(南传五·二三八——二三九)。

　　③　《萨婆多部毗尼摩得勒伽》卷一——三(大正二三·五六九下——五八二中)。

叉分别"，及问"七法""八法"。"问杂事"部分，却在卷七①。前后不相连续，所问也是"七法""八法"部分。可见这本为不同的问答集；以传说为同是优波离所问，而集合成一部的。《毗尼摩得勒伽》后三卷，为"优波离问波罗提木叉分别"部分的重出。《十诵律》本，比起《毗尼摩得勒伽》本，略有增广；这是在流行中，又有所补充了。

　　《十诵律》、《毗尼摩得勒伽》、《根有律杂事》，凡论到"毗尼藏"内容的，都没有说到"优波离问"。"优波离问"的见于记录的，现存的文记，似乎以《大智度论》（西元二、三世纪作）为最早②。"优波离问"的完成，比"增一"、"毗尼"、"尼陀那"、"目得迦"，还要迟些。"优波离问"，或是新事件的论定。如说："若盗佛舍利，得何罪？……若盗经卷，得何罪。"③那时不但舍利流布，书写的经卷也流行了。而在理论或传说中，被认为可能发生的情形，也加以解答。一再论到变化、他方、非人，成为"优波离问"的特色。如淫戒论到"若比丘咒术作畜生形行淫。……与非人女行淫"④。盗戒有"取拘耶尼人（西洲）物，……取郁单越（北洲）物。……取非人金鬘"⑤。杀戒有"以咒术变身作畜生形夺人命。……若人怀畜生（胎）。……畜生怀人"⑥。甚至说到将钱寄放在非人处的，如说："是衣价属人，寄在天、龙、夜叉、

----

①　《萨婆多部毗尼摩得勒伽》卷七（大正二三·六〇五上——六〇七上）。
②　《大智度论》卷二（大正二五·六九下）。
③　《十诵律》卷五二（大正二三·三八〇上）。
④　《十诵律》卷五二（大正二三·三七九上）。
⑤　《十诵律》卷五二（大正二三·三八〇中——下）。
⑥　《十诵律》卷五二（大正二三·三八一中）。

罗刹、饿鬼、拘槃荼、毗舍遮等非人边。"①佛教在当时,教团与社会的观念中,比丘持戒的行为,与咒术、变化、他方、鬼神等的关系,竟这样的密切!

五、"摩得勒伽":《十诵律》与《毗尼摩得勒伽》,所有"摩得勒伽"部分,上一章已有详细的论列。标举项目,是上座部古型的本母;解释也极为简要,不失为说一切有部所传的律部古典!分别说系,依此而类集为种种犍度,一切编入犍度,"本母"也就不被重视而逐渐遗忘了。论法义,"摩得勒伽"已不再有独到的内容;然在犍度部分成立的理解上,"摩得勒伽"是明灯一般的,照亮了发展与成立过程。

六、"毗尼杂"(毗尼):《毗尼摩得勒伽》,标为"毗尼摩得勒伽杂事"(卷三——四)。在《十诵律》中,为第十诵的主体(卷五七中——五九);"毗尼诵"是依此得名的。《毗尼摩得勒伽》称为"杂事";而在《十诵律》,或与"毗尼相"合标为"二种毗尼及杂诵"②。所以推论这是"毗尼相"与"毗尼杂"的总称,这部分应称为"毗尼杂"。《根有律》所传的"毗尼得迦",可能就是这一部。

这是毗尼的判决的种种实例。在本书第四章中③,已有所论列。这种疑难的判决实例,起初在"摩得勒伽"中,标名"毗尼"而累积起来④。在"波罗提木叉分别"与"犍度"的分别类编

---

① 《十诵律》卷五三(大正二三·三八九中)。
② 《十诵律》卷五七(大正二三·四二三中)。
③ 本书第四章第三节第一项。
④ 《摩诃僧祇律》卷二九·三〇(大正二二·四六四下——四七〇下)。

中,《铜鍱律》编入"波罗提木叉分别";《根有律》与《十诵律》,也部分地编入。《五分律》别立"调伏法",是属于"犍度"部分的。这些,成立比较早。而《四分律》别立为"调部";《十诵律》别立"毗尼诵"(《根有律》为"毗尼得迦"),增入更多的事例,完成的时代要迟些。这已是"波罗提木叉分别"、"犍度"部分的集成以后,形成"附随"的部分。如推求其渊源,是有古老的"摩得勒伽"为原型的。

七、"毗尼相":《十诵律》"摩得勒伽"以后,标名"二种毗尼及杂事";宋、元等本,都作"毗尼相"。开始说:"三事决定知毗尼相:一、本起;二、结戒;三、随结。"①末了说:"如是事,应筹量轻重本末已应用。"②这部分,《毗尼摩得勒伽》缺。《毗尼母经》(卷七、八)在解说"摩得勒伽"以后,开始也说:"犯罪凡有三种:一者,初犯罪缘;二者,因犯故制;三者,重制。……是故三处得决所犯事。复有三处决了非犯:一者,缘;二者,制;三者,重制。……是名三处决断(不)犯。"③末了也说:"推求所犯轻重聚,及起处缘可灭不可灭经。"④虽然二本的详略悬殊,次第也略有参差,然而这是本于同一原型,而流传演变不同,是毫无疑问的。

《十诵律》本,初明"三事决定知毗尼相",有标而没有解说。《毗尼母经》,初约四波罗夷,明犯与不犯;次约"一、钵,二、衣,三、尼师坛,四、针筒,五、道行人,六、人(约受具说),七、房"⑤,

---

① 《十诵律》卷五七(大正二三·四二三中)。
② 《十诵律》卷五七(大正二三·四二四中)。
③ 《毗尼母经》卷七(大正二四·八三九上——中)。
④ 《毗尼母经》卷八(大正二四·八五〇下)。
⑤ 《毗尼母经》卷七(大正二四·八三九上——八四二上)。

而明犯与不犯。其次,《十诵律》明"二种毗尼",如卷五七(大正二三·四二三中)说:

> "复有二种比尼:诤比尼、犯比尼。复有二种比尼:净(诤)比尼、烦恼比尼。复有二种比尼:比丘比尼、比丘尼比尼。复有二种比尼:遍比尼、不遍比尼。"

对于上列的种种毗尼,分别解说,而对遍与不遍的解说为最广。《毗尼母经》对于遍不遍的解说更广①。《十诵律》明犯毗尼时,如卷五七(大正二三·四二三中——下)说:

> "云何犯比尼? 五众犯定犯,摄犯比尼。"

> "云何五众(原刻作‘种’)? 所谓波罗夷、僧伽婆尸沙、波逸提、波罗提提舍尼、突吉罗。犯是五众犯? 应求本起,应觅除灭。"

> "本起者,五众罪所起因缘。有身犯非口非意,有口犯非身非意,有身意犯非口,有口意犯非身,有身口意犯,无但意犯,是名犯起因缘。"

> "有犯下罪,心念便除灭。有犯中罪,从他除灭。有犯须出罪羯磨;有犯不可除灭。犯出罪羯磨有二种:一者,覆藏;二者,不覆藏。覆藏者,随覆藏日与别住;不覆藏罪,但与六日六夜摩那埵。犯不可治,则不可除灭。"

这一部分,《毗尼母经》立"七罪聚"②;说"所犯因六处(身、

---

① 《毗尼母经》卷七·八(大正二四·八四三上——八四八上)。
② 《毗尼母经》卷七(大正二四·八四二中)。

口、意、贪、嗔、痴)起,应推六处忏悔"①。罪的本起与除灭,《僧祇律》的"杂诵跋渠法"(卷二五、二六),也有详广的分别②。在上座部系的"摩得勒伽"中,有犯聚。《十诵律》本为(53)"阿跋提"(犯)……(64)"摄无罪"③。《毗尼摩得勒伽》为(52)"犯聚"……(60)"罪聚"④。《毗尼母经》为(49)"犯"……(58)"集犯"⑤。而《僧祇律》合于"别住摩那埵阿浮呵那毗尼摄"。这是对毗尼的判决犯与不犯,而作深广的分别。本来出于"摩得勒伽",其后虽自成部帙,仍旧附于"摩得勒伽"而宏传。《十诵律》本,与"摩得勒伽"的简要相称,应成立于说一切有部初成立的时代。《毗尼母经》的解说,更广又多新的内容。然用来对读《十诵律》本,是更容易了解这一部分的内容。

　　八、"众事分":这一部分,《毗尼摩得勒伽》,编于最初,及"优波离问"的前面。《十诵律》编于"增一法"后,接着就是"优波离问"。这部分与"优波离问"相连,是二本所同的。这是说一切有部所独有的;称为"众事分",也与"六分阿毗达磨"的一分——"众事分"(奘译名"品类足")相同。初是"法门分别":如"问:犯毗尼罪,作无作耶? 答:犯罪作无作"⑥。这样的"作无作"、"色非色"等二法门,"过去未来现在"等三法门,纯为阿毗

---

① 《毗尼母经》卷八(大正二四·八四八中——八四九下)。
② 《摩诃僧祇律》卷二五·二六(大正二二·四二九上——四三八中)。
③ 《十诵律》卷五六(大正二三·四一二中——下)。
④ 《萨婆多部毗尼摩得勒伽》卷五(大正二三·五九六上)。
⑤ 《毗尼母经》卷二·三(大正二四·八一一中——八一三下)。
⑥ 《萨婆多部毗尼摩得勒伽》卷一(大正二三·五六五上)。《十诵律》卷五一(大正二三·三七三下)与之相当,作:"有所犯事,应言白,应言不白? 答言:犯应言白。""白",是"作"字的讹写。

达磨的论门分别。其次，"犯不犯分别"：以同一情形，而有犯与不犯，犯此或犯彼等为主题而分别，也是阿毗达磨式的。在这部分中，看出阿毗达磨的论式已相当的详备而细密。末以"杀化人得何罪"为结束，应与"优波离问"完成的时代相当。

九、"毗尼三处摄"：这是有关"羯磨"（karman）的短篇。说一切有部，摄一切羯磨为三类："白羯磨"、"白二羯磨"、"白四羯磨"。《毗尼摩得勒伽》卷七（大正二三·六一〇下），列举名数说：

"问：百一羯磨，几白羯磨？几白二羯磨？几白四羯磨？答：二十四白羯磨，四十七白二羯磨，三十白四羯磨。"

《十诵律》也说到三类，但没有详说①。《根本说一切有部百一羯磨》说："单白羯磨有二十二，白二羯磨有四十七，白四羯磨有三十二。"②这是说一切有部中，二系的小小不同。羯磨的分类，也源于"摩得勒伽"的标目："白"、"白羯磨"、"白二羯磨"、"白四羯磨"③。《毗尼母经》也如此，虽举例而没有详说④。《僧祇律》"杂诵跋渠法"，在"羯磨"、"羯磨事"（也是"摩得勒伽"的项目）的解说中，列举"白一羯磨者，有二十八……白三羯磨有八"⑤，又如卷二四（大正二二·四二二中）说：

---

① 《十诵律》卷五一（大正二三·三七〇中），又卷四九（大正二三·三五五下）。

② 《根本说一切有部百一羯磨》卷一〇（大正二四·四九九上）。

③ 《十诵律》卷五六（大正二三·四一一下）。《萨婆多部毗尼摩得勒伽》卷五（大正二三·五九五中——下）。

④ 《毗尼母经》卷二（大正二三·八一〇下——八一一上）。

⑤ 《摩诃僧祇律》卷二四（大正二二·四二二上——中）。

　　"应作白三羯磨，白一羯磨不成就。应作白一羯磨，单白不成就。应单白羯磨，而作求听羯磨不成就。"

　　《僧祇律》是分为四类的："求听羯磨"；"（单）白羯磨"；"白一羯磨"——一白一羯磨，上座系称为"白二羯磨"；"白三羯磨"——一白三羯磨，上座系称为"白四羯磨"。《铜鍱律》"附随"的末章——"五品"的初品，也是四种羯磨；义稍广而性质是一样的。四类羯磨中，"求听羯磨"五；"单白羯磨"九；"白二羯磨"七；"白四羯磨"七[1]。分为四类；而"白四羯磨"七，也与《僧祇律》相近。这是依"摩得勒伽"的"白"、"白羯磨"、"白二羯磨"、"白四羯磨"——四项而来的。然说一切有部以为：羯磨仅有三类，而"白"不是羯磨。这样，《僧祇律》与《铜鍱律》的"求听羯磨"、"单白羯磨"，在说一切有部中，都是称为白羯磨的。"百一羯磨"，是详加搜简的结论。《铜鍱律》等，都只举当时着重的几类而已。

　　说一切有部的"附随"部分，共得九种。"摩得勒伽"与"毗尼相"，可说是说一切有部的古典。其余的各部，虽有渊源可寻，而完成现存的部类形态，是比较晚出的；尤其是根本说一切有部所传的部分。

　　《四分律》的"附随"部分——"毗尼增一"与"调部"，已在上面附带地说到。

　　《铜鍱律》的"附随"，上面提到的，仅"增一法"，与"五品"中的"羯磨品"。《铜鍱律》的"附随"，与说一切有部的"附随"，

————————

① 《铜鍱律》"附随"（南传五・三八〇）。

风格完全不同。《铜鍱律》的"附随",可说谨守(传入锡兰的)
古义——"经分别"与"犍度"的内容,很少新的适应、新的解说。
如"羯磨",事实上决不止这二十八种,而维持某一阶段的成说,
不再求详备。体裁方面,除伽陀以外,都为问答方式。如(一)
"大分别"(比丘波罗提木叉),(二)"比丘尼分别",(三)"等起
摄颂",(八)"伽陀集",(一六)"等起",都是以"二部波罗提木
叉"为问答对象。"犍度"方面,(一四)"迦絺那衣分解"而外,
重视"净事",如(九)"净事分解",(一二)"小净",(一三)"大
净"。(五)"问犍度章",只是略举罪数而已。说一切有部,也有
有关"波罗提木叉"(没有比丘尼的)的问答,及"七法"、"八法"
的问答,如"优波离问"、"尼陀那"等。但是就事发问,没有《铜
鍱律》那样的,综合而问答各种问题。《铜鍱律》的"附随",是阿
毗达磨论式的;是分别说部中,传入锡兰的学系,重论而又守旧
的部派所传的。从著作的形式来说,应与铜鍱部的六论成立的
时代相当。"附随"的末了,说到大智慧者提波,为弟子们笔录
这部附随①。这是从律部传入锡兰以来,持律者所传的问答集,
为通达"经分别"与"犍度"的补充读物。

第三节　结论毗尼藏的组织

三藏之一的"律藏"(Vinaya-piṭaka),从现存各部派所传的
来说,组织与内容,都是不一致的。上来已经逐部地加以论究,
阐明每一部分的来源、性质,及其形成的过程。现在再从"律

---

① 《铜鍱律》"附随"(南传五·三八七)。

藏"的全部组织,论究"律藏"的初期形态,从古型以说明后来的流演与分化。

现存的六部律——《僧祇律》、《五分律》、《铜鍱律》、《四分律》、《十诵律》、《根有律》。这六部中,《根有律》的传译不完全,所以《根有律》的组织全貌,没有其他五律那样的,能给予明确的决定。除《僧祇律》以外,都是属于上座部系统。以《铜鍱律》所分的三大类:"经分别"(或称"波罗提木叉分别",或称"毗奈耶")、"犍度"(或称"法",或称"事")、"附随"来分别,五律的内容与次第的同异,是这样:

	经分别		犍度	附随
《五分律》	1 比丘	2 比丘尼	3 二十一法	
《铜鍱律》	1 比丘	2 比丘尼	3 二十二犍度	4 十九章
《四分律》	1 比丘	2 比丘尼	3 二十犍度·4 二结集	5 增一·6 调部
《十诵律》	1 比丘	5 比丘尼	2 七法·3 八法·4 杂诵	6 增一等多种
《根有律》	1 比丘	2 比丘尼	3 律事(一七)·4 律杂事	5 增一等多种

"经分别"分比丘与比丘尼二部,各律完全一致。

"犍度"部分:说一切有部系中,初分"七法"、"八法",而其余的总名为"杂诵"的,是《十诵律》。将"杂诵"的"破僧事"独立,与"七法"、"八法",合为十(起初是十六)七"律事";称"杂诵"为"律杂事"的,是《根有律》。在组织上,这二系虽小小不同,而"杂诵"或"杂事",含有"比丘尼法"、"威仪法"(或附入二结集)在内,是说一切有部律所一致的。分别说部系中,《五分律》为二十一法;《四分律》为二十犍度,及二次结集;《铜鍱律》

为二十二犍度。这是进一步的,将"杂事"或"杂诵"中的"比丘尼法"、"威仪法",都独立而自成犍度。分别说与说一切有的一致部分,是上座律的原有形态;此后再分化的部派,都在这共同的基础上,而各为不同的安立。

"附随"部分:《铜鍱律》的"附随",是自成一系的。《四分律》属于分别说系,在"经分别"与"犍度"部分,与《铜鍱律》相近;而在"附随"部分,却与《十诵律》相近。《四分律》有"毗尼增一"与"调(毗尼)部"。《十诵律》的后三诵,虽附有其他的部类,而主要的部类,是"增一法"、"优波离问"、"毗尼"。与《四分律》相比,只多一"优波离问"而已。在分别说部的传承上,《四分律》与《铜鍱律》(还有《五分律》),本来相近。但在铜鍱部与法藏部成为独立的宗派,确立一宗的"律藏"时,一在锡兰,一在印度本土,已有地理上的距离,形成各自的发展。印度本土佛教的开展中,"增一法"与"调部"的形成,分别说与说一切有,并没有太大的不同。说一切有系向北方发展,"优波离问"又逐渐地成立。分别说部系中,化地部的《五分律》,称"调部"为"调伏法",加入二十一法中,因而没有"附随"部分。在"律藏"的组织上,代表了分别说部的早期形态。

说一切有部的"附随"部分,《十诵律》与《根有律》大致相同。《十诵律》后三诵的主体——"增一法"、"优波离问"、"毗尼",与《根有律》的"增一乃至十六文,邬波离尊之所问……毗尼得迦(并本母)"[1],次第相同。这是"附随"的三大部,其他的

---

① 《根本萨婆多部律摄》卷一(大正二四·五二五上)。

部类,也就附在里面。《十诵律》末后的"杂品"与"因缘品",上一节已论证为文段错乱。所以说一切有部的"附随",应次第如下:

	《十诵律》	《根有律》
	一、因缘	一、尼陀那
	二、杂	二、目得迦
八诵"增一法"	三、增一法	三、增一法
	四、众事分	
九诵"优波离问"	五、优波离问	四、邬波离问
	六、摩得勒伽	七、本母
	七、毗尼相	五、摩纳毗迦?
十诵"毗尼"	八、毗尼杂	六、毗尼得迦

《十诵律》的全部组织,次第是:一到三诵,为比丘的"波罗提木叉分别";四诵为"七法";五诵为"八法";六诵为"杂诵";七诵为"比丘尼毗尼";八诵为"增一法";九诵为"优波离问";十诵为"毗尼"(或译"善诵")。这一组织次第,有最可注意的一点:"比丘尼毗尼"——比丘尼的"波罗提木叉分别",编在第七诵,没有与比丘的"波罗提木叉分别"相连,而被"犍度"——"七法"、"八法"、"杂诵"所间杂。考《大智度论》卷二(大正二五·六九下)说:

> "二百五十戒义作三部,七法、八法、比丘尼毗尼、增一、忧波利问、杂部、善部:如是等八十部,作毗尼藏。"

《大智度论》所说的毗尼藏内容,与现存的《十诵律》大致相合,只是将"杂部"("杂诵")从第六而移到第九。然"比丘尼毗尼",没有与"二百五十戒义"——比丘的"波罗提木叉分别"相连,而为"七法"、"八法"所间断,还是与《十诵律》一样。"二部波罗提木叉分别",分散在前后,是值得注意的一点。《十诵律》的后三诵(附随部分),及异译的《毗尼摩得勒伽》中,所说的毗尼藏内容,虽略有出入,而都有难解的同一文句,如说:

Ⅰ."若论毗尼时,从何处求? 佛言:应从比丘、比丘尼中求,七法、八法、增一中求,同不同中求。"①

"何处求戒相? 答:二波罗提木叉中,十七事——毗尼事中、增一中、目多伽、因缘中、共不共毗尼中。"②

Ⅱ."毗尼摄者,二部波罗提木叉并义解、毗尼、增一、余残杂说、若共若不共:是名摄毗尼。"③

"云何毗尼因缘? 谓二波罗提木叉毗崩伽,十七毗尼事——七法、八法、善诵、增一、散毗尼、共戒不共戒。"④

Ⅲ."二部波罗提木叉并义解、毗尼、增一、无本起、因缘、毗尼共不共。"⑤

所叙的毗尼内容,虽有增减;次第也略有参差,但大致相同。"二部波罗提木叉并义解",与现存的《十诵律》本不合。《毗尼摩得勒伽》的译者,熟悉《根有律》"十七事"的传说,所以《十诵律》的"毗尼",或"七法、八法",都译为"十七事——毗尼事";

---

① 《十诵律》卷五一(大正二三·三七八下)。
② 《萨婆多部毗尼摩得勒伽》卷一(大正二三·五六九中)。
③ 《十诵律》卷五六(大正二三·四一四上)。
④ 《萨婆多部毗尼摩得勒伽》卷五(大正二三·五九七下)。
⑤ 《十诵律》卷五七(大正二三·四二四中)。

"十七毗尼事——七法、八法"。"十七事"与"七法"、"八法"并举,比对《十诵律》,可见是译者的增译。在这三则文证中,末了都说"共戒不共戒"、"毗尼共不共"。这是什么部类? 在《十诵律》中,并没有"毗尼共不共"的部类,那是什么意义呢?

"毗尼共不共"的一致传说,从《僧祇律》的组织研究中,终于明白了这一意义。《僧祇律》的全部组织,形式上是比丘与比丘尼分立的:

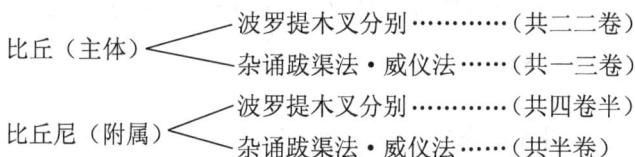

比丘（主体）——波罗提木叉分别…………（共二二卷）
　　　　　　　——杂诵跋渠法·威仪法……（共一三卷）

比丘尼（附属）——波罗提木叉分别…………（共四卷半）
　　　　　　　　——杂诵跋渠法·威仪法……（共半卷）

形式上,比丘与比丘尼律,分别的同样的组织。而实际是:"律藏"以比丘律为主。比丘律与比丘尼律,在文段的数量上,不成比例。以比丘的"波罗提木叉",分别解说而成"波罗提木叉分别"。以比丘的僧伽规制（不成文法）,标目而成"摩得勒伽"（由一部而分为二部、三部）;随标解说,成为"杂诵跋渠法"与"威仪法"。这都是以比丘为主的;极关重要的"比丘尼法"——"八敬法",附于"杂诵跋渠法"中。至于比丘尼律,"波罗提木叉分别"部分,只是将共比丘的共戒,略举名目（内容在比丘律中）;别出比丘尼的不共戒。"杂跋渠法"与"威仪法",比丘尼的不共戒更少,更不能与比丘的相提并论;只略明共与不共而已。"律藏"的古型,是以比丘律为主体的;末后,略叙比丘尼戒的共与不共,而完成"律藏"的全体。

这一"律藏"的组织,为原始佛教时代的原型。上座部是重律的;经持律者的精密论究,"律藏"的组织逐渐演变。主要为:"杂跋渠法"与"威仪法"——"摩得勒伽"的僧伽规制,逐渐分类而编集起来。比丘的僧伽规制,类编为"犍度"(或称"法"、"事")。而比丘尼的"杂跋渠"("威仪"是共同的),分量极少,就与"八敬法"相合,称为"比丘尼法",而编入"犍度"中。这样,"律藏"就成为三类:一、比丘的"波罗提木叉分别";二、"犍度";三、比丘尼的"波罗提木叉分别"。律分三部的体例,传持(上座部)古型"律藏"的正量部,就在《明了论》(大正二四·六六六上)中这样说:

> "律中如来所立戒,有四百二十。于婆薮斗律,有二百戒;于优波提舍律,有一百二十一戒;于比丘尼律,有九十九戒。"

如本书第三章所论①,《明了论》的三部律,就是"波罗提木叉(并分别)律、婆薮斗——事律、比丘尼律。那时的"律藏",初为比丘的"波罗提木叉分别";其次是"事律"——"七法"、"八法"等;末后为"比丘尼律"(还没有附随)。这是本上座部时代的"律藏"原型。《十诵律》的组织,"比丘尼比尼",在"七法"、"八法"、"杂诵"——事律以下,完全符合这一次第。而说一切有部律的内容,如上所引,以"共不共毗尼"为末后,也就是这一古型"律藏"传说的遗痕。《十诵律》文,是出于"摩得勒伽"及"众事分";特别是"摩得勒伽",是有古说为根据的。现存的"摩

---

① 本书第三章第四节。

得勒伽"本,完成的时代,佛教界的"律藏",已大为改观。面对当时的佛教情形,"二部波罗提木叉分别",前后相连,也就说"二部波罗提木叉分别",而漠视《十诵律》的固有组织次第。虽说"二部波罗提木叉分别",而还是传承古说,以"共不共戒"为末后。总之,上座部律藏的原型,如正量部所说,《十诵律》所表示的组织,是以"比丘波罗提木叉分别"、"犍度"、"比丘尼律"若共若不共为次第的。

上座部分为分别说与说一切有,依此而一再分裂。在各部派成立,完成自宗的"律藏"时,佛教界的共同倾向,比丘与比丘尼的"波罗提木叉分别",前后相连。这不但分别说系的《铜鍱律》、《五分律》、《四分律》是这样,说一切有系的《根有律》,也是这样。维持固有组织形态的,就现存的资料所知,只有正量部与《十诵律》。但在《十诵律》的"附随"部分,也随众而说"二部波罗提木叉分别"了。

上座部系的"律藏",又有"附随"的成立。地区不同,学风不同,虽有古说的渊源,而更富有宗派的特色。

再引二文,以结束"律藏"部分的研究。

一、《舍利弗问经》(大正二四·九〇〇中)说:

"时有一长老比丘,好于名闻,亟立诤论。抄治我(旧)律,开张增广。迦叶所结(集),名曰大众律外,采综所遗,诳诸始学,别为群党,互言是非。时有比丘,求王判决。王集二部,行黑白筹。宣令众曰:若乐旧律,可取黑筹。若乐新律,可取白筹。时取黑者,乃有万数。时取白者,只有百数。王以皆为佛说,好乐不同,不得共处。学旧者多,从以为名,为摩诃僧祇也。学新者少而是上座,从上座为名,为他俾罗也。"

二、铜鍱部所传《岛史》(南传六〇・三四)说:

"大合诵比丘……彼等弃甚深经律之一分,而别作类似之经律。彼等除(律之)摘要波利婆罗(附随)、阿毗达磨论、无碍解道、义释、本生之一分,而别有所造。"

《舍利弗问经》,代表大众部,以为上座们把旧律增广了。《岛史》代表铜鍱部(上座部的一派),以为大众部把"附随"除去了。从律藏集成的立场说,《舍利弗问经》的话是正确的。然而律是适应时地而实用的。持律的长老们,禀承佛说,深求佛意,作深细的分别,精密的组织,是应该的。在部派的分立中,上座部正是重律的学派。